21世纪马克思主义文库

丛书主编 王伟光

新时代意识形态工作的理论创新研究

张博 著

中国社会科学出版社

图书在版编目（CIP）数据

新时代意识形态工作的理论创新研究／张博著 . —北京：中国社会科学出版社，2022.4（2023.4 重印）

（21 世纪马克思主义文库）

ISBN 978-7-5203-9859-6

Ⅰ.①新… Ⅱ.①张… Ⅲ.①社会主义—社会意识形态—研究—中国 Ⅳ.①D616②B036

中国版本图书馆 CIP 数据核字（2022）第 077029 号

出 版 人	赵剑英
责任编辑	张　潜
责任校对	党旺旺
责任印制	王　超

出　　版	中国社会科学出版社
社　　址	北京鼓楼西大街甲 158 号
邮　　编	100720
网　　址	http://www.csspw.cn
发 行 部	010-84083685
门 市 部	010-84029450
经　　销	新华书店及其他书店

印　　刷	北京君升印刷有限公司
装　　订	廊坊市广阳区广增装订厂
版　　次	2022 年 4 月第 1 版
印　　次	2023 年 4 月第 2 次印刷

开　　本	710×1000　1/16
印　　张	21
字　　数	293 千字
定　　价	98.00 元

凡购买中国社会科学出版社图书，如有质量问题请与本社营销中心联系调换

电话：010-84083683

版权所有　侵权必究

牢牢把握党对意识形态工作的领导权

李慎明

党的十八大以来，以习近平同志为核心的党中央把宣传思想工作摆在全局工作的重要位置，作出一系列重大决策，实施一系列重大举措，在实践中不断深化对宣传思想工作的规律性认识，提出了一系列新思想新观点新论断。在全国宣传思想工作会议上，习近平总书记总结的首条规律性认识就是坚持党对意识形态工作的领导权，这为我们进一步做好新形势下党的意识形态工作指明了方向。

一 高度重视党的意识形态工作

马克思主义认为，经济基础决定上层建筑，不仅决定政治的上层建筑，而且决定文化的上层建筑，包括文化上层建筑的核心意识形态。但是上层建筑对经济基础具有反作用，在特定条件下起着决定性的反作用。马克思指出："如果从观念上来考察，那么一定的意识形式的解体足以使整个时代覆灭。"从国际共运史看，社会主义苏联先后粉碎了14个帝国主义国家的武装干涉，经历了严酷的卫国战争，取得了社会主义革命和建设的辉煌胜利，却败在意识形态战场。正因如此，习近平总书记强调指出："苏联为什么解体？苏共为什么垮台？一个重要原因就是意识形态领域的斗争十分激烈，全面否定苏联历史、苏共历史，否定列宁，否定斯大林，搞历史虚无主义，思想搞乱了，各级党组织几乎没任何作用了，军队都不在党的领导之下了。最后，苏联共产党偌大一个党就作鸟兽散了,苏联偌大一个社会主义国家就分崩离析了。"

意识形态决定文化前进方向和发展道路,对一个政党、一个国家、一个民族的生存发展至关重要。经济建设是党的中心工作,意识形态工作是党的一项极端重要的工作。我们必须切实加强党对意识形态工作的全面领导,把意识形态工作的领导权牢牢掌握在手中,任何时候、任何情况下都不能旁落,否则就会犯无可挽回的颠覆性错误。当前,世界格局正处于激烈变动之中,国内改革发展也出现许多新情况,我们必须高度重视做好党的意识形态工作,牢牢把握"两个巩固"根本任务,把树立"四个意识"、坚定"四个自信"作为建设社会主义意识形态的关键,坚持用习近平新时代中国特色社会主义思想武装全党、教育人民,深入培育和践行社会主义核心价值观,不断增强社会主义意识形态的凝聚力和引领力。

二 坚持马克思主义在意识形态领域的指导地位

马克思主义科学揭示了人类社会最终走向共产主义的必然趋势,坚持人民是推动历史前进的真正动力,奠定了共产党人坚定正确理想信念的理论基础,是我们国家意识形态的灵魂。毛泽东同志指出:"马克思这些老祖宗的书,必须读,他们的基本原理必须遵守,这是第一。但是,任何国家的共产党,任何国家的思想界,都要创造新的理论,写出新的著作,产生自己的理论家,来为当前的政治服务,单靠老祖宗是不行的。"习近平总书记特别强调坚持马克思主义,指出:"中国特色社会主义是社会主义而不是其他什么主义,科学社会主义基本原则不能丢,丢了就不是社会主义。"他要求全党特别是党的各级干部学习要紧密结合实际,下苦功夫,认真研读并真正学懂弄通马克思主义经典作家的原著,把系统掌握马克思主义基本理论作为看家本领。

长期以来,无论在国际还是国内,在实践上都给我们提供了正反两方面的丰厚经验教训。从一定意义上讲,在社会主义革命、建设、改革各个时期,我们党正是在认真总结"左"和右的错误中吸取教训而不断前进的。我国步入一个充满希望的新时代，在以习近平同志为核心的党中央坚强领导下，我们完全有条件创新和发展21世纪马克思主义、当代中国马克思主义。坚持马克思主义基本原理同当代中国、当今时代具体实际相结合，中国特色社会主义的意识形态就必然充满蓬勃生机。习近平总书记在主持十八届中央政治局第四十三次集体学习时明确指出，要"深入总结中国特色社会主义实践，更好实现马克思主义基本原理同当代中国具体实际相结合，同时也要放宽视野，吸收人类文明一切有益成果，不断创新和发展马克思主义"。这同时也向世人表明了中国共产党人保持与时俱进的理论品格，使马克思主义放射出更加灿烂的真理光芒的坚强决心。

三　坚持以人民为中心做好党的意识形态工作

人民是历史的创造者，是决定党和国家前途命运的根本力量。坚持以人民为中心进行意识形态建设，是习近平总书记关于做好党的意识形态工作一以贯之的重要思想。为什么人的问题是根本问题、原则问题，习近平总书记在党的十九大报告中旗帜鲜明地作出了回答，这就是"坚持以人民为中心"。马克思主义不仅有发展观，还有实践观、群众观、阶级观、矛盾观等，而以人民为中心这一归纳和提炼，对于马克思主义的根本内容和目的指向来说，则更具本质性与深刻性。在纪念马克思诞辰200周年大会上，习近平总书记又明确指出："马克思主义博大精深，归根到底就是一句话，为人类求解放"，这在本质上是对以人民为中心的另一种表达。习近平总书记关于坚持以人民为中心的重要论断，在新形势下丰富和发展了马克思主义关于坚守人民立场的思想。从我们各项具体工作在全局工作中的位置来说，必须是坚持以经济建设为中心，但是从各项工作的最终价值取向来说，都只能是坚持以人民为中心，意识形态工作无疑更是如此。

人民既是意识形态建设的价值主体，又是实现其价值的实践主体。为了人民，就必须依靠人民，否则决不可能达到为了人民的目的。毛泽东同志曾经指出：社会主义民主的问题，首先就是劳动者有没有权利来克服各种敌对势力和它们的影响的问题。像报纸、刊物、广播、电影这类东西掌握在谁的手里，由谁来发议论，都是属于权利的问题。只有为了人民、依靠人民，才能不断巩固人民群众当家作主的地位，人民群众才会更加自觉地把个人命运与国家、民族和社会主义的命运紧密联系在一起，更加自觉地发挥自己的积极性、主动性和创造性。我们党要团结带领人民实现党的十九大确定的战略目标，夺取新时代中国特色社会主义新胜利，更加需要坚定自信、鼓舞斗志，更加需要同心同德、团结奋斗。宣传思想战线必须始终坚持以人民为中心，自觉把人民对美好生活的向往作为奋斗目标，切实承担起举旗帜、聚民心、育新人、兴文化、展形象的使命任务，更好地强信心、聚民心、暖人心、筑同心。

四 重中之重是以坚定的理想信念筑牢精神之基

我们党从诞生之日起就把马克思主义写在自己的旗帜上，把实现共产主义确立为最高理想。党的十八大以来，习近平总书记多次要求全党必须坚定对马克思主义的信仰，对社会主义和共产主义的信念，他指出，"对马克思主义的信仰，对社会主义和共产主义的信念，是共产党人的政治灵魂，是共产党人经受住任何考验的精神支柱"，强调"革命理想高于天"。只有坚定对社会主义和共产主义的信念，对中国特色社会主义道路、理论、制度、文化的自信才有最为坚强的支撑。我们决不能把共产主义的低级阶段即社会主义与其高级阶段即共产主义相混淆，但也决不能把二者割裂开来。千里之行，始于足下。我们为推进中国特色社会主义伟大事业、实现党在现阶段的奋斗目标努力工作，同时就是在为共产主义的最终实现"铺路"和"添砖加瓦"。因此，坚持共产主义远大理想与坚定中国特色社会主义信念是完全一致的。这里有一个重要问题，就是要正确认识和处理经济政策与共产主义道德的关系。经济政策是经济生活领域中的事情，包括以按劳分配为主，资本与其他各种要素都参与分配。但是，现实生活中决不仅有经济领域，还有政治、文化、社会等各个领域，不是其他所有领域都要按商品交换法则办事。我们共产党员要努力践行共产主义道德和共产主义精神，正如邓小平同志所指出，党和政府愈是实行各项经济改革和对外开放的政策，党员尤其是党的高级负责干部，就愈要高度重视，愈要身体力行共产主义思想和共产主义道德。

筑牢坚定正确的理想信念，就必须坚持以立为本、立破并举，旗帜鲜明坚持真理，立场坚定批驳谬误。习近平总书记在党的十九大报告中指出："全党要更加自觉地坚持党的领导和我国社会主义制度，坚决反对一切削弱、歪曲、否定党的领导和我国社会主义制度的言行。"现在，国内外敌对势力极力鼓吹各种错误思潮，如新自由主义、公民社会、西方宪政民主、普世价值、历史虚无主义等。在这些错误思潮中，历史虚无主义是基础。国内外敌对势力以对历史事件和历史人物"再认识"、"再评价"为名，运用各种手段特别是新兴媒体，蓄意否定歪曲我国近现代革命史、党的历史、新中国的历史，特别是攻击党的领袖。我们必须坚持正确政治方向，站稳政治立场，始终同以习近平同志为核心的党中央保持高度一致，牢牢坚持正面宣传为主，坚定宣传党的理论和路线方针政策，坚定宣传中央重大工作部署，坚定宣传中央关于形势的重大分析判断，同时也决不当什么开明绅士，决不做"骑墙派"和"看风派"。要坚持实事求是的原则，依据铁的事实，及时揭穿各种谎言，批驳各种错误思潮特别是历史虚无主义，更加有力地教育团结广大人民群众，把他们紧密团结在党的周围。

五　理直气壮坚持党管宣传、党管意识形态

中国共产党领导是中国特色社会主义最本质的特征。作为中国工人阶级的先锋队，中华民族和中国人民的先锋队，我们党是中国特色社会主义事业的坚强领导核心，是最高政治领导力量，各个领

域、各个方面都必须坚定自觉坚持党的领导。在全国宣传思想工作会议上，习近平总书记指出，要"加强党对宣传思想工作的全面领导，旗帜鲜明坚持党管宣传、党管意识形态"。各级党委要以政治建设为统领，牢固树立"四个意识"、坚定"四个自信"，强化意识形态工作责任制，切实负起政治责任和领导责任。把意识形态工作牢牢抓在手上，作为党的建设和政权建设的重要内容纳入议事日程，进一步加强意识形态阵地建设和管理。保持清醒头脑，提高政治敏锐性和政治鉴别力，注意区分政治原则问题、思想认识问题、学术观点问题，不为杂音噪音干扰，不为错误思潮迷惑。

思想上政治上的路线确定之后，干部就是决定因素。意识形态工作的领导权必须牢牢掌握在真正忠诚于马克思主义、忠诚于党和人民的人手里，只有这样才能建立一支宏大的马克思主义的理论队伍，不断巩固党的宣传思想阵地，战胜历史虚无主义等各种错误思潮，确保全党全国人民更加紧密团结和凝聚在中国特色社会主义伟大旗帜之下。

目 录

导　论　新时代意识形态工作的理论创新正当其时、恰逢其势 ……………………………………………… 1
　一　研究意识形态工作的理论创新是形势使然、时代必然 ………………………………………… 2
　二　新时代的理论创新开辟了党的意识形态工作理论发展的新境界 …………………………… 4
　三　新时代意识形态工作的理论创新与时代共发展、与实践同步伐 …………………………… 9

第一章　新时代的理论创新根植于丰厚的思想沃土和文化底蕴 ………………………………………… 12
　第一节　经典作家的意识形态理论构成了理论创新的思想渊源 ……………………………………… 12
　　一　马克思和恩格斯的意识形态理论提供了科学认识的基本依据 …………………………… 12
　　二　列宁的意识形态理论形成了走向实践的重要启示 …… 20
　第二节　党的意识形态理论的历史积累丰富了理论创新的思想宝库 ………………………………… 26
　　一　在革命和建设实践中，意识形态工作的理论基础初步奠定 ………………………………… 26

二　历史转折后的新时期，意识形态工作的理论建设在
　　　　革弊鼎新中恢复发展 ………………………………… 34
　　三　进入改革开放新的发展阶段，意识形态工作的理论
　　　　体系得到丰富和发展 ………………………………… 39
　　四　面向新世纪新阶段，意识形态工作的理论发展实现
　　　　与时俱进 ……………………………………………… 43
　第三节　中华优秀传统文化提供了理论创新的文化底蕴 …… 49
　　一　刚健有为精神与文化自信 …………………………… 50
　　二　强国富民理想与中国梦 ……………………………… 52
　　三　民本思想与"以人民为中心" ……………………… 55
　　四　礼治思想与核心价值观 ……………………………… 58
　　五　"和合"理念与"讲好中国故事" ………………… 60

第二章　新时代的理论创新催生于当前的时代背景和
　　　　　现实挑战 ……………………………………………… 64

　第一节　时代背景：新时代、新方位、新坐标 ……………… 64
　　一　中国特色社会主义进入新时代 ……………………… 65
　　二　世界正在重新认识中国 ……………………………… 75
　　三　社会思想和社会意识正在发生深刻变化 …………… 84
　第二节　现实挑战：意识形态领域进行着"具有许多
　　　　　新的历史特点的伟大斗争" ………………………… 88
　　一　大国关系博弈角力，意识形态领域较量斗争加剧 …… 89
　　二　经济社会调整变革，矛盾问题叠加显现深刻影响
　　　　社会心态 ……………………………………………… 97
　　三　多元思想文化交锋，各种错误思潮冲击主流
　　　　意识形态 ……………………………………………… 104
　　四　网络空间生态复杂，意识形态工作面对新的战场 …… 115

第三章　认识观念更新：在新的高度理解和把握党的意识形态工作 ·················· 121

第一节　深化认识意识形态工作，作出规律原理的新阐发 ·················· 121

一　社会存在决定社会意识，物质生产是社会发展的决定性因素 ·················· 122

二　意识对物质产生反作用，表现为精神可以变物质的能动转化 ·················· 124

三　意识形态工作与经济建设辩证统一、双向互动 ······ 126

第二节　极端重视意识形态工作，确立地位作用的新定位 ·················· 128

一　意识形态工作是党的一项极端重要的工作 ·········· 128

二　意识形态工作攸关全局、事关重大 ·················· 135

第四章　思路理念创新：科学提出做好意识形态工作的思想方法与工作方法 ·················· 143

第一节　准确把握意识形态工作的正确方向，提出方针原则的新概括 ·················· 143

一　坚持围绕中心与服务大局相并举，明确了意识形态工作的基本职责 ·················· 144

二　坚持党性与人民性相统一，明确了意识形态工作的原则立场 ·················· 148

三　坚持正面宣传与舆论斗争相结合，明确了意识形态工作的方针策略 ·················· 155

四　坚持统一思想与凝聚力量相并进，明确了意识形态工作的中心环节 ·················· 162

第二节　充分认清意识形态工作的重要使命，作出目标任务的新判断 ·················· 167

一　明确"两个巩固"的根本任务，抓住了意识形态
　　　　工作的重要遵循……………………………………… 168
　　二　提出一项重要的战略任务，指明了意识形态工作的
　　　　努力方向…………………………………………… 179
　　三　提出了新时代的五项使命任务，明确了意识形态
　　　　工作的主攻目标…………………………………… 185
第三节　牢牢聚焦意识形态工作的形势任务，明确组织
　　　　领导的新要求…………………………………… 195
　　一　牢牢掌握意识形态工作的领导权、管理权、
　　　　话语权……………………………………………… 195
　　二　积极构建意识形态工作的责任体系………………… 201
　　三　重点抓好理念创新、手段创新、基层工作创新……… 206
　　四　精心打造意识形态工作的人才队伍………………… 210

第五章　实践方略出新：加快推动新时代的意识形态工作
　　　　不断强起来……………………………………… 216
第一节　着眼意识形态工作的全局大势，进行战略格局的
　　　　新谋划…………………………………………… 216
　　一　坚持用习近平新时代中国特色社会主义思想武装
　　　　全党、教育人民…………………………………… 217
　　二　共筑共圆中国梦，形成凝聚人心的最大
　　　　公约数……………………………………………… 221
　　三　大力培育社会主义核心价值观，强基固本、
　　　　凝魂聚气…………………………………………… 228
　　四　坚定文化自信，激发深厚广泛的精神力量………… 235
　　五　讲好中国故事，传播好中国声音，更好展示真实
　　　　立体全面的中国…………………………………… 242
第二节　立足意识形态工作关键要害，作出重点领域的
　　　　新部署…………………………………………… 249

一　加强党的新闻舆论工作，在守正创新中开拓格局…… 249
　　二　加强网络意识形态工作，营造风清气正的
　　　　网络空间……………………………………………… 257
　　三　加强哲学社会科学工作，彰显中国特色、
　　　　中国风格、中国气派…………………………………… 264
　　四　加强青年思想政治教育工作，培养新时代
　　　　社会主义建设者和接班人……………………………… 270
　　五　加强党和人民的文艺工作，筑就新时代的
　　　　文艺高峰………………………………………………… 277

**第六章　新时代意识形态工作的理论创新彰显出鲜明特征
　　　　和重大价值**………………………………………… 284
　第一节　意识形态工作的理论创新具备鲜明特征………… 284
　　一　注重强基固本，坚持政治性与人民性相统一……… 285
　　二　突出举旗亮剑，坚持建设性与批判性相统一……… 287
　　三　把握守正创新，坚持继承性与发展性相统一……… 290
　　四　强化求真务实，坚持真理性与价值性相统一……… 292
　　五　具备国际视野，实现世界性与民族性相统一……… 295
　第二节　意识形态工作的理论创新体现重大价值………… 297
　　一　意识形态工作的理论创新闪烁着马克思主义的
　　　　真理光辉………………………………………………… 297
　　二　意识形态工作的理论创新有力促进了形势任务的
　　　　全局性、根本性转变…………………………………… 302

结　语…………………………………………………………… 307

参考文献………………………………………………………… 311

后　记…………………………………………………………… 319

导论　新时代意识形态工作的理论创新正当其时、恰逢其势

在党的十九大报告中，习近平总书记明确指出："经过长期努力，中国特色社会主义进入了新时代，这是我国发展新的历史方位。"[①] 党的十八大以来，以习近平同志为核心的党中央团结带领全党全国人民推动党和国家事业发生了历史性变革，从"五位一体"总体布局到"四个全面"战略布局，从一系列新理念新思想新战略到一系列重大部署、重大举措、重要工作，推动中国改革开放和社会主义现代化建设取得了历史性成就，也引领中国特色社会主义进入了新时代。

中国特色社会主义进入新时代，党的意识形态工作也在应对新挑战中推进新发展、在把握新机遇中实现新作为。一方面，意识形态领域正在进行着"具有许多新的历史特点的伟大斗争"，多元复杂利益格局对社会思想意识产生深刻影响，多种多样社会思潮对主流意识形态形成冲击，反华势力意识形态渗透颠覆始终没有停止，新兴媒体技术对传统工作的模式和效应产生消解等，党的意识形态工作面临着一系列的新课题和新挑战。另一方面，以习近平同志为核心的党中央胸怀全局、把握大势、着眼大事，从强调意识形态工作的"极端重要"到提出"两个巩固"的根本任务，从提出"中华民族伟大复兴的中国梦"到倡导培育和践行社会主义核心价

[①] 习近平：《决胜全面建成小康社会夺取新时代中国特色社会主义伟大胜利——在中国共产党第十九次全国代表大会上的报告》，人民出版社2017年版，第10页。

观，从对内增强文化自信、激发民族精神力量到对外讲好中国故事、提升中华文化影响力等，提出了一系列新思想新观点新论断，主导全社会意识形态领域发生了一系列全局性、历史性的深刻变化。

新时代呼唤新理论，新理论指导新实践。可以说，正是在这些科学正确的创新理论指导下，党的意识形态工作才能取得一系列的重要突破和重大成就。对此，系统研究新时代以来党的意识形态工作的思想创新和理论创新，认真分析理论创新的思想基础、现实条件、主要内容和鲜明特征，全面梳理理论创新的逻辑路径和体系结构等，对我们党扎实做好当前和今后的意识形态工作具有很强的理论价值和现实意义。

一 研究意识形态工作的理论创新是形势使然、时代必然

2013年8月19日，在全国宣传思想工作会议上，习近平总书记鲜明指出："能否做好意识形态工作，事关党的前途命运，事关国家长治久安，事关民族凝聚力和向心力。"① 纵观党的历史，领导好、开展好意识形态工作始终是一个重大的优良传统和政治优势，也为我们党在各个发展阶段取得胜利提供了坚强有力的支持和保障。

从中国共产党成立之日起，我们党就非常重视意识形态工作。《中国共产党第一个决议》鲜明指出：党的基本任务之一就是建立和发展工会，并在工会中灌输先进思想和斗争精神；同时，也明确了党要负责监督和领导宣传工作，以及负责组建工人学校开展思想教育、提高工人觉悟等基本方针。由此可见，党的意识形态工作是伴随着党的诞生而诞生、发展而发展的，并且始终随着党的各项事业不断发展壮大而添砖加瓦、保驾护航。在革命战争年代，我们党一手抓"枪杆子"、一手抓"笔杆子"，充分运用意识形态的宣传

---

① 习近平：《习近平总书记系列重要讲话读本》，学习出版社2016年版，第193页。

舆论武器开展舆论攻势，以宣传鼓动为代表的意识形态工作，为发动工农群众、扩大斗争成果发挥了积极作用。在社会主义革命和建设时期，从清除旧余毒、旧思想到确立马克思主义指导地位，从"百花齐放、百家争鸣"到激发亿万人民建设社会主义的高涨热情，以文化教育、文学艺术为代表的意识形态工作为完成社会主义改造、开启社会主义建设等提供了重要的思想精神保证。改革开放以来，我们党坚持物质文明和精神文明，"两手抓、两手硬"，围绕经济建设这个中心，批判错误社会思潮、提升主流思想认同、推进重大理论创新等，以精神文明建设、思想政治教育等为代表的意识形态工作，为开辟中国特色社会主义道路、推进中国特色社会主义事业做出突出贡献。由此可见，党的意识形态工作不仅为各个时期党的各项工作和国家社会的全面发展建设提供了有力的思想保障和精神支持，越来越成了一项地位重要、作用重大、异常关键的工作，而且在这一过程中意识形态工作的思想理论也不断创新发展。因此，重视和研究党的意识形态工作，研究意识形态工作的思想创新和理论创新，也就具有十分重大的意义和价值。

党的十九大报告鲜明指出，"实现伟大梦想，必须进行伟大斗争"[1]，而意识形态领域的斗争正是这一"伟大斗争"的必然组成。长期以来，以西方反华势力为主的敌对势力对我国进行意识形态渗透颠覆的活动从未停止，妄图通过文化渗透、价值观输出、社会思潮干扰等，加紧对我国进行"西化""分化"以及"和平演变"，而且越是在我们接近实现民族复兴梦想的时候，敌对势力在意识形态领域的干扰破坏活动就会愈演愈烈。中国特色社会主义进入新时代，我们党在意识形态领域所面临的斗争表现出长期性、艰巨性和复杂性等特征，意识形态工作的形势更加严峻、任务也更加繁重。

党的十八大以来，面对新形势新任务新要求，以习近平同志为

---

[1] 习近平：《决胜全面建成小康社会夺取新时代中国特色社会主义伟大胜利——在中国共产党第十九次全国代表大会上的报告》，人民出版社2017年版，第15页。

核心的党中央围绕加强和改善意识形态工作提出了一系列新思想新理论。有的是以领导人的重要讲话形式出现，如在全国宣传思想工作会议上的重要讲话，在哲学社会科学座谈会上的重要讲话等；有的是以中央或国家的重要文件形式出现，如《关于进一步加强和改进新形势下高校宣传思想工作的意见》和《党委（党组）意识形态工作责任制实施办法》等，形成了新时代我们党关于意识形态工作的重大思想创新和理论创新，也极大地充实和丰富了党的意识形态工作的理论宝库。全面梳理、认真研究新时代以来党的意识形态工作的理论创新，有利于深刻领会党的新思想新理论所蕴含的科学内涵和精髓要义，也有利于整体把握意识形态工作的思想体系和理论成果，这是我们党在各个时期、各种条件下能够扎实开展工作并确保取得实效的形势任务使然。

党的十八大以来，意识形态工作也不断推进新实践、实现新作为。习近平新时代中国特色社会主义思想武装全党、引领社会，中国梦和社会主义核心价值观深入人心，主流思想舆论不断巩固壮大，优秀传统文化弘扬壮大、国家文化软实力和影响力不断提升，意识形态战线各个行业、各个领域取得了全局性转变和历史性成就。这一切都离不开新思想新理论的正确指导，系统梳理和深入研究新的思想理论的发展演进，从中分析特点、总结经验、把握规律，有利于我们党在尖锐复杂的斗争中提高战略水平和应对能力，有利于我们党在新的历史条件下打好意识形态领域斗争的主动仗，也可以为我国意识形态领域的综合建设和整体发展提供重要思想引领和方向指引，这是大大提高意识形态工作整体水平和质量层次的必然时代要求。

二　新时代的理论创新开辟了党的意识形态工作理论发展的新境界

习近平总书记指出："我们党之所以能够历经考验磨难无往而

不胜，关键就在于不断进行实践创新和理论创新。"① 长期以来，我们党的意识形态工作始终都伴随着党和国家的各项工作与全面建设不断发展进步，这种发展进步既包括理论创新指导下的实践创新，也包括实践创新基础上的理论创新。在这一过程中，我们党关于意识形态工作的思想理论，也在不断成熟、完善和丰富中形成了一座蕴藏深厚的理论宝库。十八大以来，中国特色社会主义进入新时代，党和国家的各项事业立足新方位、踏上新征程，面对意识形态领域出现的新情况、新形势、新课题，以习近平同志为核心的党中央审时度势、求真务实，不断深化对意识形态工作的科学性把握和规律性认识，提出了一系列新思想新观点新论断，形成了新时代党的意识形态工作的指导思想和行动指南。这一系列的思想创新和理论创新，实现了对意识形态工作理论宝库的再一次里程碑式的拓展与深化，也开辟了党的意识形态工作思想理论的新发展与新境界。

第一，新时代党的意识形态工作的理论创新是继往开来的创新。

恩格斯指出："每一个时代的哲学作为分工的一个特定的领域，都具有由它的先驱传给它而它便由此出发的特定的思想材料作为前提。"② 任何穿越时代的思想都不是凭空产生的，它首先产生于这个时代的人们的物质生产活动，同时也继承着、传承着先辈思想的血脉。中国共产党是信奉马克思主义的政党，自诞生之日起就把马克思主义写在自己的旗帜上，并以党内最高法规《党章》的形式将马克思列宁主义列为党的指导思想。党的一切理论和实践活动都遵循于也根植于这一指导思想；虽然历经岁月的洗礼和实践的淬炼，党的理论和实践活动会不断发展进步、开拓创新，但马克思列宁主义这个根和魂是永远不能变，也不会变的。由此可知，新

---

① 习近平：2015 年 2 月 14 日，在陕西考察调研时指出，参见 2015 年 2 月 15 日"新华社发布"报道。

② 《马克思恩格斯选集》第 4 卷，人民出版社 1995 年版，第 703—704 页。

时代党的意识形态工作的理论创新，必然是生长于马克思列宁主义土壤之上的思想之花。

中国共产党的伟大功绩之一，就是实现了马克思主义基本原理与中国具体实际相结合，促进了马克思主义中国化的历史进程，从而产生了我们党的一个又一个重大理论成果。从毛泽东思想，到邓小平理论，再到"三个代表"重要思想和科学发展观，这些重大理论成果展现了马克思主义中国化的伟大飞跃，也记录着党的思想理论发展的历史脉络。党的每一次重大理论创新，既是呼应时代进步的崭新探索，也是顺承思想发展的拓展延伸，新时代我们党关于意识形态工作的理论创新同样如此。比如，确立马克思主义的指导地位、秉持为人民服务的根本宗旨、重视意识形态领域的严峻斗争等，是毛泽东思想中关于意识形态工作的重要观点；比如，坚持实事求是的思想路线、坚持两个文明一起抓的论断，是邓小平理论中关于意识形态工作的重要思想；再比如，代表先进文化的发展方向、建设社会主义先进文化和突出以人为本、端正价值追求等，又是"三个代表"重要思想和科学发展观的重要内容。这些重要观点和论断，都是我们党在各个时期开展意识形态工作的重要理论依据，也是我们党在新时代推进意识形态工作理论创新能够继往开来的脉络基因。

第二，新时代党的意识形态工作的理论创新是审时度势的创新。

马克思曾指出："任何真正的哲学都是自己时代的精神上的精华。"[①] 这既表达了先进意识形态一定是与时代同频共振的特点，也揭示出科学有效的意识形态工作需要体察时代、关切时代、呼应时代的特征。当前，对于党的意识形态工作来说，中国特色社会主义进入新时代，就是最重大的时代背景和最鲜明的时代特色。新时代标定了民族复兴的新方位，中华民族在"站起来""富起来"之

---

① 《马克思恩格斯全集》第1卷，人民出版社1995年版，第220页。

后,迎来了"强起来"的历史起点;新时代开拓了世界社会主义的新格局,中国特色社会主义的巨大成就为世界社会主义的图景描绘出了一道壮丽的波澜;新时代也书写了中国智慧、中国方案的新华章,正在为世界更多探索进步、谋求发展的民族和国家提供经验与借鉴。因而,党的意识形态工作的理论创新一定是把握时代脉搏、解答时代之问的创新。

新时代的意识形态工作一方面呈现整体向上向好的积极态势,但同时也表现出意识形态领域斗争的长期性、艰巨性和复杂性,这正是"具有许多新的历史特点的伟大斗争"在意识形态战线的突出表现。这包括:西方敌对势力对我国进行意识形态渗透、干扰和颠覆的活动变本加厉、愈演愈烈,两条道路、两种制度在意识形态领域的冲突较量加剧;我国经济社会转型调整、矛盾问题催化叠加,对社会心理和社会心态产生巨大冲击,也对意识形态的整合引导带来巨大挑战;社会多元思想文化碰撞交锋,一些错误社会思潮借机开始翻腾涌动、喧嚣吵闹,对社会主义意识形态建设受到干扰,主流思想文化阵地也遭受侵蚀;信息网络空间动态多变、错综复杂,网络意识形态安全风险高,网络意识形态环境污染重,网络信息传播媒体分布散、网络社会舆情管控难度大,意识形态工作面对新战场和新挑战。由此,党的意识形态工作正是在面对严峻形势、应对现实挑战中推动创新。

第三,新时代党的意识形态工作的理论创新是全面系统的创新。

面对新时代的新情况、新形势,从目标任务到职责使命、从思维理念到实践要求,党的意识形态工作在各方面都发生了深刻而广泛的变化,因而意识形态工作的理论创新也绝不能是零敲碎打、东拉西扯式的创新,而应当是更为深入全面、系统完整的创新。

在认识观念层面。首先,对意识形态工作的内在规律形成了新认识。深刻认识到意识形态工作与经济建设的辩证统一关系,这是在充分继承马克思主义唯物史观和意识形态基本理论的基础上,紧密结合当下客观实际进行的学理层面的新解读和新阐发。其次，也对意识形态工作的地位作用确立了新定位。大力强调意识形态工作极端重要的危机感和紧迫性，深刻阐述意识形态工作攸关全局、事关重大的关键作用，促使我们党对意识形态工作的认识又达到一个崭新高度。

在思路理念层面。首先，对意识形态工作的方针原则作出了新概括。从围绕中心、服务大局的基本职责到党性与人民性的高度统一，从正面宣传与舆论斗争的有机结合到统一思想、凝聚力量的中心环节，我们党对新时代的意识形态工作确立了具有强烈针对性和现实性的方针策略。其次，对意识形态工作的目标任务提出了新判断。分别从根本任务、战略任务和新时代的使命任务三个层面，为党的意识形态工作明确了工作的要点和重点，也为更好地立足当下、着眼长远树立了科学的目标导向。最后，对意识形态工作的组织领导提出了新要求。主要是围绕强化党的领导、严明责任担当、推进工作创新、建强人才队伍等方面，提出了强基固本的新理念和新思路，旨在进一步增强意识形态工作的领导力量和组织保证。

在实践方略层面。首先，对意识形态工作的战略格局进行了新谋划。包括创立习近平新时代中国特色社会主义思想武装头脑、运用"中国梦"凝聚民心意志、大力弘扬社会主义核心价值观培育社会风尚、通过增强文化自信丰厚精神力量、积极做好外宣工作塑造国家形象等，构建出意识形态工作局部突破带动整体跃升、多维并举促进全面提高的战略新格局。其次，对意识形态工作的重点领域进行了新部署。主要围绕加强和提升党的新闻舆论工作、网络意识形态工作、哲学社会科学工作、青年思想政治教育和文化文艺工作等，筹划真招实策、着力破解难题，进一步巩固意识形态的重点领域和重点阵地，形成意识形态工作的坚强战线。

总之，意识形态工作的新思想和新理论，深刻回答了新时代意识形态工作"是什么、为什么、干什么、怎么干"等一系列重大理论和实践问题，进而形成了从认识论到方法论，再到实践论这一整套内容丰富全面、逻辑链条完整的思想理论创新。

第四，新时代党的意识形态工作的理论创新是求真务实的创新。

新时代我们党关于意识形态工作的理论创新，注重强基固本、突出举旗亮剑、把握继承创新、坚持求真务实、具备国际视野，不仅思想深邃、内涵丰富，深刻认识和把握了客观规律，而且能够指导实践、推动工作，焕发出巨大的实践价值。首先，这一系列思想创新和理论创新，深刻回答了新时代的意识形态工作"是什么、为什么、干什么"等基本问题，深化了党对意识形态工作的科学认识和内涵把握；运用马克思主义经典理论的思想精髓推动新时代意识形态工作的实践探索，形成了马克思主义意识形态理论在当代中国的最新发展；蕴含于新时代党和国家的政治建设、文化建设、社会建设等理论之中，构成了习近平新时代中国特色社会主义思想的重要组成。

其次，这一系列思想创新和理论创新，大力推动全国、全社会意识形态领域的形势发生了全局性、根本性转变，促进意识形态领域一度出现的被动局面从根本上得到扭转；特别注重发挥社会主义意识形态、整合社会意识、凝聚思想共识的强大功能，促进全党全社会在思想上的团结统一更加稳固；也积极倡导讲好中国故事、传播好中国声音，从而促进国家文化软实力和中华文化影响力显著提升。总之，这样的思想创新和理论创新从追求真理、发现真知到务求实效、推动实践，时时处处都充分体现出我们党坚持求真务实的优良传统和作风。

三 新时代意识形态工作的理论创新与时代共发展、与实践同步伐

新时代我们党关于意识形态工作的思想理论，立足时代发展的新方位、锚定民族梦想的新坐标，紧密结合当今中国最为实际的客观情况，在最为深厚的思想沃土上生根发芽，在当今政治经济新态

势和思想文化的新动向中孕育催生，在解决和应对意识形态领域新问题、新挑战中丰富发展，从而形成了从认识论、方法论到实践论的理论创新。这样的理论创新既呼应于时代、发源于实践，也始终坚持与时代共发展、与实践同步伐。

"只有聆听时代的声音，回应时代的呼唤，认真研究解决重大而紧迫的问题，才能真正把握住历史脉络、找到发展规律，推动理论创新。"[①] 以习近平总书记为主要代表的中国共产党人坚持立时代之潮头、发思想之先声，敏锐关注、积极探索新时代意识形态工作的新情况、新课题，在与时俱进的进程中书写思想理论的创新篇章。用更加开阔的国际视野思考意识形态工作，充分认清当今世界的历史方位和时局特征，准确把握当代中国同世界关系的历史性变化，将意识形态工作置于实现中华民族伟大复兴的战略全局和世界百年未有之大变局这"两个大局"之中来思考和谋划，置于国际国内形势相互影响、问题相互转换的关联互动之中来安排和部署，在全球化的背景中思考解决意识形态工作的形势任务。用更加长远的战略眼光谋划意识形态工作，运用不忘本来、吸收外来、面向未来的历史纵深和战略纵深来审视意识形态工作，自觉继承中华民族的传统文化，主动吸纳人类文明一切优秀成果，切实增强社会主义意识形态的凝聚力和引领力，为民族走向复兴的伟大征程提供强有力的思想保证和精神支持。

"人的思维是否具有客观的真理性，这不是一个理论的问题，而是一个实践的问题。人应该在实践中证明自己思维的真理性，即自己思维的现实性和力量，自己思维的此岸性。"[②] 面对新时代的意识形态工作，在习近平总书记带领下全党大力弘扬马克思主义的实践品格，根植于中国特色社会主义的伟大实践，根植于新时代意识形态工作的客观实践，提出了一系列加强和改进意识形态工作的

---

① 《习近平关于社会主义文化建设论述摘编》，中央文献出版社2017年版，第80页。
② 《马克思恩格斯选集》第1卷，人民出版社2012年版，第134页。

新思想新观点新论断，在理论创新与实践创新的双向互动中推动意识形态领域完成全局性、根本性的历史变革。善于从实践中的问题出发，聚焦意识形态工作的重大理论与实践问题，特别是伴随社会发展、历史进步所出现的新问题和新矛盾，在发现问题、研究问题、解决问题过程中推进意识形态工作的理论创新。善于推进实践基础上的理论创新，积极探索意识形态工作面临的新课题，努力廓清困扰人民群众的思想迷雾，着力解决好工作中的重大现实问题和热点难点问题，不断以新的理论形态指导实践发展。

时代是思想之母，实践是理论之源。中国特色社会主义进入新时代，党和国家的各项事业都面临着崭新的时代背景和实践条件，意识形态工作的理论创新正是汲取时代的养料、扎根实践的沃土，才能在党的思想理论的大地上生根发芽，结出绚丽夺目的思想之花。

第一章 新时代的理论创新根植于丰厚的思想沃土和文化底蕴

任何形式的理论创新都必须建立在一定的思想基础之上，正如恩格斯评价马克思主义的创立所说的，"和任何新的学说一样，它必须首先从已有的思想材料出发"[①]，我们党的每一次理论创新，都离不开丰厚的思想材料和理论资源。新时代意识形态工作的理论创新，就是来自于对马克思主义意识形态理论的继承和坚持，来自于对马克思主义中国化理论积累的丰富与发展，也来自于中华民族优秀传统文化的涵养和丰润。可以说，马克思主义经典作家的意识形态科学思想，我们党长期以来关于意识形态工作的重要理论，以及中华优秀传统文化的精神滋养，共同组成了孕育这一理论创新的思想沃土。

第一节 经典作家的意识形态理论构成了理论创新的思想渊源

一 马克思和恩格斯的意识形态理论提供了科学认识的基本依据

马克思和恩格斯是在与资本主义，特别是与资本主义腐朽思想的对抗斗争中发现和认识意识形态的，他们在创建马克思主义理论

[①] 《马克思恩格斯全集》第19卷，人民出版社1963年版，第205页。

大厦的过程中提出了关于意识形态的思想观点。马克思主义关于意识形态的重要理论是以辩证唯物主义和历史唯物主义为哲学基础的，这也直接决定了马克思和恩格斯的意识形态理论是一种科学的世界观和认识论，中国共产党认识和把握意识形态正是以此为最重要的思想基础。

（一）马克思和恩格斯发现，资本主义意识形态具有强烈的虚伪性和欺骗性

马克思和恩格斯所生活的时代，是第一次工业革命带来社会生产力巨大发展的时代，同时也是社会分化不断加剧、经济危机频繁爆发、无产阶级和资产阶级的矛盾日益尖锐与激化的时代。正是在这一时代背景下，马克思、恩格斯积极投身于觉醒和解放世界无产阶级的科学思考和社会实践之中，在这一过程中，他们也开始对资本主义制度和资产阶级的思想观念进行研究考察与系统批判，很多经典著作和著名论断都是从对旧式哲学思想与唯心主义的批判中产生的。

早在《莱茵报》工作时期，马克思就开始认真考察资本主义国家制度和资产阶级思想观念的现象与本质。在《摩塞尔记者的辩护》《关于林木盗窃法的辩论》和《评普鲁士最近的书报检查令》三篇文章中，马克思揭露了当时资本主义社会中的政治、宗教、新闻出版、制度法令等方面的偏私性和欺骗性，同时也触发了他对唯心主义哲学的怀疑和对唯物史观意识形态理论的探索。随后，从《黑格尔法哲学批判》到《1844年经济学哲学手稿》，再到《德意志意识形态》，马克思和恩格斯不断对资本主义意识形态进行深入地揭露和批判。在《黑格尔法哲学批判》导言中，马克思初步认识到资产阶级哲学家的附庸性和伪善性，指出："德国的国家哲学和法哲学在黑格尔的著作中得到了最系统、最丰富和最终的表述；对这种哲学的批判……也是对到迄今为止的德国政治意识和法意识的整个形式的坚决否定。"[①] 在马克思看来，以黑格尔为

---

① 《马克思恩格斯选集》第1卷，人民出版社1995年版，第8—9页。

代表的法哲学理论属于资本主义意识形态，其唯心主义和神秘主义特征的本质正是以"本末倒置"来掩盖事实。

在《1844年经济学哲学手稿》中，马克思又指出："宗教、家庭、国家、法、道德、科学、艺术等等，都不过是生产的一些特殊的方式，并且受生产的普遍规律的支配。因此，对私有财产的积极的扬弃，作为对人的生命的占有，是对一切异化的积极的扬弃。"[①]在此，马克思通过阐释异化劳动理论进而分析了意识形态的问题，揭示了资本主义的意识形态同样是资本主义生产关系的观念产物，是私有制的附属品，是受这种制度控制和支配的。而到了《德意志意识形态》，马克思和恩格斯则较为明确地指出："迄今为止人们总是为自己造出关于自身、关于自己是何物或应当成为何物的种种虚假观念……他们头脑的产物不受他们支配。他们这些创造者屈从于自己的创造物。"[②] 这段论述直接表明了资产阶级为了维护其统治地位，通过制造意识形态的"虚假观念"统治民众的头脑，进而使得民众臣服和屈从的真相。这正是意识形态能够穿上"伪装"、脱离真实的症结所在。对此，马克思曾进一步指出，占统治地位的阶级为了其自身利益，"赋予自己的思想以普遍性的形式，把它们描绘成唯一合乎理性的、有普遍意义的思想"[③]。这种"描绘"的过程就是进行伪装和掩盖的过程，也是资本主义意识形态表现虚伪性和欺骗性的直接体现。

由此可见，马克思和恩格斯在批判德意志意识形态之初，就撕下了资本主义意识形态虚假、伪善的面具。时至今日，在社会主义与资本主义两条道路、两种制度依然博弈角逐的当今时代，资本主义意识形态依然利用虚伪的、掩盖的方式对本国国民麻醉和欺骗、对他国国民进行渗透和颠覆。充分认清两条道路、两种制度在意识形态领域的对抗斗争，就要首先认清资本主义意识形态的虚伪性和

---

① 《马克思恩格斯全集》第3卷，人民出版社2002年版，第298页。
② 《马克思恩格斯全集》第3卷，人民出版社2009年版，第509页。
③ 《马克思恩格斯文集》第1卷，人民出版社2009年版，第552页。

欺骗性。需要说明的是，马克思主义指导下的社会主义意识形态无须进行掩盖和伪装，因为它所代表和服务的就是广大人民的根本利益。正如《共产党宣言》所说的，作为无产阶级先锋队的共产党人"没有任何同整个无产阶级的利益不同的利益"。[1] 所以，与资本主义意识形态正相反，社会主义意识形态是一种能够反映现实社会的、能够体现人民意志的意识形态。

(二) 马克思和恩格斯认为，意识形态具有鲜明的阶级属性和天然的维护功能

马克思和恩格斯在揭露资本主义意识形态具有虚伪性和欺骗性的过程中，就开始深入挖掘隐藏在背后的真实原因。资本主义意识形态掩盖事实、蒙蔽民众的目的和意义在哪里？之所以与客观事实相左、与民众意愿相悖的原因和症结又出自何处？带着对这些问题的思考，马克思和恩格斯从物质决定意识、生产力决定生产关系的角度出发，得出了马克思主义意识形态理论的又一个重要结论——意识形态具有鲜明的阶级立场，天然要为维护所代表阶级的利益而服务。

马克思和恩格斯在《德意志意识形态》中深刻论述了"物质统治"决定"思想统治"的真实关系，指出："统治阶级的思想在每一时代都是占统治地位的思想……占统治地位的思想不过是占统治地位的物质关系在观念上的表现，不过是以思想的形式表现出来的占统治地位的物质关系。"[2] 在资本主义社会中，资产阶级作为社会的统治阶级既是物质生产资料的支配者和控制着，同时也是精神生产资料的支配者和控制者。在统治阶级内部，有专门的意识形态生产者，负责制造生产意识形态，他们所创造的和主导的意识形态具有鲜明的资产阶级属性，一定是为资产阶级的阶级利益而服务的，其统治思想观念的直接效果就是坚决维护资产阶级在现实社会中的统治地位和政治权利。

---

[1] 《马克思恩格斯文集》第 2 卷，人民出版社 2012 年版，第 44 页。
[2] 《马克思恩格斯选集》第 1 卷，人民出版社 1995 年版，第 98 页。

关于意识形态的阶级属性和维护功能，恩格斯在《反杜林论》中也有明确的论述："道德始终是阶级的道德；它或者为统治阶级的统治和利益辩护，或者当被压迫阶级变得足够强大时，代表被压迫者对这个统治的反抗和他们的未来利益。"① 在此，恩格斯不仅揭示了意识形态的维护本阶级利益的重要特性，同时还引申出了另一个重要观点，即在与资本主义和资产阶级的对抗斗争中，无产阶级也迫切需要代表自身利益的意识形态。同时，也进一步表明，无产阶级意识形态是反抗资产阶级压迫统治的有力武器，也是服务无产阶级大众、维护无产阶级专政的思想堡垒。这一观点为之后的马克思主义意识形态理论的发展产生了巨大的启迪。比如，卢卡奇的无产阶级"自觉的阶级意识"理论、葛兰西的"文化领导权"理论，以及阿尔都塞的"意识形态国家机器"理论等，都是对恩格斯这一重要观点的拓展和延伸，也都是马克思主义意识形态理论的不断丰富发展。

需要指出的是，在社会主义社会中，主流意识形态仍然具有鲜明的阶级属性，这便是代表着最广大人民群众的根本利益，反映着工人阶级和人民群众的共同的理想信念与精神追求；社会主义意识形态的重要功能之一，就是维护人民当家做主的主体地位、维护人民民主专政，在与西方意识形态和错误思潮的斗争中不断壮大社会主义的力量。

（三）马克思和恩格斯指出，意识形态源于物质实践、反映社会存在

历史唯物主义是马克思的伟大发现之一，正是依据这一重要科学理论，马克思和恩格斯逐渐揭示并概括出了意识形态理论的基本原理。首先，马克思和恩格斯提出了物质决定意识、社会存在决定社会意识的基本观点。在唯物史观的指导下，马克思和恩格斯把思想、观念、精神等一切意识形态活动产生的本因和源泉都归结于人

---

① 《马克思恩格斯文集》第 9 卷，人民出版社 2009 年版，第 100 页。

们的社会存在,"意识在任何时候都只能是被意识到了的存在,而人们的存在就是他们的现实生活过程"。① 他们认为,意识形态是现实社会生活中的实践活动在人们头脑中的一种观念反映,离开了社会现实和社会实践,意识形态也就失去了赖以生存的根基土壤。在马克思和恩格斯看来,物质实践对意识形态具有直接的决定作用,"物质生活的生产方式制约着整个社会生活、政治生活和精神生活的过程。不是人们的意识决定人们的存在,相反,是人们的社会存在决定人们的意识"。② 物质决定意识、社会存在决定社会意识,这是马克思和恩格斯从历史唯物主义的科学观点出发,得出的关于社会意识形态的最基本的观点。

其次,马克思和恩格斯认为,意识形态反映社会实践,并将其视为建立于经济基础上的"观念上层建筑"。在《德意志意识形态》中,马克思和恩格斯把意识对现实的反映比喻为照相机和虹膜对事物的"呈像","就像在照相机中一样是倒立成像的,那么这种现象也是从人们生活的历史过程中产生的,正如物体在视网膜上的倒影是直接从人们生活的生理过程中产生的一样"③。在《政治经济学批判》序言中,马克思和恩格斯论述了人们的社会生产活动具有客观实践的和不以意志为转移的特性,并将人们在社会生产中所结成的生产关系视为整个社会的"经济基础",又进一步论述了意识形态是反映现实基础、与之相适应的"观念上层建筑","这些生产关系的总和构成社会的经济结构,即有法律的和政治的上层建筑竖立其上并有一定的社会意识形式与之相适应的现实基础"④。在此,马克思和恩格斯将意识形态视为社会结构的组成要素,认为意识形态是社会生产的现实关系在人们头脑中的"观念反映",因而将其称作由"经济基础"所决定的"观念上层建筑"。

---

① 《马克思恩格斯选集》第1卷,人民出版社2012年版,第152页。
② 《马克思恩格斯全集》第31卷,人民出版社1998年版,第412页。
③ 《马克思恩格斯选集》第1卷,人民出版社1995年版,第72页。
④ 《马克思恩格斯全集》第31卷,人民出版社1998年版,第412页。

最后，马克思和恩格斯认为，意识形态指向于实践、归结于实践。早期，马克思在研究考察黑格尔哲学的时候，就认识到哲学作为一种意识形式虽具有主观抽象的特征，但却饱含着改造客观世界的愿望和诉求；而哲学现实对世界的改造主要是通过指导人们的实践活动，"一个本身自由的理论精神变成实践的力量，并且作为一种意志走出阿门塞斯的阴影王国，转而面向那存在于理论精神之外的世俗的现实"①。在马克思看来，意识形态产生于实践，并反映着实践，但绝不会在人们的头脑中"空转"，而是要指导人们在现实生活中的社会实践。后来，马克思和恩格斯在批判资本主义意识形态的过程中，进一步认识到无产阶级意识形态推翻资产阶级意识形态依然需要通过现实的物质力量，"意识的一切形式和产物不是可以通过精神的批判来消灭的……而只有通过实际地推翻这一切唯心主义谬论所由产生的现实的社会关系，才能把它们消灭"②。马克思和恩格斯没有把对落后意识形态的批判局限于理论层面，而是赋予其社会实践的特色，这也成了马克思主义指导无产阶级的革命运动的重要观点之一。

（四）马克思和恩格斯认为，意识形态表现出十分鲜明的性质特征

意识形态这一概念，虽不是马克思和恩格斯首先提出，但却受到了他们的高度重视。特别是通过批判资本主义意识形态、发现历史唯物主义、厘清"经济基础"与"上层建筑"的作用关系等一系列理论探索，马克思和恩格斯也进一步揭示了意识形态所具备的一些重要特征，主要包括意识形态的社会历史性、相对独立性，以及操控性和支配性等，进一步丰富和完善了马克思主义关于意识形态的思想理论。

意识形态的社会历史性，主要是取决于一定的社会生产力和生产关系受到一定的社会历史条件所影响和制约。人们总是在一定的

---

① 《马克思恩格斯全集》第40卷，人民出版社1982年版，第258页。
② 《马克思恩格斯选集》第1卷，人民出版社2012年版，第172页。

历史条件和生产力条件下创造一定的生产方式和社会关系，进而按照这样的方式及关系创造了相应的意识形式和思想观念，既然物质生产方式具有一定的历史性和时代性，那么与之相适应的意识形态也必然带有当时的历史烙印和时代特征。对此，恩格斯曾指出："每一个时代的理论思维，包括我们时代的理论思维，都是一种历史的产物。"① 同时，马克思和恩格斯在思考和探究人类社会历史发展的进程中，也发觉了社会和历史的继承性问题，"人们自己创造自己的历史，但是他们并不是随心所欲地创造，并不是在他们自己选定的条件下创造，而是在直接碰到的、既定的、从过去继承下来的条件下创造"②。他们认为，人类的社会历史不能随意创造，也无法凭空臆造，受一定条件的限制，而且离不开对过去社会历史的继承。这其中，既包括对物质财富的继承，也包括对精神财富的继承，意识形态的社会历史性便由此体现。

意识形态的相对独立性，在马克思和恩格斯看来，是从人类社会脑体劳动分工开始的，人们物质生产劳动和精神生产劳动开始分离的时候，意识形态的生产和创造就获得了一定的独立性；同时，一定的思想观念和意识形态，归根结底是由当时社会的物质条件和生产关系所决定的，因而意识形态的这种独立性只能是相对性的而不是绝对性的。这种相对性的表现之一，就是思想文化与社会条件发展的不平衡关系。马克思曾以希腊艺术的发展为例，"关于艺术，大家知道，它的一定的繁盛时期绝不是同社会的一般发展成比例的"③，说明了希腊艺术的繁荣发展超过了当时社会的物质条件。意识形态相对独立性的另一个表现，就是对经济基础和社会发展的反作用，"我们称之为意识形态观点的那种东西——又对经济基础发生反作用，并且能在某种限度内改变经济基础，我认为这是不言

---

① 《马克思恩格斯文集》第 9 卷，人民出版社 2009 年版，第 436 页。
② 《马克思恩格斯全集》第 11 卷，人民出版社 1995 年版，第 131—132 页。
③ 《马克思恩格斯文集》第 8 卷，人民出版社 2009 年版，第 34 页。

而喻的"。① 正如恩格斯所表述的那样，在一定条件下和一定程度上意识形态能够影响和改变社会经济基础的发展进步，进而发挥能动性的反作用。

总之，马克思和恩格斯关于意识形态的重要理论，是马克思主义经典理论的重要组成部分，为批驳揭露资本主义意识形态的腐朽落后提供了思想工具，也为无产阶级政党掌握意识形态理论、开展意识形态斗争提供了理论武器。中国共产党是坚持以马克思主义为指导的无产阶级政党，马克思主义的立场、观点和方法始终是我们党的认识世界、改造世界的重要认识论和方法论。社会在发展、时代在变迁，我们党在各个阶段的理论创新，是依据形势任务的与时俱进，也是顺应时代发展的探索创新，但发源于马克思主义、根植于马克思主义的这个"魂"不会变，这是我们党的理论创新之所以做到方向不偏、立场不移的关键所在。因此，新时代我们党关于意识形态工作的理论创新，也依然是根植于马克思主义思想沃土、发端于马克思主义理论源头的理论创新。

二 列宁的意识形态理论形成了走向实践的重要启示

作为马克思、恩格斯之后的又一位经典作家，列宁在充分理解和掌握马克思主义意识形态理论的基础上，紧密结合当时所处时代的历史特征和形势任务，将科学理论运用于指导俄国工人运动和建立无产阶级政权的火热实践中，实现了马克思主义经典理论与工人运动和革命实践的有机结合，形成了马克思主义意识形态理论从理论走向实践的重要经验启示，也形成了马克思主义经典理论的进一步丰富和拓展。

（一）列宁高度关注无产阶级与资产阶级在意识形态领域的对抗和斗争

如果说，马克思和恩格斯是创立了马克思主义的第一人，那么

---

① 《马克思恩格斯选集》第 4 卷，人民出版社 1995 年版，第 702 页。

列宁就是掌握并运用马克思主义闯开社会主义之路的第一人。19世纪末至20世纪初,在俄国农民运动日渐高涨、革命形势日益成熟的时候,由工人组织转换而成的无产阶级政党也开始逐步成长和发展。但当时的社会矛盾尖锐、革命形势严峻,俄国的马克思主义者还尚未建立思想统一、组织统一的无产阶级政党,加之受到国际修正主义和经济改良主义的影响,马克思主义一度被削弱和淡化。这直接造成了工人党组织的思想混乱和组织涣散,也极大削弱了革命政党的原则性和战斗力。

正是面对如此的严峻形势,列宁深刻认识到,在反对俄国资产阶级的革命斗争中,工农大众的革命运动风起云涌,思想文化领域的敌我斗争也决不可忽视。在《怎么办》中,列宁鲜明指出:"既然谈不到由工人群众在其运动进程中自己创立的独立的意识形态。那么问题只能是这样:或者是资产阶级的意识形态,或者是社会主义的意识形态。"① 在此,列宁提出了革命运动中无产阶级与资产阶级在意识形态领域的斗争问题,并特别强调了在相互对立和斗争的阶级社会中,不存在"中间的""第三种"的意识形态,也不存在非阶级或超阶级的意识形态。列宁认为,社会主义意识形态与资本主义意识形态是你死我活、非黑即白的激烈斗争关系,必须在革命运动中让社会主义意识形态占据上风。可以看出,列宁在此充分继承了马克思和恩格斯关于意识形态具有阶级立场、具备维护特征的思想观点,批判了企图调和、折中的错误思想,也深刻揭示了两种意识形态的斗争正是两大阶级斗争在思想观念层面的集中反映这一现实问题。在列宁看来,必须高度重视无产阶级与资产阶级在意识形态领域的对抗和斗争。

在领导俄国社会主义革命的过程中,列宁始终重视着无产阶级与资产阶级在意识形态领域的激烈斗争问题,即便是在工农大众革命成功、建立无产阶级政权之后,他依然时刻关注着没落腐朽的旧

---

① 《列宁全集》第6卷,人民出版社2013年版,第38页。

文化可能对无产阶级意识形态阵地的侵蚀与反扑,认为革命成功、新旧社会交替后,包括旧思想、旧文化在内的旧社会流毒依然死而不僵,"旧社会灭亡的时候,它的尸体是不能装进棺材、埋入坟墓的。它在我们中间腐烂发臭并且毒害我们"。① 可以看出,列宁清醒地认识到了意识形态的相对独立性问题和思想文化的社会历史性问题,无产阶级社会制度的建立无法在短时间内实现无产阶级思想文化的建立,旧的思想文化依然不甘退场、垂死挣扎,必须充分认识到新旧意识形态斗争的长期性和复杂性,做好积极斗争的准备,才能更好地维护稳固新生的无产阶级政权。对此,列宁又进一步指出:"我们的任务不只是要战胜资本家在军事上和政治上的反抗,而且要战胜资本家在思想方面的最深刻、最强烈的反抗。"② 在完成了对旧社会国家机器和社会制度的改造之后,思想文化方面的矛盾就会变得更加突显、更加激烈,只有牢牢掌握意识形态的主动权和领导权,才能彻底埋葬资本主义社会的落后和腐朽,才能真正在新社会的"经济基础"上建立起新的"上层建筑"。

(二) 列宁确立马克思主义为无产阶级的意识形态,并赋予其科学性和真理性

早在考察两个阶级的冲突对抗时,列宁就将以马克思主义为指导的社会主义意识形态作为无产阶级对抗资产阶级的有力思想武器,并将其称之为一种"科学的意识形态"。在列宁看来,以马克思主义为精髓的社会主义意识形态,是反映社会真实存在、符合社会发展规律的意识形态,也是吸收人类优秀文化思想、博采众家之长而又有所超越的意识形态。"马克思主义这一革命无产阶级的意识形态赢得了世界历史性的意义,是因为它并没有抛弃资产阶级时代最宝贵的成就,相反却吸收和改造了两千多年来人类思想和文化发展中一切有价值的东西。"③ 社会主义意识形态的科学性,还在

---

① 《列宁全集》第34卷,人民出版社2017年版,第380页。
② 《列宁全集》第1版第31卷,人民出版社1958年版,第336页。
③ 《列宁选集》第4卷,人民出版社2012年版,第299页。

于它是反映工农群众真实意志、代表广大人民根本利益的意识形态，是工人阶级和人民的意识形态，"马克思的哲学是完备的哲学唯物主义，它把伟大的认识工具给了人类，特别是给了工人阶级"。① 在列宁看来，工人阶级将马克思主义和社会主义作为自己独一无二的意识形态，是最具代表性、最有价值性的明智选择。

此外，列宁在领导无产阶级政党推动工农革命运动、建设社会主义国家的进程中，也始终把马克思主义作为无产阶级政党的指导思想，并鲜明强调了马克思主义意识形态的党性原则问题，"马克思和恩格斯在哲学上自始至终都是有党性的，他们善于发现一切'最新'流派对唯物主义的背弃，对唯心主义和信仰主义的纵容"。② 在列宁看来，无产阶级政党只有用马克思主义改造思想、武装头脑，才能成为觉悟和成熟的政党，才能表现出更加顽强的党性和战斗性。一方面，列宁把马克思主义作为无产阶级政党的广大党组织和党员们增强阶级意识、提高思想觉悟的精神指南，也作为他们锻造党性原则的有力武器。同时，列宁也积极号召广大党组织和党员们，在批判和揭露落后腐朽的资产阶级意识形态的过程中，不断强化党性原则，"非党性是资产阶级思想，党性是社会主义思想……觉悟的无产阶级的政党，才是一贯坚持严格的党性的"。③ 另一方面，列宁也特别强调广大意识形态的宣传机器要坚持听党话、跟党走的原则问题，认为社会主义国家的各类报刊、书籍以及出版社、图书馆等，都是意识形态宣传的重要载体和阵地，都要坚持无产阶级的党性原则，始终做到为党的意识形态工作服务、为党和人民的事业服务。

（三）列宁强调必须加强无产阶级的意识形态建设，并提出了"外部灌输"的理论

列宁是在帝国主义和无产阶级革命时代丰富发展马克思主义的

---

① 《列宁全集》第23卷，人民出版社1990年版，第45页。
② 《列宁选集》第2卷，人民出版社2012年版，第231页。
③ 《列宁全集》第12卷，人民出版社2017年版，第128页。

思想家，也是推动马克思主义同俄国革命运动相结合的革命家和政治家，他深知科学理论对于社会实践的非凡价值，也始终将马克思主义的先进理论作为俄国无产阶级革命运动的行动指南。于是便提出了"革命理论"与"革命行动"的著名论断，"没有革命的理论，就不可能有被压迫阶级的即历史上最革命的阶级的世界上最伟大的解放运动"。① 这是一个理论武装指导革命实践的重大问题，在列宁看来，无产阶级的革命运动离不开先进科学的思想理论，而先进理论的重大作用之一就是武装头脑和提高觉悟。具体说来，就是依靠马克思主义的科学思想和革命理论，加强无产阶级的意识形态建设，不断提高广大工人和农民的思想水平与阶级觉悟，从而大力推动无产阶级的社会主义革命运动。在此，列宁充分说明了加强无产阶级意识形态建设的重大意义和巨大价值。同时，他也结合当时俄国革命运动和新政权建设的实际，认真思考了意识形态建设的组织实施问题，从而创造性地提出了一个马克思主义意识形态理论的重要论断——"外部灌输"理论。

首先，在革命运动的生动实践中，列宁深刻意识到坚定的阶级意识和先进的思想觉悟很难在工人运动中自发产生，"工人本来也不可能有社会民主主义的意识。这种意识只能从外面灌输进去，各国的历史都证明：工人阶级单靠自己本身的力量，只能形成工联主义的意识"②，这是因为工人阶级生活在资本主义的制度环境和经济环境之中，经济上、政治上受资产阶级支配压迫，精神和思想上也不可避免地受资本主义统治，因而很难自发形成无产阶级意识形态这种革命的、斗争的思想意识，而要获得革命的胜利和政权的稳固，加强无产阶级的意识形态建设又是十分重要和必要的，这就需要有觉悟的先进政党从"外部灌输"。"阶级政治意识只能从外面灌输给工人，即只能从经济斗争外面，从工人同厂主的关系范围外面灌输给工人。"③ 通过意识

---

① 《列宁全集》第27卷，人民出版社1990年版，第15页。
② 《列宁全集》第1卷，人民出版社1995年版，第317页。
③ 《列宁全集》第6卷，人民出版社2013年版，第76页。

形态的文化整合和思想行为引导作用，将社会主义的思想文化和无产阶级的阶级意识植入到民众的头脑之中，从而更好地实现革命运动的思想统一和精神动员。

其次，列宁还论述了无产阶级政党实施"外部灌输"的方法途径问题。列宁认为，无产阶级政党首先要牢牢把握意识形态的文化领导权，"无产阶级要成为真正革命的阶级，成为真正按社会主义精神行动的阶级，就只有作为全体被剥削劳动者的先锋队，作为他们在推翻剥削者的斗争中的领袖来发表意见和采取行动"。[①] 无产阶级政党要在革命运动中发挥先锋队作用，就必须首先成为社会主义意识形态的精神领袖，牢牢掌握无产阶级思想文化的领导权。此外，无产阶级政党还要当好意识形态的宣传员，"既以理论家的身份，又以宣传员的身份，既以鼓动员的身份，又以组织者的身份'到居民的一切阶级中去'"[②]，积极做好马克思主义的宣传工作和无产阶级的意识形态建设工作，如此才能真正发挥先进思想掌握群众、武装群众的重大作用。

即使在俄国无产阶级革命运动取得胜利之后，列宁依然清醒地意识到，无产阶级意识形态还处于年幼和弱小的阶段，只有不断地加强"外部灌输"，才能有效抵御错误思想的侵蚀干扰，守护好、巩固好工人阶级的思想阵地和阶级立场，"资产阶级思想体系的渊源比社会主义思想体系久远得多……所以某一个国家中的社会主义运动愈年轻，也就应当愈积极地同一切巩固非社会主义思想体系的企图作斗争"。[③] 正是在这一思想的引领下，才有了后来无产阶级教师队伍的壮大、布尔什维克党报党刊的创立，等等，逐步让苏俄意识形态从理论到实践确立了领导地位。

总之，在马克思和恩格斯之后，列宁在俄国革命的社会实践中运用并发展了经典的意识形态理论，创立了马克思主义在帝国主

[①]《列宁全集》第39卷，人民出版社2017年版，第171页。
[②]《列宁选集》第1卷，人民出版社2012年版，第366页。
[③]《列宁选集》第1卷，人民出版社1995年版，第328页。

和无产阶级革命时代的意识形态理论，为俄国革命的胜利提供了重要的思想基础和政治保障，也实现了苏俄社会主义意识形态工作的理论提升和经验总结。因而，列宁对马克思主义意识形态理论的进一步拓展，以及他所创立的无产阶级意识形态建设的方法论和实践论，也无疑成了我们党意识形态理论的重要思想渊源。

第二节　党的意识形态理论的历史积累丰富了理论创新的思想宝库

中国共产党是以马克思主义为指导的中国工人阶级政党，党的思想理论是马克思主义中国化的创新理论，中国共产党的伟大创举之一就是将马克思主义基本原理同中国具体实际相结合。中国共产党充分继承了马克思列宁主义关于意识形态工作的思想理论，从党成立之初便将意识形态工作视为党的事业重要组成部分，贯穿于党的成长、发展和壮大的各个阶段，也伴随着中国革命、建设、改革的各个时期。党的意识形态工作的思想理论也在事业发展和实践创新中不断丰富和完善，形成了一座我们党关于意识形态工作的思想理论宝库。其中，不同时期的一系列重要思想、观点和论述，展现了党的理论发展的一个又一个里程碑式的理论成果，也为新时代党的意识形态工作的理论创新提供了最为主要的思想材料。

一　在革命和建设实践中，意识形态工作的理论基础初步奠定

毛泽东同志作为伟大的马克思主义者和中国共产党的主要缔造者，在带领全党、全国人民进行革命和建设的伟大实践中创立了毛泽东思想。毛泽东思想中关于意识形态工作的重要理论，也创建和形成于党在革命和建设不同时期的工作实践中，为党的意识形态工作提供了重要的行动指南，也为党的意识形态工作的开创和发展奠定了坚实的理论基础。

(一) 从唯物史观出发，阐释了意识形态的内涵和本质

建党之初，从领导宣传工作、开办工人学校开始，我们党便开启了意识形态的工作篇章，而真正从科学理论层面认识和把握意识形态工作，则是源自于毛泽东对马克思主义哲学的思考。1938年至1939年，毛泽东在阅读李达的《社会学大纲》和艾思奇的《哲学选编》时，就曾在批注中提到哲学和意识形态的问题，"社会意识形态是理论上再造出的现实社会"[1]，"哲学是一定阶级的意识形态的集中表现"[2]。可以看出，这时的毛泽东已经掌握了马克思主义唯物史观的深刻奥义，领会到了社会意识反映社会现实这一马克思主义意识形态的基本原理。同时，毛泽东也以哲学为例阐述了意识形态具有阶级属性的基本问题，特别是"理论再造"的论述，更是表露出对意识形态反映社会现实的科学内涵的深邃理解。可以说，这是毛泽东运用马克思主义的立场观点方法分析和认识问题所得出的正确结论，也为他对党的意识形态工作进行定性和定位，提供了重要的认识论前提。

关于经济基础与上层建筑的作用关系、基本内涵等一系列意识形态的本质性问题，毛泽东在《新民主主义论》中认识、理解得更加深刻，"一定的文化（当作观念形态的文化）是一定社会的政治和经济的反映，又给予伟大影响和作用于一定社会的政治和经济"[3]，"一定形态的政治和经济是首先决定那一定形态的文化的；然后，那一定形态的文化又才给予影响和作用于一定形态的政治和经济"[4]。在此，毛泽东已经十分明确地阐述了经济基础决定上层建筑、上层建筑反作用于经济基础这一唯物史观的基本观点。正是基于这样的认识，毛泽东才特别强调，在中国的新民主主义革命中，党的重要任务不仅仅是革除旧政治、旧经济，还要积极建立扫

---

[1] 《毛泽东哲学批注集》，中央文献出版社1988年版，第210页。
[2] 《毛泽东哲学批注集》，中央文献出版社1988年版，第310页。
[3] 《毛泽东选集》第2卷，人民出版社1991年版，第663—664页。
[4] 《毛泽东选集》第2卷，人民出版社1991年版，第664页。

除愚昧落后、促进先进文明的新文化，"我们不但要把一个政治上受压迫、经济上受剥削的中国，变为一个政治上自由和经济上繁荣的中国，而且要把一个被旧文化统治因而愚昧落后的中国，变为一个被新文化统治因而文明先进的中国"[①]。

此后，随着党的意识形态工作的组织开展，毛泽东的意识形态思想理论也逐步成熟完善。比如，1942年召开的延安文艺座谈会，就是毛泽东亲自主持召开的一次深刻讨论文化问题的座谈会。通过思考研究革命时期党的文艺工作，他进一步加深了对意识形态基本特征、重大作用等方面的理解。关于文学艺术的阶级性问题，毛泽东指出："一切文化或文学艺术都是属于一定的阶级，属于一定的政治路线的。为艺术的艺术，超阶级的艺术，和政治并行或互相独立的艺术，实际上是不存在的。"[②] 毛泽东认为，任何文学艺术都是从属于一定的阶级、服务于一定的政治需要的，独立的、超脱的文学艺术并不存在。这一理解和论述与列宁所提出的没有"中间的"和"第三种"意识形态的观点是如出一辙、一脉相承的。同样是在这次座谈会上，毛泽东鲜明指出，"为什么人的问题，是一个根本的问题，原则的问题"[③]，深刻揭示党的文艺工作的革命属性和人民立场，进一步提出了文艺工作为人民大众服务、为党的事业服务的重要观点。可以说，这是以文艺工作为例深刻指出了党的意识形态工作必须确保政治方向、站稳人民立场的重大根本原则问题。

（二）强化思想引领和理论武装，确立马克思主义为全党全国意识形态的指导思想

中国共产党人不仅善于运用马克思主义的科学方法解决中国革命和建设的具体问题，而且也非常重视全党、全社会的思想政治建设，坚持用马克思主义武装全党的思想阵地、用马克思主义占领社会意识形态的主导地位。

---

① 《毛泽东著作选读》（上册），人民出版社1986年版，第349页。
② 《毛泽东选集》第3卷，人民出版社1991年版，第865页。
③ 《毛泽东选集》第3卷，人民出版社1991年版，第857页。

早在抗日战争年代，毛泽东就深刻认识到先进的革命理论对党的建设和革命运动的重大作用，"指导一个伟大的革命运动的政党，如果没有革命理论，没有历史知识，没有对于实际运动的深刻的了解，要取得胜利是不可能的"。① 在毛泽东看来，缺乏了理论指导和理论武装，革命政党的建设、革命运动的开展都难以取得成功；而全党的思想政治水平，取决于广大党员的知识水平和理论水平。因此，他动员和号召全党开展学习马克思主义的学习运动，"一切有相当研究能力的共产党员，都要研究马克思、恩格斯、列宁、斯大林的理论，都要研究我们民族的历史，都要研究当前运动的情况和趋势"②，"不但应当了解马克思、恩格斯、列宁、斯大林他们研究广泛的真实生活和革命经验所得出的关于一般规律的结论，而且应当学习他们观察问题和解决问题的立场和方法"。③ 通过这场学习运动，广大党员增强了学习马克思主义、信仰马克思主义、运用马克思主义的思想意识，也着实提升了全党的思想水平和理论素养。在观察、思考新中国革命和建设的一些重大问题时，毛泽东也特别强调了马克思主义和共产主义的科学性与真理性，指出："共产主义是无产阶级的整个思想体系……是自有人类历史以来，最完全最进步最革命最合理的。"④ 在毛泽东看来，马克思主义和共产主义的世界性与历史性，体现在它有"放之四海而皆准"的适用性和普遍性；以马克思主义为核心的共产主义思想体系蕴含着优越和先进的特质、携带着革命和进步的基因，是唯一能够真正改变中国革命和世界革命面目的先进思想体系。

新中国成立后，政治、经济领域进行了大规模的除旧布新运动，面临在新经济、新政治基础上建立上层建筑的新观念问题，毛泽东认为必须加强马克思主义的学习和宣传，尽快树立马克思主义

---

① 《毛泽东选集》第 2 卷，人民出版社 1991 年版，第 533 页。
② 《毛泽东选集》第 2 卷，人民出版社 1991 年版，第 532—533 页。
③ 《毛泽东选集》第 2 卷，人民出版社 1991 年版，第 533 页。
④ 《毛泽东选集》第 2 卷，人民出版社 1991 年版，第 679—680 页。

在思想文化领域的指导地位,"全党都要注意思想理论工作,建立马克思主义理论队伍,加强马克思主义理论的研究和宣传"。① 一方面,开展各类批判活动和知识分子思想改造运动等,着力肃清陈旧的、反动的思想流毒,为新观念的树立扫清障碍;另一方面,建立健全意识形态工作的机构部门,大规模地开展马克思主义和毛泽东思想的学习教育活动,逐步将马列主义、毛泽东思想树立为中国社会主流意识形态的指导思想。1954年9月,我国召开了第一届全国人民代表大会,毛泽东在开幕词中庄严指出:"领导我们事业的核心力量是中国共产党,指导我们思想的理论基础是马克思列宁主义。"② 至此,马克思主义在我国意识形态领域的指导地位得以牢固确立。

(三) 结合国情实际,注重意识形态领域的斗争问题

以毛泽东为代表的中国共产党人能够成为取得马克思主义中国化的第一次历史性飞跃,源自于对马克思列宁主义的接受和掌握,也源自于对中国国情、民情的熟悉和了解。早在大革命时期,毛泽东就开始采取调查研究的方式,深入考察中国基层农村的革命运动情况。在《湖南农民运动考察报告》中,毛泽东清晰地认识到中国农民与地主之间的阶级对立和思想文化对立,"中国历来只是地主有文化,农民没有文化"③。毛泽东认为,当时中国的地主阶级剥削压迫农民,占据统治地位,既占据政治、经济的统治地位,也占据思想文化的统治地位,因而农民的革命运动就既要推翻经济压迫也要挣脱思想束缚。这正是毛泽东运用马克思主义的观点,分析认识中国革命具体问题的经典案例。

到延安时期,在敌我武装斗争如火如荼的进程中,毛泽东依然高度重视意识形态领域的文化斗争。他指出:"在我们为中国人民解放的斗争中,有各种的战线,其中也可以说有文武两个战线,这

---

① 《毛泽东文集》第7卷,人民出版社1999年版,第201页。
② 《毛泽东文集》第6卷,人民出版社1999年版,第350页。
③ 《毛泽东选集》第1卷,人民出版社1991年版,第39页。

就是文化战线和军事战线。"① 在毛泽东看来，拿"枪杆子"的军队可以保护自己、消灭敌人，拿"笔杆子"的战士同样可以团结群众、瓦解敌人，有时在"枪杆子"打不到、够不着的地方"笔杆子"却可以发挥奇效。毛泽东的"两杆子"理论和对"笔杆子"高度重视，揭示了对上层建筑反作用原理的深刻理解，也充分展现出对意识形态领域敌我斗争的清醒认识。

在中华人民共和国成立前夕，面对革命斗争的胜利和即将建立的新中国政权，毛泽东密切关注着党和人民可能面临的反动势力、反动思想的顽固抵抗问题。他告诫全党："在拿枪的敌人被消灭以后，不拿枪的敌人依然存在，他们必然地要和我们作拼死的斗争，我们决不可以轻视这些敌人。"② 毛泽东认为，武装的革命斗争胜利后，与敌对势力的政治斗争、经济斗争和文化斗争还会继续延伸；即使反动势力在政治与经济领域被剿灭和扫除，旧思想、旧文化的破除和更新还需要经历一个过程，意识形态领域的敌我对抗斗争依然会尖锐而激烈地存在。因此，在"三大改造"结束、社会主义革命完成之后，毛泽东依然保持着对意识形态领域斗争的警惕性和敏锐性，他指出："无产阶级和资产阶级之间在意识形态方面的阶级斗争，还是长时期的，曲折的，有时甚至是很激烈的。"③ 由此可见，毛泽东深刻掌握了马克思主义的阶级理论和意识形态斗争的基本观点，并将其运用到中国革命和建设的具体实践中，从而进一步丰富了党的意识形态工作的思想理论。尽管后来，由于对形势的误判，错误地发动了"文化大革命"，导致了阶级斗争的扩大化，但毛泽东关于意识形态领域两个阶级、两条路线的斗争理论，至今仍然具有十分重要的理论意义和现实意义。

（四）助推社会主义建设，提出意识形态工作的基本方针

从浴火诞生到中华人民共和国成立，中国共产党团结带领全

---

① 《毛泽东选集》第 3 卷，人民出版社 1991 年版，第 847 页。
② 《毛泽东选集》第 4 卷，人民出版社 1991 年版，第 1427 页。
③ 《毛泽东文集》第 7 卷，人民出版社 1999 年版，第 230 页。

国人民经过28年艰苦卓绝的奋斗，终于推翻旧世界、建立新社会，创建了人民当家做主的中华人民共和国。在建立社会主义新中国的过程中，毛泽东清楚意识到，要实现从旧社会到新中国的"破旧立新"，就要坚决做到破要破得彻底、立要立得稳固，不仅打碎旧社会的国家机器建立新中国的人民政权，还要在社会、经济、文化等各个领域开展革新性、建设性的工作，"革命的人民如果不学会这一项对待反革命阶级的统治方法，他们就不能维持政权"①，"我们熟习的东西有些快要闲起来了，我们不熟习的东西正在强迫我们去做"②。这"不熟悉的东西"既包括社会经济建设，也包括思想文化建设。于是，便有了知识分子改造和马克思主义学习运动，有了马列主义、毛泽东思想在社会意识形态主导地位的确立与巩固。

然而，到1956年社会主义改造基本完成后，国内情况基本稳定，国际形势却急转变化，苏共二十大引发了世界社会主义阵营的重大政治震荡，波匈事件深刻昭显了社会主义国家敌我矛盾和内部矛盾的错综复杂。这样波诡云谲的国际形势，引发了毛泽东的深刻思考：如何能在坚持正确的指导思想和政治方向基础上，调动建设社会主义的一切积极因素、调动包括知识分子在内的一切建设者的工作热情？带着对这个问题的思考，毛泽东提出了社会主义思想文化建设的"双百"方针："艺术问题上的百花齐放，学术问题上的百家争鸣，我看应该成为我们的方针。'百花齐放'是群众中间提出来的……'百家争鸣'，这是两千年以前就有的事……这种学术也可以讲，那种学术也可以讲，不要拿一种学术压倒一切。你讲的如果是真理，信的人势必就会越来越多。"③毛泽东希望，能够在文艺界、科学界营造这种"百花齐放、百家争鸣"的氛围，从而鼓励更多的艺术家和科学家积极尝试、踊跃探索，为建设社会主义

---

① 《毛泽东选集》第4卷，人民出版社1991年版，第1478页。
② 《毛泽东选集》第4卷，人民出版社1991年版，第1480页。
③ 《毛泽东文集》第7卷，人民出版社1999年版，第54、55页。

意识形态贡献力量。

1957年,毛泽东在《关于正确处理人民内部的矛盾》中,再次论述了"双百"方针,认为这个"双百"方针不仅能够推进文艺形式、文化风格的自由发展,也能够保护科学研究领域的自由争论,是促进文化艺术发展和科学技术进步的正确方针,也是促进社会主义意识形态建设的重大方针。在此基础上,他又进一步明确了贯彻实行"双百"方针的六条标准,即有利于团结全国各族人民,有利于社会主义改造和社会主义建设,有利于巩固人民民主专政,有利于巩固民主集中制,有利于巩固共产党的领导,有利于社会主义的国际团结和全世界爱好和平人民的国际团结。自此,"双百"方针和"六个有利于"的标准就成为我们党繁荣发展科学文化事业和建设社会主义意识形态的基本政策方针。可以说,"双百方针"是我国社会主义意识形态坚持一元主导与多样发展的生动写照,也是新中国成立后党的意识形态工作方针政策的奠基性开端。

总之,中国共产党人在革命斗争和社会建设的伟大实践中,实现了马克思主义中国化第一次历史性飞跃,形成了党的重大理论成果——毛泽东思想。其中,关于意识形态工作的重要思想成为党的意识形态工作的理论奠基,为党的意识形态工作的开创和发展提供了基础性的理论指导。新时代党的意识形态工作的理论和实践都进入了一个创新发展的新局面,但很多原则性、根本性的认识是始终不会变的,比如巩固马克思主义的指导地位、坚守为人民服务的根本宗旨、注重意识形态领域的复杂斗争,等等,这些思想观点都是我们党一以贯之的重要遵循。由此可见,新时代党的意识形态工作的理论创新,始终没有离开对毛泽东意识形态工作思想的坚持与继承,既是一脉相承的创新,也是承前启后的创新。

二 历史转折后的新时期，意识形态工作的理论建设在革弊鼎新中恢复发展

以邓小平为主要代表的中国共产党人，团结带领全党全国人民在结束挫折混乱后进行拨乱反正，促进了中国社会发展的历史转折，并推行了改革开放的伟大革命，认真总结了社会主义建设正反两方面的经验教训，坚持解放思想、实事求是的思想路线，开辟了建设有中国特色社会主义的新时期，形成了邓小平理论这一党的思想理论建设的重大成果。其中，关于意识形态工作的重要思想也经历了从扭转乱象、归于正道到求真务实、推陈出新的不凡历程，为意识形态工作的健康发展提供了重要的理论指引。

（一）在意识形态领域拨乱反正，恢复实事求是的思想路线

历时十年的内乱，长期持续、几经反复，使党和国家遭受了严重挫折损失，使社会和人民遭受了长时间的动荡和混乱，也在意识形态领域造成了严重破坏。即便"四人帮"被粉碎后，意识形态领域的障碍和藩篱也并没有完全清除，其中重要一点就是"两个凡是"的错误主张仍然禁锢着思想的活力。如何正确评价毛泽东同志的历史地位？如何正确理解毛泽东思想？成了当时意识形态领域的重大原则性问题。以邓小平为代表的中国共产党人正是从这个重大问题入手，进行了意识形态领域的拨乱反正和正本清源。

"两个凡是"刚一提出，顺应了当时一定的历史政治背景，迎合了一部分"左"的思潮，甚至还获得了一定的"群众"基础，但以邓小平、陈云为首的一部分共产党人清醒意识到，"两个凡是"不仅会压制我们党实事求是的思想路线，更会对毛泽东思想造成歪曲和割裂。对此，邓小平鲜明指出："马克思、恩格斯没有说过'凡是'，列宁、斯大林没有说过'凡是'，毛泽东同志自己也没有说过'凡是'。"[1] 在邓小平看来，毛泽东思想是一个科学的理论体系，断章取义和"句句真理"是对毛泽东思想的极大歪曲，

---

[1] 《邓小平文选》第2卷，人民出版社1994年版，第43页。

必须用科学的态度对待毛泽东思想，完整地、准确地理解毛泽东思想，系统地、全面地运用毛泽东思想，才能更好地指导实践、推动工作。邓小平认为，善于学习、掌握和运用毛泽东思想，就要深刻把握贯穿其中的科学观点和思想方法。因此，在另一次重要讲话中，邓小平又进一步明确了毛泽东思想的精髓所在："毛泽东同志在延安为中央党校题了'实事求是'四个大字，毛泽东思想的精髓就是这四个字。"① 必须科学对待毛泽东思想、坚持实事求是的思想路线，邓小平的这一主张很快得到了聂荣臻、陈云等老一辈无产阶级革命家和不少老同志的热烈响应。

正是在这样的情势下，"真理标准大讨论"应运而生，并得到了邓小平的大力支持和积极推动。这场"大讨论"是在全党、全社会开展的一场意义深远的马克思主义思想解放运动，重新激发了解放思想、尊重实践的思想活力，也重新确立了实事求是、一切从实际出发的马克思唯物主义的根本思想路线。

（二）为改革开放保驾护航，确立四项基本原则的重大方针

十一届三中全会后，全党全国把工作重心转移到经济建设上，作出了对内改革和对外开放的重大战略部署，从而开启了社会主义现代化建设的新时期。一方面，国家开始设立特区、引进外资，学习西方先进技术和管理经验；另一方面，西方新自由主义思想也乘虚而入，在国内少部分人崇洋媚外、盲目跟风的催化酝酿下，形成了一股资产阶级自由化的思潮。这股错误思潮宣扬个人主义和无政府主义，鼓吹金钱至上、唯利是图，否定社会主义优越性和人民民主专政，抨击马克思主义和毛泽东思想，造成了部分人的思想混乱，也严重扰乱了社会主义意识形态的建设和发展。此时，整个社会思想和意识形态领域迫切需要一根能够起到稳定思想、凝聚人心作用的"定海神针"。

1979年，在党的理论工作务虚会上，邓小平发表了《坚持四

---

① 《邓小平文选》第2卷，人民出版社1994年版，第118页。

项基本原则》的重要讲话,严厉批判了怀疑社会主义、鼓吹资本主义的错误思潮,突出强调了在思想政治方面坚持"四项基本原则"的重要性,"要在中国实现四个现代化,必须在思想政治上坚持四项基本原则。这是实现四个现代化的根本前提"[1],并号召广大党员坚守信念、坚定立场,"每个共产党员,更不必说每个党的思想理论工作者,决不允许在这个根本立场上有丝毫动摇"[2]。在"四项基本原则"中,坚持社会主义道路就是要大力宣扬社会主义的优越性和先进性,批判资本主义的丑恶颓废;坚持无产阶级专政,就是保证社会主义民主,促进社会主义现代化;坚持共产党的领导,就是充分尊重历史和实践,牢固确立社会主义事业的领导核心;坚持马列主义、毛泽东思想,就是高举社会主义的精神旗帜,坚持科学正确的指导思想和行动指南。可以说,"四项基本原则"的提出和贯彻,有力地澄清了思想政治方面的大是大非问题,及时回答了社会主义现代化建设进程中重大性、根本性问题,为有力有序推进改革开放提供了坚强的思想保障,也为党和国家的事业发展提供了最为根本的遵循和指引。因此,"四项基本原则"也无疑成了当时党的意识形态工作的根本方针。

(三)探索适合中国国情的发展道路,提出建设有中国特色社会主义的时代命题

以邓小平为核心的党的第二代中央领导集体,领导全党全国人民开创改革开放和社会主义现代化建设的发展道路,既是社会主义建设实践的伟大探索,也是党的思想理论创新的伟大探索。推进社会主义国家的改革开放和现代化建设,照搬苏联社会主义模式行不通,引进资本主义制度更不行,马克思主义经典作家也没有为当代中国的具体问题给出现成答案。依据时代变化和实践发展,中国共产党人探索开辟了社会主义建设新的实践道路,也大力推进实践创新基础上的理论创新。

---

[1] 《邓小平文选》第 2 卷,人民出版社 1994 年版,第 164—165 页。
[2] 《邓小平文选》第 2 卷,人民出版社 1994 年版,第 173 页。

正是在这样的背景下，邓小平创造性地提出了建设有中国特色社会主义的时代命题："我们的现代化建设，必须从中国的实际出发……把马克思主义的普遍真理同我国的具体实际结合起来，走自己的道路，建设有中国特色的社会主义，这就是我们总结长期历史经验得出的基本结论。"[①] 随后，又提出一系列新思想和新观点对"中国特色社会主义"的重大命题进行系统阐释，提出社会主义初级阶段的理论，明晰了中国的国情实际和所处的发展阶段；提出共同富裕理论，强调社会主义的特点不仅是富裕，而且是全体人民的共同富裕；提出社会主义市场经济理论，"我们是计划经济为主，也结合市场经济，但这是社会主义的市场经济"[②]，以及明确"三个有利于"的判断标准，等等。这些重要的思想和观点构成了中国特色社会主义理论体系的核心部分，也形成了新时期社会主义现代化建设最为重要的理论基础和最具特色的时代标识。

中国特色社会主义理论体系的创建，实现了党的思想理论的重大创新，也彰显了社会主义意识形态建设的重大价值。首先，形成了马克思主义中国化第二次伟大飞跃的思想结晶，把马克思主义基本原理同中国社会主义建设的具体实践相结合，形成符合中国国情的新方法和新思路。其次，坚定了改革开放和现代化建设的正确方向，既不走封闭僵化的老路，也不走改旗易帜的邪路，始终坚持社会主义的方向和性质。最后，强化了全党全国人民团结奋进的思想基础，制定出具体的方针政策，也形成了明确的奋斗目标，积极引导全国人民鼓足干劲、团结奋进。

（四）围绕社会主义思想文化建设，部署意识形态工作的重要方略

无论是面对拨乱反正的困难阻碍，还是应对改革开放的风起云涌，邓小平等中央领导都始终关注和重视着意识形态工作，将其视为坚定方向立场、团结人民群众的有力抓手，要求党政机关在把握

---

① 《邓小平文选》第2卷，人民出版社1994年版，第2—3页。
② 《邓小平文选》第2卷，人民出版社1994年版，第236页。

大政方针的基础上"要腾出主要的时间和精力来做思想政治工作，做人的工作，做群众工作"。① 围绕运用社会主义思想文化强固主流意识形态，邓小平也部署了一系列高瞻远瞩的大政方针和富有成效的思路举措。

在社会主义文化建设方面，邓小平继承了"双百"方针，并进行了丰富和发展。十一届三中全会后，党和国家的各项工作都逐步恢复正轨，在文艺工作领域人们普遍感到突出强调"文艺从属于政治"不利于社会主义文艺的繁荣和发展。对此，邓小平深刻指出："我们的文艺属于人民"②，"应当在描写和培养社会主义新人方面付出更大的努力，取得更丰硕的成果"③。之后，通过进一步的整理和延伸最终形成了"为人民服务、为社会主义服务"的"二为"方向，与"双百"方针一并确定为新时期繁荣发展社会主义文化的基本方针。

在提升人民思想觉悟和道德水平方面，邓小平重视抓好社会主义精神文明建设。"我们要建设的社会主义国家，不但要有高度的物质文明，而且要有高度的精神文明……没有这种精神文明，没有共产主义思想，没有共产主义道德，怎么能建设社会主义？"④ 在邓小平看来，社会主义精神文明不仅是科学文化，更包括共产主义、社会主义的理想信念和道德纪律。因此，他在全社会特别是青少年群体中倡导培养"有理想、有道德、有文化、有纪律"的"四有新人"教育活动，作为加强社会主义精神文明建设的重要举措。此外，邓小平同志还十分注重加强群众性思想政治工作，积极推动马克思主义理论研究和宣传工作人才队伍建设等。这一系列观点、论断、思路以及举措，形成了我们党在改革开放新时期关于社会主义意识形态建设的完整思想理论，也实现了党的意识形态工作

---

① 《邓小平文选》第2卷，人民出版社1994年版，第365页。
② 《邓小平文选》第2卷，人民出版社1994年版，第210页。
③ 《邓小平文选》第2卷，人民出版社1994年版，第210页。
④ 《邓小平文选》第2卷，人民出版社1994年版，第367页。

的理论创新和实践发展。

总之,以邓小平为主要代表的中国共产党人,在开启改革开放的伟大转折、开拓中国特色社会主义道路的历史进程中创立了邓小平理论。其中,关于意识形态工作的思想理论为我们党重新确立正确的思想路线、激发现代化建设的高昂热情、提高人民群众的精神境界等提供了极为重要的指导和遵循,也推动党的意识形态工作迈上了一个新台阶。习近平总书记在评价邓小平理论的伟大价值时特别指出:"用新的思想观点,继承和发展了马克思主义,开拓了马克思主义新境界,把对社会主义的认识提高到新的科学水平。"[1]这种科学认识,包含了对马列主义基本原理和毛泽东思想的完整准确理解、具体实践运用,包含了对中国特色社会主义道路的伟大探索和中国特色社会主义理论的创建完善,也包含了对社会主义文化建设和精神文明建设的准确把握与施政方略。这些重要的思想观点和科学认识,在新时代党的意识形态工作中都有所继承和体现。因此,邓小平理论关于意识形态工作的重要思想,也自然成了新时代党的意识形态工作理论创新的重要思想依据。

三 进入改革开放新的发展阶段,意识形态工作的理论体系得到丰富和发展

党的十三届四中全会以后,以江泽民为主要代表的中国共产党人,肩负着在改革开放新阶段把中国特色社会主义全面推向 21 世纪的艰巨任务。这一期间,国内外局势复杂严峻,世界社会主义遭遇严重挫折,中国共产党团结带领全国人民保持战略定力、坚持砥砺奋进,积极开创了全面改革开放和社会主义现代化建设新局面,同时也扎实推动了以"三个代表"重要思想为主要成果的党的思想理论的重大创新。其中,关于意识形态工作的一系列战略思想和重要观点,为巩固意识形态阵地、加强意识形态建设提供了有力遵

---

[1] 习近平:《毫不动摇坚持和发展中国特色社会主义 在实践中不断有所发现有所创造有所前进》,《人民日报》2013 年 1 月 6 日第 1 版。

循，也实现了党的意识形态工作的思想理论在新阶段的丰富和发展。

（一）面对严峻复杂形势，提高意识形态工作的战略定位

20世纪90年代，中国改革开放进入新的发展阶段。随着社会主义市场经济体制改革不断深入，经济基础引发上层建筑的变化也开始初步显现，多元价值碰撞、道德信仰危机等开始出现，社会主义意识形态建设受到冲击；同时，西方反华势力对我国进行"和平演变"攻势也迎来了新一轮高潮，妄图借助苏联解体、东欧剧变等削弱党的领导、颠覆社会主义制度，意识形态领域的斗争愈发激烈。正是在这样的背景下，以江泽民为代表的党中央更加深刻地认识到做好意识形态工作的重要性和紧迫性，将意识形态工作摆上了高度的战略地位。

在庆祝建党70周年的讲话中，江泽民深刻指出："我们党历来重视意识形态工作。这方面工作做得好不好，直接关系社会主义事业的成败。"[①] 这是从国家存亡、事业成败的高度，强调了加强意识形态工作的重大意义和关键作用。在很多场合的讲话中，江泽民都突出强调要把意识形态工作摆在党的各项工作中的重要位置，作为与党和国家休戚与共、是党和国家的前途命运所系的一项重要工作。江泽民认为，放松意识形态工作，党的领导会被削弱、社会主义道路就会偏向，党和国家的伟大事业就可能功败垂成。他告诫全党，必须牢牢掌握意识形态工作的领导权，"任何情况下都不能放松对思想政治和意识形态工作的领导"[②]，坚持用先进思想和科学理论占领意识形态的阵地，坚决抵制非马克思主义、资本主义思想的侵袭和干扰。

随着大国竞争关系的多元化发展、多极化延伸，江泽民清醒地认识到，社会主义优越性和国家综合实力不仅体现在能够创造高度物质文明的政治经济方面，而且也体现在能够创造高度精神文明的

[①]《江泽民文选》第1卷，人民出版社2006年版，第160页。
[②]《江泽民文选》第3卷，人民出版社2006年版，第97页。

先进思想文化方面。"有没有高昂的民族精神，是衡量一个国家综合国力强弱的一个重要尺度。综合国力，主要是经济实力、技术实力，这种物质力量是基础，但也离不开民族精神、民族凝聚力，精神力量也是综合国力的重要组成部分。"[①] 在此，江泽民把意识形态建设提高到与民族精神、国家力量密切相关的高度。这充分表明面对新形势、新任务我们党对这项工作已经形成了更加鞭辟入里、更加高瞻远瞩的理解认识。

（二）反映党和国家新变化新要求，创立"三个代表"重要思想和先进文化建设理论

从毛泽东思想到邓小平理论，我们党的思想理论创新历来都是马克思主义中国化的重大成果。在推动改革开放和社会主义现代化建设进入崭新阶段的伟大实践中，以江泽民为主要代表的中国共产党人，科学分析了国内外形势任务和格局变化，全面总结党的历史经验和执政规律，创造性地提出"三个代表"重要思想，准确判断了我们党所处的历史方位，进一步明确了新的时代条件下党的工作、党的建设所面临的新任务、新课题。"三个代表"重要思想体现了中国共产党作为工人阶级先锋队解放和发展社会主义生产力的使命要求，彰显了新的历史条件下中国共产党密切联系群众、始终依靠人民、竭诚服务人民的责任担当，同时也宣示了全党团结带领人民群众繁荣发展社会主义先进文化、引领中华优秀文化发展的时代追求。其中，关于代表中国先进文化的前进方向，反映了中国共产党既是繁荣发展先进文化的实践者，也是社会主义意识形态的引领者，充分体现了意识形态工作中坚持党的领导的必要性与突出社会主义意识形态的先进性的高度统一。

在此基础上，江泽民又进一步提出了先进文化建设理论，"必须结合新的实践和时代的要求，结合人民群众精神文化生活的需要，积极进行文化创新，努力繁荣先进文化，把亿万人民紧紧吸引

[①] 江泽民：《在全国抗洪抢险总结表彰大会上的讲话》（1998年9月28日），《十五大以来重要文献选编》（上），人民出版社2000年版，第549页。

在有中国特色社会主义文化的伟大旗帜下"①。在此,江泽民要求全党将繁荣发展社会主义先进文化作为意识形态工作的重要任务,"建设面向现代化、面向世界、面向未来的,民族的科学的大众的社会主义先进文化"②,更好地满足人民群众日益增长的精神文化需求,更好地从思想上精神上引导人民群众不断充实提高。

(三)注重发挥意识形态的功能作用,强化共同理想和精神力量

先进的社会主义意识形态应当是具有强大凝聚力,能够反映民族特质、展现国家精神的意识形态。因此,江泽民非常注重发挥社会主义意识形态的文化整合和精神激励作用,"在全社会形成共同理想和精神支柱,是有中国特色社会主义文化建设的根本"③,"有中国特色社会主义的文化,是凝聚和激励全国各族人民的重要力量,是综合国力的重要标志"④。江泽民认为,我们党领导意识形态工作、引领先进文化建设的根本任务之一,就是深入广泛地凝聚和激励全党全国人民,始终保持昂扬向上的民族意志和精神力量。

在意识形态建设的工作实践中,一方面,江泽民强调抓好社会主义、共产主义的思想道德建设,坚持以为人民服务为核心、以集体主义为原则,把理想信念寓于现实工作,"既要树立共产主义的远大理想,坚定信念,以高尚的思想道德要求和鞭策自己,更要脚踏实地地为实现党在现阶段的基本纲领而不懈努力,扎扎实实地做好现阶段的每一项工作"⑤。另一方面,也提倡大力弘扬以爱国主义为核心的民族精神,积极把中华民族在历史长河中孕育形成的优良传统熔铸于党和人民的时代使命和伟大实践之中,"在全党全社

---

① 《江泽民文选》第3卷,人民出版社2006年版,第279页。
② 《江泽民文选》第3卷,人民出版社2006年版,第400页。
③ 《江泽民文选》第2卷,人民出版社2006年版,第33页。
④ 《江泽民文选》第2卷,人民出版社2006年版,第33页。
⑤ 《江泽民论有中国特色社会主义(专题摘编)》,中央文献出版社2002年版,第47页。

会大力提倡高尚的社会主义思想道德和中华民族的优良传统"[1],充分激发全体人民艰苦奋斗、自强不息、团结统一的精神力量。对此,围绕加强社会主义精神文明建设,江泽民又进一步提出了"四个大力提倡"的原则标准,"大力倡导一切有利于发扬爱国主义、集体主义、社会主义的思想和精神,大力倡导一切有利于改革开放和现代化建设的思想和精神,大力倡导一切有利于民族团结、社会进步、人民幸福的思想和精神,大力倡导一切用诚实劳动争取美好生活的思想和精神"[2]。

总之,在改革开放和社会主义现代化建设新阶段,以江泽民为主要代表的中国共产党人积极推动党和人民伟大事业的实践创新,大力开拓中国特色社会主义、马克思主义中国化的理论创新,取得了丰硕的成果。其中,关于意识形态工作的思想理论在应对形势任务、提高战略定位、突出党的领导、发展先进文化、聚焦爱国主义、振奋民族精神等方面进行了扎实有效的深化与拓展,极大地丰富发展了党的意识形态工作的理论体系。可以看出,关于繁荣发展社会主义先进文化、大力强化中华民族凝聚力等思想理论,紧密结合时代要求和社会实践,既深刻反映了先进意识形态的价值作用,也鲜明揭示了意识形态工作的重要任务。毫无疑问,这些思想理论对新时代党的意识形态工作依然具有很强的启发意义。

四 面向新世纪新阶段,意识形态工作的理论发展实现与时俱进

进入21世纪,中国特色社会主义事业发展迎来了前所未有的重大战略机遇期。以胡锦涛为主要代表的中国共产党人团结带领全国人民大力推动经济社会又好又快发展,积极构建社会主义和谐社会,精心谋划中国特色社会主义事业的总体布局,实现了在新起点上坚持和发展中国特色社会主义。与此同时,一系列重大的战略实

---

[1] 《江泽民思想年编(1989—2008)》,中央文献出版社2010年版,第272页。
[2] 江泽民:《论党的建设》,中央文献出版社2001年版,第134页。

践也推动形成了以科学发展观为代表的党的理论创新的重大成果。其中,关于意识形态工作的重要思想理论,科学指导了强化主流意识形态建设、拓展意识形态工作战略布局等现实工作,也成功实现了党的意识形态工作理论和实践与时俱进。

(一)科学发展观的重大思想延展了社会主义意识形态理论的新维度

进入新世纪新阶段,世界多极化与经济全球化日趋深入,改革开放和社会主义现代化建设取得历史性成就;中国特色社会主义面临着难得的发展机遇,也出现了阶段性的发展特征。以胡锦涛为总书记的中央领导集体科学分析国内外形势任务新变化、准确把握国家和社会发展新情况,创造性地提出了科学发展观的重大思想,推进了党的科学理论的重大创新。在阐述科学发展观的内涵时,胡锦涛强调了以人为本、全面协调、统筹兼顾、可持续发展等发展理念,并特别指出:"全面推进经济建设、政治建设、文化建设、社会建设,促进现代化建设各个环节、各个方面相协调,促进生产关系与生产力、上层建筑与经济基础相协调。"[①] 可以看出,科学发展观突出强调经济社会各行业、各领域、各环节的全面发展,也特别注重经济基础与上层建筑、物质文明与精神文明的协调发展。这既是将意识形态工作纳入经济社会发展的总体布局,同时也拓展了社会主义意识形态理论的新维度。

其中,"以人为本"的核心观点聚焦于人民群众的根本利益,充分肯定了人民群众居于经济社会发展的主体地位,将发展理念与党的性质宗旨紧密相连,深刻诠释了促进人的全面发展的目标理念,有效抵制了市场经济发展过程中"金钱至上""以物为本"等错误观念,也积极发挥了先进理论对全社会不同阶层、不同观念、不同群体的整合凝聚作用。"全面发展"的重要理念着眼于社会结构和利益格局的深刻变动调整,在推进经济建设基础上全面推进各

[①] 《胡锦涛文选》第 2 卷,人民出版社 2016 年版,第 624 页。

方面建设，实现经济社会全面进步、全面发展，让人民群众获得更多幸福感和满足感，从而也筑牢了全国人民团结奋斗的物质基础和思想基础。"统筹协调"的发展思路主要针对不平衡、不合理等发展矛盾，统筹城乡之间、区域之间的协调发展，统筹人与自然、对内改革与对外开放的和谐发展，实现生产力与生产关系、经济基础与上层建筑的协调统一，从而构建物质文明与精神文明双向发展的社会主义和谐社会。由此可见，科学发展观作为指导党和国家事业发展的重大战略思想和科学理念，其核心要义和基本内涵为包括意识形态工作在内的党的各项工作提供了科学的认识论和方法论，也在社会发展、社会治理等领域拓宽了党的意识形态工作的理论视野。

（二）社会主义核心价值体系和繁荣发展先进文化拓宽了意识形态工作的战略布局

共同的思想基础和信念纽带需要靠共同的意识形态来维护、巩固，而社会主义意识形态在不同时期发挥功能作用的表现形式又各不相同。从毛泽东时期确立马克思主义的指导地位，到邓小平时期强调社会主义共同理想，再到江泽民时期提炼以爱国主义为核心的民族精神，都是不同时期先进意识形态整合思想的重要体现。到新世纪新阶段，胡锦涛着眼社会主义意识形态的思想整合和价值引领功能，提出了社会主义核心价值体系的概念，"社会主义核心价值体系是社会主义意识形态的本质体现"[①]，"必须大力推进社会主义核心价值体系建设，在全社会形成共同理想信念、强大精神力量、良好道德风尚，更好地凝魂聚气、强基固本"[②]。社会主义核心价值体系，将马克思主义的指导思想、中国特色社会主义的共同理想以及以爱国主义为核心的民族精神归纳其中，并紧贴时代背景和社会特征进行了两方面的丰富拓展。一是提炼概括以改革创新为核心

[①] 《胡锦涛文选》第2卷，人民出版社2016年版，第639页。

[②] 胡锦涛：《论文化建设——重要论述摘编》，学习出版社2012年版，第69—70页。

的时代精神,将党带领人民锐意改革、扩大开放的精神风貌和优良品格,作为凝聚社会各阶层、各群体的共同集体意识,也作为激励全体人民发奋图强、锐意进取的强大精神动力;二是概括提出以"八荣八耻"为主要内容的社会主义荣辱观,将中华民族传统美德融汇于社会主义道德规范和社会风尚,也将社会主义的价值导向体现于公民道德建设和行为养成,对加强社会主义意识形态建设产生了积极影响。

着眼先进文化建设,胡锦涛大力推动社会主义先进文化大发展大繁荣,"加强国家文化软实力建设,对内增强民族凝聚力和向心力,对外增强国家亲和力和影响力,是全面增强我国综合国力的必然要求,也是实现我国和平发展的战略之举"①;并提出文化自觉、文化自信的重要观点,"必须以高度的文化自觉和文化自信,着眼于提高民族素质和塑造高尚人格,以更大力度推进文化改革发展,在中国特色社会主义伟大实践中进行文化创造,让人民共享文化发展成果"。②他希望通过加强社会主义先进文化建设,普遍提升人民的道德水平和文化素养,不断增强民族的团结凝聚和自尊自信,有效展现国家的综合实力和对外影响。对此,党中央和国务院先后制定出台了《关于深化文化体制改革的若干意见》和《中共中央关于深化文化体制改革推动社会主义文化大发展大繁荣若干重大问题的决定》两个重要文件,对文化体制改革发展的指导思想、原则要求和任务目标,对社会主义文化建设的战略方向、发展道路等提供了明确的任务目标,也为党的意识形态工作提供了重要的政策指导。

(三)重大任务、重要领域的思路部署有效应对了意识形态工作新的形势任务

新世纪新阶段,改革开放和社会主义市场经济快速发展,经济

---

① 胡锦涛:《论文化建设——重要论述摘编》,学习出版社2012年版,第12页。

② 胡锦涛:《论文化建设——重要论述摘编》,学习出版社2012年版,第13页。

体制深刻变革、社会结构深刻变动、利益格局深刻调整，在此背景下社会思想文化和意识形态领域也面临着新的形势任务。思想大活跃、观念大碰撞、文化大交融日渐广泛，人们思想活动的独立性、选择性和差异性不断增强，社会思想观念更加多元、价值取向愈加多样，坚守主流意识形态阵地的任务也更加艰巨。对此，以胡锦涛为代表的中国共产党人围绕意识形态工作重大任务和重点领域提出了一系列新的思路部署。

大力推进马克思主义中国化时代化大众化。从1938年毛泽东在党的六届六中全会上郑重提出马克思主义中国化开始，中国共产党人就致力于将马列主义基本原理与中国具体实际相结合，推进党的思想理论的创新发展。经过七十多年的不懈探索和不断开拓，党的十七届四中全会正式提出马克思主义中国化时代化大众化的重大命题，并将其作为党的思想理论建设的根本任务。在建党90周年大会讲话上，胡锦涛再次强调，"必须坚持解放思想、实事求是、与时俱进，大力推进马克思主义中国化时代化大众化"[1]，认为这是提高全党思想政治水平的重要抓手，也是巩固意识形态指导思想的重大举措。对此，中共中央还专门制定下发了《关于进一步繁荣发展哲学社会科学的意见》，作出了实施马克思主义理论研究和建设工程的重大部署，有力促进了马克思主义在当代中国的探索创新和宣传普及，为巩固马克思主义在意识形态领域指导地位发挥了积极作用。

强调党管意识形态的重要原则。高度重视意识形态工作、扎实引领思想政治建设，历来都是我们党的优良传统和政治优势，党的历代领导人也始终将牢牢掌握领导权视为开展意识形态工作的关键环节。2003年，胡锦涛在全国宣传思想工作会议上特别指出："党管宣传、党管意识形态，是我们党在长期实践中形成的重要原则和制度，是坚持党的领导的一个重要方面，必须始终牢牢坚持，任何

---

[1] 《胡锦涛文选》第3卷，人民出版社2016年版，第528—529页。

时候都不能动摇。"① 这是将党对意识形态工作的领导权归为党发挥领导核心作用的重要组成部分，也上升为根本原则和重要制度的层面加以强调，充分体现了坚持党管意识形态的重大理论价值和实践意义。同时，为提高党管意识形态的实际成效，胡锦涛还要求各级领导干部从政治和全局高度重视意识形态工作，并不断提高自身工作能力，"从提高党的执政能力、巩固党的执政地位、完成党的执政使命的战略高度来谋划意识形态工作，加强和改进对意识形态工作的领导，提高做好新形势下意识形态工作的能力，牢牢掌握意识形态工作的领导权和主动权"②。

高度重视思想政治和意识形态教育。党的意识形态工作最终还是要作用于人、落实于人，塑造人们的精神和思想。因此，胡锦涛特别注重发挥意识形态的教育引导作用，重点抓好广大党员和青年学生的思想政治教育。一方面，要求广大党员干部坚定理想信念，"全党同志特别是党的各级领导干部都要不断提高思想政治水平，坚定理想信念，增强为党和人民事业不懈奋斗的自觉性和坚定性"③，将广大党员干部定位为共产主义的坚定信仰者和社会主流意识形态的引领者。另一方面，也高度重视青少年和高校的思想政治教育，提出"切实加强和改进大学生思想政治教育工作，培养造就千千万万具有高尚思想品质和良好道德修养、掌握现代化建设所需要的丰富知识和扎实本领的优秀人才，使大学生们能够与时代同步伐、与祖国共命运、与人民齐奋斗"④。他希望通过社会主义意识形态的塑造和教育，不断提高青年人的道德水平和思想素质，将青年一代培养成为社会主义事业优异的建设者和接班人。

---

① 胡锦涛：《论文化建设——重要论述摘编》，学习出版社 2012 年版，第 12 页。
② 胡锦涛：《在中共十六届六中全会第二次全体会议上的讲话》（2006 年 10 月 11 日），《十六大以来重要文献选编》（下），中央文献出版社 2008 年版，第 684 页。
③ 《胡锦涛文选》第 3 卷，人民出版社 2016 年版，第 530 页。
④ 胡锦涛：《进一步加强和改进大学生思想政治教育工作，大力培养造就社会主义事业建设者和接班人》，《人民日报》2005 年 1 月 19 日第 1 版。

总之，跨入人类发展的新世纪、进入改革开放的新阶段，以胡锦涛为主要代表的中国共产党人抢抓事业发展的历史机遇，建设小康社会、构建和谐社会，引领中国经济社会科学发展，扎实推进中国特色社会主义的实践创新、理论创新、制度创新，在新的历史起点上开拓了党和国家伟大事业更为广阔的发展前景。在党的理论创新系列成果中，科学发展观拓宽了党的意识形态理论在社会发展、社会治理方面的理论维度，社会主义核心价值体系整合了巩固共同思想基础、熔铸共同理想信念的先进意识形态，马克思主义中国化时代化大众化进一步巩固了马克思主义在当代中国意识形态领域的指导地位，也提升了马克思主义在人民群众思想意识中的普及范围和深入程度。这些都是党的意识形态工作的有益做法和宝贵经验，也必然为新时代意识形态工作的理论创新提供重要启示和借鉴。

第三节　中华优秀传统文化提供了理论创新的文化底蕴

中华优秀传统文化凝结着中华民族几千年思想智慧和精神特质，是社会主义先进文化的重要源泉，也为党和国家推进社会建设、加强国家治理、抓好党的建设等提供了重要思想文化助力。正如习近平总书记指出的，"世世代代的中华儿女培育和发展了独具特色、博大精深的中华文化，为中华民族克服困难、生生不息提供了强大精神支撑"[1]。中华优秀传统文化为中华文明的历史传承注入了最为强劲的精神基因，也为中华民族的发展延续培植了最为宝贵的精神根脉。中华优秀传统文化蕴含着深厚悠久的影响力和生命力，早已融入个人修养、社会教化、国家治理等各方面，为培养中华民族和中国人民高尚的精神追求与道德情操积淀了厚重的文化底

---

[1] 《习近平关于社会主义文化建设论述摘编》，中央文献出版社2017年版，第6页。

蕴。无论是先进文化建设还是意识形态工作,都离不开优秀传统文化的浸润涵养,而意识形态工作的理论创新,也正是在吸收优秀传统文化宝贵精神养料的基础上取得丰富发展。

一　刚健有为精神与文化自信

"刚健有为、自强不息"是中华优秀传统文化的重要内涵,也是支撑中华民族生生不息、薪火相传的强大精神力量。著名哲学家、国学家张岱年先生曾将其视为中国传统文化的基本精神,"刚健有为作为中国文化的基本精神之一,是人们处理天人关系和各种人际关系的总原则,是中国人的积极的人生态度的最集中的理论概括和价值提炼"[①]。习近平总书记大力倡导青年人培育"刚健有为"的精神,"树立高远志向,历练敢于担当、不懈奋斗的精神,具有勇于奋斗的精神状态、乐观向上的人生态度,做到刚健有为、自强不息"[②]。

"刚健有为"的精神,主要源自于中华先祖们感天应物、随之勃发的朴素自然观。早在春秋时期儒学创始人孔子就对这种精神和品质十分推崇,这在《论语》的许多篇目中都有所体现。比如提出"刚、毅、木、讷近仁"。(《论语·子路》)孔子将刚强果断的品质视为一种美德,也认为要想成为"仁人",就需要在这方面加强修养和锤炼。在《论语·述而》中,孔子评价子路"发愤忘食,乐以忘忧,不知老之将至云尔"。孔子十分赞赏这种奋发有为、积极向上的精神态度,也教导其弟子将这种品格作为求学、为人、做事的基本品格。在《宪问》篇中,孔子更是将刚毅果敢的品德与"仁"和"知"的标尺相提并论,"君子道者三,我无能焉:仁者不忧,知者不惑,勇者不惧"(《论语·宪问》)。在孔子看来,这种刚毅、果敢、勇锐的品格既是他自身孜孜追求、坚持磨炼的优秀

---

①　张岱年:《中国文化概论》,北京师范大学出版社1994年版,第386页。
②　习近平:《坚持中国特色社会主义教育发展道路,培养德智体美劳全面发展的社会主义建设者和接班人》,《人民日报》2018年9月1日第1版。

品质，也是士大夫们成就"君子之道"的必备德行修炼。包括孔子的弟子子舆，同样继承和发扬了孔子的这种思想，认为士大夫在国家社稷中责任重大，只有努力培养刚健坚韧的品行，才能在追求人生理想中实现笃行致远，"士不可以不弘毅，任重而道远。仁以为己任，不亦重乎？死而后已，不亦远乎？"（《论语·泰伯》）这些都是儒家学说提倡、推崇"刚健有为"精神品质的重要表现。

在孔子为注释《周易》所写的《易传》中（有学者认为《易传》是孔子所写，本文支持这一观点），对"刚健有为"的思想又进一步作了十分明确的表述："天行健，君子以自强不息；地势坤，君子以厚德载物"（《乾·象》），这里不仅赞美了大自然蓬勃劲健的力量，也联系中国古代天人合一、顺天应人的传统思想，提倡君子为人处世要像自然天道一样刚强劲健、奋发图强、容载万物、精进向上。这一表述成了后世历代儒学继承者倡导"刚健有为"精神的经典表述，也揭示了"刚健有为"精神所体现出的重要思想内涵：一方面是刚强劲健的天所代表的积极努力、不断进取的奋斗精神，所体现出的刚毅不屈、奋发有为的积极性、主动性；另一方面是雄浑厚实的大地所代表的宽厚和顺、容载万物的包容品格，所体现的无欲则刚、有容乃大的宽容度、厚重感。此外，还有对这种精神品德的辩证阐述，如"其德刚健而文明，应乎天而时行，是以元亨"（《易·大有》），强调了刚健而不冒进、奋发而不盲动的"中正"态度，可算是对这种精神品质的补充完善。

孔子之后，随着儒学兴盛和发展，"刚健有为"的精神品质也在一代代知识分子和士大夫的赞美、传颂中不断传承、沉淀到了中华文化的基因内核之中。从屈原的"路漫漫其修远兮，吾将上下而求索"（《离骚》）到李白的"长风破浪会有时，直挂云帆济沧海"（《行路难·其一》）；从欧阳修的"有志诚可乐，及时宜自强"（《送慧勤归余杭》）到梁启超的"物竞天择势必至，不优则劣兮不兴则亡"，无数文人墨客、仁人志士对"刚健有为"的精神品质倍加赞颂和推崇，也在漫漫历史长河中将这种优秀品质内化为支撑中华民族薪火相传、生机勃发的强大精神基因。

中国共产党人充分继承和发扬了这一优秀传统精神的核心精髓，在民族独立斗争、社会主义建设和改革的各个阶段都显示了刚健有为、自强不息的奋斗精神。进入新时代，习近平总书带领全党全国人民向民族梦想砥砺奋进，依然面对着机遇与挑战并存、困难与希望同在的局面，也依然需要独立自主、艰苦奋斗、自强不息的斗争精神。因而，习近平总书记在"三个自信"的基础上提出了"文化自信"重要论断。他认为，博大精深的优秀传统文化是文化自信最深厚的底蕴，在历史洪流中，正是这种深沉而持久的文化内力支撑着中华民族饱经挫折而又绵延发展。这种刚健有为、自尊自强的文化基因，不断提振着整个民族的精神力量，激荡出我们国家和民族更加自立、自强、自信的气概和胸怀。"站立在960万平方公里的广袤土地上，吸吮着中华民族漫长奋斗积累的文化养分，拥有13亿中国人民聚合的磅礴之力，我们走自己的路，具有无比广阔的舞台，具有无比深厚的历史底蕴，具有无比强大的前进定力，中国人民应该有这个信心，每一个中国人都应该有这个信心。"[①]

二 强国富民理想与中国梦

国家繁荣强盛、人民富裕安康，这是所有国家和民族的梦想，也是从古至今中华民族孜孜不倦的理想追求。中华民族的先民们以其勤劳、勇敢、智慧的优秀品质，早在上古社会就开始为了实现心中梦想而辛勤努力。古代传说中所流传的后羿射日、女娲补天、精卫填海等故事，都反映了古代劳动人民希望战胜自然、改造自然，创造美好生活的朴素愿望，而这样的理想和追求，也随着奔流的历史长河逐渐融入中华民族的文化血脉之中。

《诗经》中有不少对百姓生活的生动描述，其中"民亦劳止，

---

① 《习近平谈治国理政》第2卷，外文出版社2017年版，第339页。

汔可小康。惠此中国，以绥四方"（《诗经·大雅·民劳》）的诗句，既是"小康"一词的最早来源，也描绘出一幅国家昌盛、百姓富足、社会安定的美好图景。到春秋战国时期，诸子百家认真思考和探索着治国安邦之道，提出了各式各样的思想流派和治国方略，都不约而同地表达了对国家强盛、人民富足的美好向往。法家主张富国强兵的理想，"凡治国之道，必先富民，民富则易治也"（《管子·治国》），"国富者兵强，兵强者战胜，战胜者地广"（《管子·治国》）；儒家描绘世界"大同"的图景，"大道之行也，天下为公"（《礼记·礼运》），"使老有所终，壮有所用，幼有所长，矜寡孤独废疾者，皆有所养"（《礼记·礼运》）；道家提出"小国寡民"的愿望，"甘其食，美其服，安其居，乐其俗"（《道德经》）；墨家推崇尚贤的思想，"今者王公大人为政于国家者，皆欲国家之富，人民之众，刑政之治"（《墨子·尚贤上》）。这些治国治世的智慧和思想，无不包含着对国富民强、国泰民安这样美好愿望的追求和向往。

中国古代两千多年的封建时期，尽管王朝兴衰更替、历史更迭变换，但历代王侯将相们也都饱含着国家繁荣富强、人民富足安康的治国理想和情怀。汉武大帝刘彻，在下诏策问贤良时，赞叹过国家强大、外族臣服、宇内祥和的繁荣景象："海外肃慎，北发渠搜，氐羌徕服。星辰不孛，日月不蚀，山陵不崩，川谷不塞；麟凤在郊薮，河洛出图书。"（《汉书·武帝纪》）唐太宗李世民在教育皇子为君之道时，提出树立心怀苍生万物、开创盛世国家的政治理想，"怀慷慨之志，思靖大难，以济苍生……剪长鲸而清四海，扫欃枪而廓八纮"（《四库全书·帝范》）。在强盛的朝代，英明的君主、杰出的帝王能够依靠文治武功开创盛世伟业，实现强国富民的理想抱负；即使在居弱图强的朝代，那些著名变法改革家们，也都将强国富民作为重要的改革目标和政治抱负。宋代的王安石，给宋神宗的上疏中陈述了国家积贫积弱的危急"顾内则不能无以社稷为忧，外则不能无惧于夷狄，天下之财力日以穷困，而风俗日以衰坏，四方有志之士，諰諰然常恐天下之久不安"（《上仁宗皇帝言事书》），提出希望能够通过变法改革达到富国强兵、减轻民负、挽救危局。明代的张居正同样希望通过推动军事、政治、经济等方面的变法改革，实现革除积弊、富强国家的愿望，"王霸之辨，义理之间，在心不在迹，奚必仁义之为王，富强之为霸"（《答福建巡抚耿楚侗谈王霸之辨》）。

2012年11月29日，十八届中央政治局常委在参观《复兴之路》展览时，习近平总书记首次提出了中国梦的重大命题："现在，大家都在讨论中国梦，我以为，实现中华民族伟大复兴，就是中华民族近代以来最伟大的梦想。这个梦想，凝聚了几代中国人的夙愿，体现了中华民族和中国人民的整体利益，是每一个中华儿女的共同期盼。"[①] 此后，在2013年3月召开的第十二届全国人大第一次会议闭幕式的讲话中，习近平总书记又进一步阐述了中国梦的深刻内涵，"实现中华民族伟大复兴的中国梦，就是要实现国家富强、民族振兴、人民幸福，既深深体现了今天中国人的理想，也深深反映了我们先人们不懈奋斗追求进步的光荣传统"[②]。中国是世界上唯一一个文化血脉延续至今而没有中断的文明古国，中华民族也历经几千年的兴衰交替而愈发团结凝聚。尽管近代以来，中华民族历尽艰辛和磨难，但追求国富民强的梦想没有变；特别是中国共产党成立以来，团结带领全国人民艰辛探索、艰苦奋斗，把华夏中国从极度贫穷落后变为日益繁荣富强，把中华民族从饱受屈辱、任人欺压变为独立自主、自力更生，国家和民族追求富强振兴的愿望更加强烈。中国梦的提出无疑是对这一夙愿的真实写照和强烈表达，显示国家和人民对光明前景的展望，也映射出中华民族发愤图强的光荣传统。中国梦一经提出很快便成为街头巷尾的热议话题，得到了全国人民的普遍认同和广泛传颂，同时也是党的意识形态话

---

① 《习近平关于实现中华民族伟大复兴的中国梦论述摘编》，中央文献出版社2013年版，第3页。

② 《习近平谈治国理政》，外文出版社2014年版，第39页。

语体系的又一次重大创新。从习近平总书记的论述中可以体会到，中华民族从古至今都是一个有美好理想、有光荣传统的民族，而中国梦所体现出的目标指向与价值内涵，与优秀传统文化中所包含的强国富民、振国兴邦的理想和夙愿是相一致的。可以说，中国梦既是中华儿女恒更古今的心神向往，也是历史文化深处强国富民理想的激荡回响。

三 民本思想与"以人民为中心"

民本思想在中国古代传统文化中占据着非常重要的地位，在《尚书·五子之歌》中就提到"民唯邦本、本固邦宁"的观点，被历代政治家、思想家广为传颂，被看作是民本思想的经典表述。中国传统文化中的民本思想萌发于奴隶社会晚期的商周交替之际，成熟于诸子百家的春秋战国时期，贯穿于整个封建社会的各个王朝，是中国古代政治思想中极其重要的思想资源。

中国古代社会早期，人们崇尚自然崇拜祭天地、祭鬼神，尽管夏桀自比为太阳、把人民比作月亮，"天之有日，犹吾之有民"（《竹书纪年》），但他的荒淫暴政终究引来了人民的奋起反抗和与之同归于尽的愤恨，"时日曷丧，予及汝偕亡"（《商书·汤誓》）。到了周朝，统治者从殷商的覆灭中深切认识到了人民推翻无道统治的力量、认识到了天命无常的事实，政治思想逐渐从敬天地、礼神明转为敬德保民、以德配天，"视自我民视，天听自我民听"（《尚书·泰誓》），"天佑下民，作之君，作之师，惟其克相上帝，宠绥四方"（《尚书·泰誓》）。这反映了古代统治思想从敬鬼神到重人民的重大转变，也是古代民本思想的发端萌芽。

到了春秋战国时期，诸子百家在社会大变革、大调整的时代背景下应运而生，他们都有胸怀天下、心系苍生的政治抱负，在各自的思想主张和政治实践中都认识到了敬重黎民百姓对维护统治、发展国家的重要作用。孔子在《论语》中就提出了"百姓不足，君孰与足"（《论语·颜渊》）、"所重：民、食、丧、祭"（《论语·

尧曰》）的观点；老庄也有"圣人无常心，以百姓心为心"（《老子·道德经》）和"齐于法而不乱，恃于民而不轻，因于物而不去"（《庄子·在宥》）的认识；墨家的"兼爱"思想中，也含有爱民利民的观点，"其为政乎天下也，兼而爱之，从而利之；又率天下之万民，以尚尊天、事鬼、爱利万民"（《墨子·尚贤》）；即便是在法家严苛律法的思想认识中，仍不乏重民的思想，如管仲所提出的"凡兵之胜也，必待民之用也"（《管子·重令》）和商鞅提出的"圣君之治人也，必得其心，故能用力"（《商君书·靳令》）。尤其孟子和荀子，更进一步提出了"民贵君轻"的观点，"民为贵，社稷次之，君为轻"（《孟子·尽心章句下》），"君者，舟也；庶人者，水也。水则载舟，水则覆舟"（《荀子·王制》）。他们将人民视为国家社稷的根本，视为比君王更能影响天下国家的重要因素，表现出了强烈的仁政和民本主张，标志着古代民本思想的基本形成。

　　随着儒家学说占据主流意识形态的统治地位，"民本"思想也在古代的国家政治中发挥着越来越重要的影响。西汉著名政论家贾谊，在评述为政之道时曾指出，"闻之于政也，民无不为本也。国以为本，君以为本，吏以为本……闻之于政也，民无不为命也。国以为命，君以为命，吏以为命"（《大政》，汉·贾谊），充分强调了民为政本、民为国本的思想认识。西汉大儒董仲舒，在论述"天授君权"时，也表达了民本的观点："天之生民，非为王也；而天立王，以为民也。故其德足以安乐民者，天予之；其恶足以贼害民者，天夺之。"（《春秋繁露》，汉·董仲舒）在董仲舒看来，君王不以民为本而从事伤民害民的事，上天就会剥夺他的权力。到了唐宋时代，无论皇帝还是宰相，都非常强调"民本"的思想。唐太宗李世民，时常用"民是水、君是舟"的道理提醒自己，并在执政之初就告诫大臣们为帝为官者要敬民爱民，"为君之道，必须先存百姓，若损百姓以奉其身，犹割股以啖腹，腹饱而身毙"（《贞观政要·论君道第一》）。北宋思想家张载，作为宋明理学的创始人之一，他著名的横渠四句，"为天地立心，为生民立命，为往圣继绝学，为万世开太平"（《横渠语录》北宋·张载），也同样显示了儒家士大夫重民爱民的思想情怀。到明清，以黄宗羲、顾炎武为代表的思想家对"民本"思想更是推崇备至，希望用更加进步的思想明道救世，甚至对君主专制提出了质疑和批判，进而提出了天下共治的思想，"古者以天下为主，君为客"（《明夷待访录·原君》），"以天下之权，寄之天下之人"（《日知录》卷九）。他们首次将中国古代的"民本"思想上升到了民主、民权、民治的政治高度，也体现了中国古代早期民主思想的启蒙。

民本思想是我国传统文化的重要内容，在古代政治文明中具有举足轻重的地位，但不可否认其思想内涵中仍存在糟粕部分，比如统治者"重民"思想的出发点是为了维护封建统治，其立场是站在统治阶级的立场；而社会主义社会的新中国，所强调的"民本""重民"思想则是站在人民的立场，为广大人民群众的根本利益而服务的。习近平总书记就非常善于从优秀传统文化中汲取政治智慧，他曾多次在讲话中引用体现民本思想的经典名句，比如"民唯邦本、本固邦宁""视自我民视，天听自我民听"等。在习近平新时代中国特色社会主义思想中，"以人民为中心"的理念居于核心地位，贯穿于治国理政的各领域、各环节；在意识形态工作中，习近平总书记同样强调以"人民为中心"的工作导向，要求新闻舆论工作、哲学社科工作、文艺工作等意识形态领域的各项工作都要心系人民、服务人民。可以看出，"以人民为中心"的理念有效吸收了传统民本思想的文化精髓，继承了重视黎民百姓、民心关系国运的历史认知，保留了心系民生、惠民养民的历史自觉，同时也蕴含着人民群众在社会历史发展中发挥主体作用、产生决定力量的人民主体思想，充分彰显了中国共产党始终依靠群众、密切联系群众，全心全意为人民服务、为人民谋幸福的宗旨意识和初心使命，从而实现了对传统民本思想的突破与超越。

四 礼治思想与核心价值观

中华民族自古就是文明之邦、礼仪之邦,以礼相待、崇德尚礼培育了中华民族声名远播的传统美德,以礼治国、制礼立法也贯穿于古代中国的治理体系和政治实践。对"礼"的崇敬和追求伴随着中华民族流淌过源远流长的历史长河,因而"礼治"思想也自然成了中华传统文化中最为重要的组成部分。

"礼"最早起源于氏族社会时期的祭祀活动,人们对神鬼和祖先的祭拜祈祷是当时最为严肃和庄重的群体性社会活动,具有规范性和仪式性的"礼"也就由此应运而生。随着国家的出现,"礼"就不仅仅被限制于规范和仪制祭祀活动,而是逐渐渗透到人们的人际交往和社会活动之中,从而又进一步增强了"礼"的文明性和社会性。到了西周时期,"礼"逐步完成了思想化、政治化和社会化的转变,并演化出了塑造修养品德、调节人际关系、稳定社会秩序的社会治理功能。"周公摄政,一年救乱,二年克殷,三年践奄,四年建侯卫,五年营成周,六年制作礼乐,七年致政成王。"(《尚书·大传》)这段记述就表现了在依靠武装力量平息叛乱之后,周公通过制定完善礼仪和宗法制度掌控国家政权、巩固统治基础的经历。周公制礼的成功标志着礼治思想的生产,从此"为国以礼、以礼治国"的思想理念便开始出现在国家社会的政治治理之中。

到了春秋时期,以孔子为代表的儒家则对礼治表现出了更高的重视程度,"礼之于正国也,犹衡之于轻重也,绳墨之于曲直也,规矩之于方圆也"(《礼记·经解》),"不信仁贤,则国空虚;无礼义,则上下乱"(孟子·尽心下》),"人无礼则不生,事无礼则不成,国家无礼则不宁"(《荀子·修身》),将礼治看作统治国家、稳定社会的重要规范和基本指导。在授业传道过程中,儒家先贤们也大力提倡和传播礼治思想,并在个人修为、治国安邦等各领域各方面,不断充实着礼治思想的丰富内涵。其中包括:关于修身的亲仁思想，"人而不仁，如礼何？人而不仁，如乐何？"（《论语·八佾》），"克己复礼为仁。一日克己复礼，天下归仁焉"（《论语·颜渊》），反映出将"仁"置于礼治思想的核心地位。关于治国的德政思想。"道之以政，齐之以刑，民免而无耻；道之以德，齐之以礼，有耻且格"（《论语·为政》），"为政以德，譬如北辰，居其所，而众星共之"（《论语·为政》），表达了通过实施德政而教化百姓通情达理、促进社会和谐文明。关于君子特征的义利思想，"君子义以为上，君子有勇而无义为乱，小人有勇而无义为盗"（《论语·阳货》），"生，亦我所欲也；义，亦我所欲也，二者不可得兼，舍生而取义者也"。（《孟子·告子上》）"先义而后利者荣，先利而后义者辱"（《荀子·荣辱》），是通过这种义利的辩证，告知人们在追求物质利益的同时严守伦理约束和道德标准，进而达到知礼守礼的君子标准。还有关于公共道德的诚信思想，"信近于义，言可复也。恭近于礼，远耻辱也。因不失其亲，亦可宗也"（《论语·学而》），"诚者，天之道也；思诚者，人之道也"（《孟子·离娄上》），说明了如果"仁"和"义"是君子的修身要求，那么"诚信"就应该成为社会普通民众的道德底线，反映了"礼治"思想的层次性和递阶性。

当然，在看到"礼治"思想可取的一面，也不能忽视其作为封建统治思想的腐朽和糟粕，包括通过"正名"来确定尊卑等级，通过"三纲五常""三从四德"来强固君对臣、男对女的支配控制等，都是封建等级制度、宗法政治的落后表现。只有取其精华、去其糟粕，才能更好地传承中华传统文化的优秀思想成分。习近平总书记指出："每个时代都有每个时代的精神，每个时代都有每个时代的价值观念。国有四维，礼义廉耻，'四维不张，国乃灭亡'。这是中国先人对当时核心价值观的认识。"[①] 习近平总书记用中国古代的礼治观念比照当代中国的核心价值观，表明了倡导和坚守正

[①] 《习近平谈治国理政》，外文出版社2014年版，第168页。

确价值观念对国家、民族、社会的重大意义。在亚非领导人会议开幕式的讲话中,他引用《论语》的典故"人而无信,不知其可也",来表达诚信品德对于个人来说是为人处世的立足点,对于国家来说是树立形象、赢得尊重的重要法宝;在北京大学的师生座谈会上,他又引用了《礼记》的典故"大学之道,在明明德,在亲民,在止于至善",来说明核心价值观是个人的大德、国家的德、社会的德。可以看出,习近平总书记大力倡导培育和践行社会主义核心价值观,希望通过塑造和培养人们应当遵循的价值取向和价值信念,引导人民群众正确地调整和构建人与自然、人与社会、人与人之间的和谐关系。其内涵与"礼治"思想中很多的优秀思想和合理成分是相契合、相一致的。这既反映出社会主义核心价值观的历史性和民族性,又体现了核心价值观的精神特质根植于优秀传统文化的肥沃土壤。

五 "和合"理念与"讲好中国故事"

"和合"理念与"和合"文化是中华传统文化源远流长、博大精深的重要体现。在历史悠久的创造发展和生活实践中,中华民族的祖先们磨炼出了坚韧不拔的品格和宽广包容的心胸,他们始终思考和追寻着人与人、人与社会、人与自然最为完美、最为优越的共存状态和交往方式,正是在这样的思考和追寻中孕育形成了"和合"的文化理念,表现出了中国古代先贤们深邃而广博的文化精神和哲学智慧。

有学者认为,"和""合"二字最早出现于甲骨文和金文之中,"'和'的初义是声音相应和谐,'合'的本义是上下唇合拢、结合的意思"[①]。作为中国最为古老的传世经典,《周易》在阐述天地自然的变化规律时,就使用了"合"与"和"两字来说明天道规律的变化,"乾道变化,各正性命,保合太和,乃利贞"(《周易—乾

---

① 张立文:《和合学概论——21世纪文化战略的构想》,首都师范大学出版社1996年版,第5页。

卦·象传》），认为只有做到顺天应时、阴阳调和，才能保持天地万物的平衡和谐，从而最有利于固本守正。《礼记》中，也用"和"表达了一种中庸守度之道，"中也者，天下之本也；和也者，天下之达道也。致中和，天地位焉，万物育焉"（《礼记·中庸》），认为"和"是一种持重稳健的状态，也是一种能够维护天地自然各安其位、各尽其事的原则规律所在。"和合"二字合并出现，最早见于《春秋外传》，"商契能和合五教，以保于百姓者也"（《国语·郑语》），意思是商族的部落首领契，能够将五教（父义、母慈、兄友、弟恭、子孝）加以统合，从而使老百姓能够和睦相处、安定生活。这里的"和合"应当是协调融合、兼容并蓄的意思。到了老子和管子，则对"和合"的思想论述得更加系统和深入。老子从人与自然和谐统一、阴阳协调角度论述"和合"，"阴阳者，像天地以治事，合和万物。圣人亦当和合万物，成天心，顺阴阳而行"（《太平经》），表达了道家"天人合一、道法自然"的思想精髓，主张人们的思想行为应当与自然万物相兼容、相调和，做到顺应天地之势。管子则是将"和合"理念运用于治军的兵法思想，"畜之以道，则民和；养之以德，则民合。和合故能谐，谐故能辑，谐辑以悉，莫之能伤"（《管子集校·兵法》），通过道德教化促进官兵间的和睦融洽，形成整个战斗群体的团结统一和步调一致，如此就能立于不败之地。在老子和管子的论述中，"和合"思想显然都表达出了包容调和、雍睦融合的含义。

　　总体看，儒道两家对"和合"思想最为推崇，解读阐释得也比较多。他们认为"和合"是一种看待宇宙自然的认识观和价值观，也是一种最具哲理智慧的处事原则和交往理念。在儒家和道家思想中，"和合"理念至少包括以下几方面的内涵：一是和而不同，"君子和而不同，小人同而不和"（《论语·子路》），体现了儒家的中庸、中和之道与主张均衡、和谐的态度，是妥善处理各方面冲突、矛盾的哲学智慧。二是天人合一，"天有其时，地有其才，人有其治……若是，则万物得宜，事变得应，上得天时，下得地利，中得人和"（《荀子·富国》）。其所阐述的既是一种天人和谐的自然观，也是一种顺天应时、合群行动的社会观。三是协和万邦，"四海之内若一家，故近者不隐其能，远者不疾其劳，无幽闲隐僻之国，莫不趋使而安乐之"（《荀子·王制》）。这是在处理族群关系、邦交关系时，提倡亲善、修睦的主张。四是融合共通，无论是老子的"道生一，一生二，二生三，三生万物。万物负阴而抱阳，冲气以为和"（《老子·四十二章》），还是庄子的"神鬼神帝，生天生地，在太极之上而不为高，在六极之下而不为深，先天地生而不为久，长于上古而不为老"（《庄子·大宗师》），都表达了一种圆融整全的整体观和平衡观，表现出一种对世间万物、天地自然的包容性和融合性。

  2018年6月9日，国家主席习近平在上合组织青岛峰会的致辞中，专门提到了"和合"理念，"儒家倡导'大道之行，天下为公'，主张'协和万邦，和衷共济，四海一家'。这种'和合'理念同'上海精神'有很多相通之处"[1]。他利用中华传统文化的"和合"理念来阐述上合组织的"上海精神"，展现出一种求同存异、和而不同的包容态度，也表达出互利互信、共谋发展的合作精神。在扩大开放、对外交往的过程中，习近平总书记非常注重增强国家文化软实力和中华文化的国际影响力，提出了"讲好中国故事、传播好中国声音"的外宣理念，并指出了两个方面的努力方向：一是树立融通中外的思维，"创新对外宣传方式，着力打造融通中外的新概念新范畴新表述，讲好中国故事，传播好中国声音，增强在国际上的话语权"[2]；二是秉持开放包容的心态，"中国愿意以开放包容心态加强同外界对话和沟通，虚心倾听世界的声音……也期待外界能够更多以客观、历史、多维的眼光观察中国，真正认

---

  [1] 习近平：《在上海合作组织青岛峰会欢迎宴会上的祝酒词》，《人民日报》2018年6月10日第1版。

  [2] 《习近平关于社会主义文化建设论述摘编》，中央文献出版社2017年版，第197页。

识一个全面、真实、立体的中国"。① 这两方面与"和合"理念所体现出的处事原则和哲学智慧是相似相通的。可以说,"讲好中国故事、传播好中国声音"所蕴含的"和合"理念,凝结着中华民族千百年来处理各类复杂关系、化解各类复杂矛盾的智慧结晶,也彰显了中华优秀传统文化最具特质的精神基因。

---

① 《习近平关于社会主义文化建设论述摘编》,中央文献出版社2017年版,第204页。

第二章　新时代的理论创新催生于当前的时代背景和现实挑战

"任何真正的哲学都是自己时代的精神上的精华"①，这是马克思对思想之花——哲学的高度评价。同样，任何真正的理论也都是来源于时代的孕育和实践的催生。中国特色社会主义进入新时代，国家经济社会发展进入了新的历史方位，这是当代中国最鲜明的时代背景；中华民族迎来了实现伟大复兴的历史飞跃和光明前景，党和人民开启了全面建设社会主义现代化国家的新征程，这是中国特色社会主义事业最宏伟的实践战略。这些都对新时代党的意识形态工作提出了更高标准和更新要求，加之当前意识形态领域所面临的外部渗透干扰、内部矛盾冲突以及错误思潮、网络喧嚣的交织叠加，等等，当代中国的时代背景和实践基础是意识形态工作理论创新的重要现实条件。

第一节　时代背景：新时代、新方位、新坐标

马克思指出："我们判断这样一个变革时代也不能以它的意识为根据；相反，这个意识必须从物质生活的矛盾中，从社会生产力和生产关系之间的现存冲突中去解释。"② 唯物史观认为，生产力

---

① 《马克思恩格斯全集》第1卷，人民出版社1995年版，第220页。
② 《马克思恩格斯选集》第2卷，人民出版社1995年版，第33页。

与生产关系的矛盾运动是社会发展的根本动力，也是时代变革的显著标志。改革开放 40 多年的发展积累，特别是十八大以来取得的开拓性成就和历史性变革，促进了社会主要矛盾的变动转化，也推进国家发展进入新的历史方位，这是中国特色社会主义进入新时代最为真切的实践基础和现实依据。

一　中国特色社会主义进入新时代

列宁就指出："只有了解了某一时代的基本特征，才能在这一基础上去考虑这个国家或那个国家的更具体的特点。"[①] 时代观的问题，任何时候都是关系到能否正确认识国家发展历史方位和社会进步重要特征的重大问题。20 世纪初叶，列宁依据当时俄国和世界主要资本主义国家的发展状况，提出了革命与战争的时代定位；20 世纪 80 年代，邓小平根据中国和世界形势发展、格局变化等，提出了和平与发展的时代主题，这些都是马克思主义时代观的重大判断。党的十九大郑重宣示，"经过长期努力，中国特色社会主义进入了新时代，这是我国发展新的历史方位"[②]。这无疑是以习近平同志为主要代表的中国共产党人，科学运用马克思主义时代观、深刻分析国内外发展局势而作出的重大战略判断。这一重大战略判断，为党和国家准确把握时代特征、充分认清时代使命提供了重要依据，也为中国特色社会主义事业的发展前进锚定了新的战略坐标和历史方位。这个新时代是中国共产党团结带领中国人民聚焦新目标、开启新征程的时代，也是迈向社会主义现代化建设新征程展现新作为、开辟新境界的时代，对于国家、民族乃至全世界和全人类都具有非常重大的意义和价值。

（一）中国特色社会主义进入新时代，标定了民族伟大复兴的新方位

拥有五千年绵延不绝文明历史的中华民族，创造出了辉煌灿烂

[①] 《列宁全集》第 26 卷，人民出版社 1990 年版，第 142 页。
[②] 《党的十九大报告辅导读本》，人民出版社 2017 年版，第 10 页。

的文化与文明，也为世界文明的发展作出了不可磨灭的贡献。但自从1840年鸦片战争以来，西方列强的侵略、封建势力的压迫、官僚买办的出卖等各种内忧外患，使我们的国家和民族陷入了战乱纷飞、风雨飘摇的苦难境地；但中华民族从未放弃过光复河山、重振雄风的夙愿和梦想，无数仁人志士进行了艰苦卓绝的探索和斗争。从太平天国到洋务运动、从戊戌变法到义和团运动，始终没能改变国家民族备受屈辱的悲惨命运。孙中山先生领导的辛亥革命，推翻了封建王朝的专制帝制，推动了中国社会的进步，但终究也没能使中国摆脱半封建半殖民地社会的泥沼。直到崇尚共产主义理想、担当民族复兴重任的中国共产党登上历史舞台，中华民族才迎来了拨云见日、浴火重生的希望曙光。正如习近平总书记所指出的："中国共产党一经成立，就把实现共产主义作为党的最高理想和最终目标，义无反顾肩负起实现中华民族伟大复兴的历史使命。"[①]

自成立以来，中国共产党就确立了为人民谋幸福、为民族谋复兴的初心和使命，并始终激励着一代又一代中国共产党人接续奋斗、奋勇前进。在革命和建设时期，以毛泽东同志为代表的中国共产党人团结带领中国人民勠力同心、浴血奋战，开辟新民主主义革命的道路，推翻三座大山、谋求独立解放，彻底结束了近代以来的屈辱历史，建立了人民当家做主的新中国，中华民族和中国人民从此"站起来"了；之后又推进社会主义革命和建设，确立基本制度、发展经济文化、进行艰苦奋斗，实现了国家和民族从孱弱衰败到走向自力更生的扭转。改革开放前后，以邓小平同志为代表的中国共产党人，及时拨乱反正、正本清源，坚持解放思想、实事求是，确立实践检验真理的根本标准，思考建设有中国特色社会主义的时代课题，作出改革开放和现代化建设的历史抉择，开辟了中国特色社会主义道路；改革开放时期，以江泽民同志为代表的中国共

[①] 习近平：《决胜全面建成小康社会夺取新时代中国特色社会主义伟大胜利——在中国共产党第十九次全国代表大会上的报告》，人民出版社2017年版，第13页。

产党人创立"三个代表"重要思想、探索社会主义市场经济，坚持不懈谋发展、搞建设；新世纪新阶段，以胡锦涛同志为代表的中国共产党人，提出科学发展观的战略思想，构建社会主义和谐社会，在抢抓机遇中补短板、促发展，不断推动改革开放深化发展，坚定不移推动中国特色社会主义继续前进。改革开放的历史性变革极大地解放和发展了社会主义生产力，促进中国经济持续增长、综合国力不断加强、人民生活显著提升，国家取得了举世瞩目的发展成就，中华民族也实现了从"站起来"到"富起来"的伟大飞跃。

党的十八大以来，在中国共产党的领导和推动下，中国经济社会发生了根本性变革、取得了历史性成就，"五为一体"总体布局擘画了未来的发展蓝图，"四个全面"战略布局标注了现代化建设的实现路径，"五大发展理念"引领经济社会高水平、高质量发展，全面深化改革向纵深推进，生态文明建设取得长足进步，党的凝聚力、战斗力极大提升，党的领导全面加强，精准扶贫、脱贫攻坚火热开展，人民群众获得感、幸福感普遍增强。这一系列变化和成就充分表明了改革开放和中国特色社会主义事业取得了全方位、开创性的巨大发展，也深刻预示着中华民族伟大复兴的道路愈加宽阔、基础愈加厚实、精神愈加振奋。中华民族自"站起来""富起来"之后，前所未有地接近实现伟大复兴的夙愿和梦想，站在了走向"强起来"的新的历史起点，这便是中国特色社会主义的新时代。

（二）中国特色社会主义进入新时代，开启了现代化建设的新征程

中国现代化建设的道路是一条艰辛探索、艰苦奋斗之路。旧社会时期，由于遭受到西方列强的侵略和封建军阀、官僚买办的剥削压榨，中国的现代化建设始终处于一穷二白、贫困落后的境地，一直到中华人民共和国成立之后，才真正开启了现代化建设的进程。

建国初期，国家在满目疮痍中重新建设，本身就是基础弱、底子薄，加之朝鲜战场上与美国的正面对抗，更加突显了我们工业实力弱、武器装备差的现实状况。毛泽东同志对此十分忧虑，"现在

我们能造什么？能造桌子椅子，能造茶碗茶壶，能种粮食，还能磨成面粉，还能造纸，但是，一辆汽车、一架飞机、一辆坦克、一辆拖拉机都不能造"①。正是在这样的背景下，党中央确立了"一化三改"的过渡时期总路线，大力推进社会主义工业化，并通过社会主义改造为国家现代化建设提供了必要的制度前提和物质准备。到1954年，又进一步提出了"四个现代化"的战略目标，描绘了社会主义现代化建设的宏伟蓝图。即便是到20世纪60年代，面对严峻复杂的国家环境和接二连三的困难灾害，党和国家仍然坚持独立自主、艰苦奋斗，积极探索工业化、现代化的发展道路；并经过连续多年的努力，终于建立了独立完备、门类齐全的工业体系和国民经济体系，创造了国防科技领域"两弹一星"的重大突破，工农业生产总值比新中国成立初期增长近60%，中国已经从一个贫穷落后的农业国转变成一个初具规模的工业国，整个国家的面貌发生了翻天覆地的变化。可以说，建国头几十年的建设和探索，虽然经历了不少曲折磨难，但仍取得了历史性的巨大成就，为中国的现代化建设打下了一个十分扎实的基础。

　　改革开放之后，党的工作重心完成了向经济建设为中心的转移，迈开了国民经济调整和经济体制改革的步伐。邓小平同志开始深刻思考现代化建设的问题，"现在搞建设，也要适合中国情况，走出一条中国式的现代化道路"②。党和国家开创了建设有中国特色的社会主义道路，将社会主义现代化建设引上了新的发展阶段。为了给国家经济社会发展和现代化建设描绘更加清晰的发展路径，党的十三大作出了我国处在社会主义初级阶段的科学判断，并以此为基础确定了现代化建设"三步走"的发展战略，从解决温饱到达到小康，再到基本实现现代化，以时间表、路线图的形式对社会主义现代化建设进行了积极稳妥的规划，既体现出了国家和民族奋斗进取的豪情壮志，也反映出了党和人民求真务实的科学精神。此

---

① 《毛泽东文集》第6卷，人民出版社1999年版，第329页。
② 《邓小平文选》第2卷，人民出版社1994年版，第163页。

后，按照"三步走"的发展战略，20世纪90年代，党中央结合世界科技革命的新浪潮和国家经济社会发展的新实际，制定并实施了科教兴国战略、可持续发展战略、西部"大开发"战略、对外开放"走出去"战略等一系列重大发展战略，有效促进了社会主义现代化建设的跨世纪发展；进入新世纪，党中央又抢抓重要发展战略机遇期，树立科学发展观的思路理念，推动国民经济又好又快发展，构建社会主义和谐社会，促进城乡区域协调发展，精心勾画了全面建设小康社会的宏伟蓝图，进一步推进社会主义现代化建设进入新的发展阶段。可以说，党和国家在现代化道路上的步伐积极稳健、铿锵有力，并伴随着一代又一代的接续奋斗取得了丰硕和喜人的成果。

十八大以来，党和国家的事业发生了一系列历史性、根本性的重大变革：经济建设成就巨大，国内生产总值稳居世界第二，对世界经济增长贡献突出；全面深化改革全力推进，重要领域、关键环节取得突破进展；人民生活显著改善，精准扶贫、脱贫攻坚取得重大进展，人民群众幸福感、获得感大幅增强……这一切都预示着中国社会主义现代化建设站在了新的历史起点、打开了新的发展格局。首先，郑重提出了"两个一百年"的奋斗目标，描绘了壮丽宏伟的新蓝图。将建党百年全面建成小康社会、建国百年建成现代化强国，作为党和国家现代化建设的战略目标；进一步划分阶段步骤，到2035年基本实现现代化，到21世纪中叶建成社会主义现代化强国，为现代化建设描绘了宏伟而明确的发展蓝图。其次，出现了新的时代特征和历史变化，标定了建设发展的新起点。国内外形势错综复杂，经济结构优化、发展方式转变、治理体系构建等机遇与挑战相继出现，西方国家主导的国际格局更为复杂敏感。与此同时，我国处于社会主义初级阶段的基本国情和作为世界最大发展中国家的国际地位都没有变。因而，既要保持国内经济社会稳定发展，脚踏实地走好自强之路，又要在世界政治经济秩序中争取更多的话语权和主动权，不断提高国家软实力和国际影响力，为中国崛起营造良好外部环境。最后,社会主要矛盾发生重大转化,开启了革新图强的新征程。新时代以来,我国社会的主要矛盾发生了重大转化,这直接决定了我国经济社会发展的内涵和要求,由强调高速增长、注重经济总量拓展为更好推动人的全面发展和社会全面进步;也意味着需要运用新的发展理念和发展方式,来解决深化改革开放和现代化建设遇到的矛盾问题,从而推动党和人民的事业顺利发展。正如习近平总书记所指出的:"从全面建成小康社会到基本实现现代化,再到全面建成社会主义现代化强国,是新时代中国特色社会主义发展的战略安排。我们要坚忍不拔、锲而不舍,奋力谱写社会主义现代化新征程的壮丽篇章!"[①]

(三) 中国特色社会主义进入新时代,开拓了世界社会主义的新格局

从1516年托马斯·莫尔写就不朽巨著《乌托邦》至今,世界社会主义已经走过了500多年的历史进程,特别是1848年《共产党宣言》问世以来,社会主义从理论走向实践,工人运动的风起云涌,无产阶级革命的蓬勃发展,逐渐将世界社会主义运动推向高潮;再到20世纪末,苏联解体、东欧剧变引发世界资本主义与社会主义的格局发生深刻变化,也直接导致了国际社会主义运动急转直下、陷入低谷。可以说,世界社会主义经历了跌宕起伏、绵延曲折的发展历程。

马克思主义创立以前,无论是空想社会主义所存在的缺陷,还是欧洲三大工人运动的失败,都表明世界社会主义正在呼唤着一个质的飞跃。19世纪中叶,马克思和恩格斯创立了马克思主义学说,发现了唯物史观和剩余价值,深刻揭示了资本主义从产生、发展到最终走向衰亡的历史必然性,科学预测了社会主义、共产主义的发展方向和建设蓝图。这样的思想理论,能够为社会主义运动和无产阶级革命提供科学的理论指导,也能够为无产阶级革命政党和国家

---

① 《党的十九大报告辅导读本》,人民出版社2017年版,第29页。

政权的建立提供极为重要的根本遵循和思想指南，从而实现了社会主义从空想到科学的巨大飞跃。

到20世纪初，无产阶级革命家列宁及其所率领的俄国布尔什维克党，接受马克思主义、列宁主义的科学指导，团结带领广大俄国工人阶级和人民大众，推翻了资产阶级临时政府，取得了十月革命的伟大胜利，建立了世界上第一个马克思主义政党领导的社会主义国家，开辟了人类探索社会主义道路的历史新纪元，实现了科学社会主义从理论到实践的飞跃。由此开始，马克思主义在全世界广泛传播，无产阶级政党在欧亚各国纷纷建立，无产阶级革命和社会主义运动风起云涌，国际共产主义联盟不断壮大，在世界格局中出现了可以与资本主义对抗和斗争的社会主义阵营，世界社会主义运动呈现前所未有的高潮局面。1947年，随着冷战爆发，世界形成两极格局，社会主义和资本主义阵营也进入了对峙局面。但由于一些社会主义国家对战后的国际形势和时代特征缺乏清晰认识，加之传统僵化的模式没有与时俱进、社会经济改革陷入困境，世界社会主义的整体局面开始走向滑坡。直到20世纪末，苏联解体、东欧剧变，在世界范围内引起了巨大震荡，给国际共产主义带来重大挫折，也使世界社会主义运动陷入了空前低谷。

社会主义在中国的发展与在世界的发展始终是紧密相连的。20世纪七八十年代，伴随着世界格局的错综变化，中国共产党审时度势、抢抓机遇，审慎作出了对内改革和对外开放这一决定当代中国命运的战略抉择，紧密结合中国国情和实际，开创出一条独具中国特色、符合中国国情的社会主义发展道路，从而为社会主义中国这艘东方巨轮开启了一个新的航向。但是，中国的崛起和发展并不是一帆风顺，一直都遭受着一些西方资本主义势力和国家的围追堵截、干扰阻碍。特别是东欧剧变后，社会主义中国成了世界社会主义运动的中流砥柱和坚强堡垒，也成了西方资本主义阵营围攻打压的头号目标，一时间"历史终结论""中国崩溃论"等各种唱衰中国的国际言论甚嚣尘上，经济制裁、金融攻势、外交围堵等各种干扰阻碍也轮番上阵,西方资本主义阵营始终企图把中国变为继苏联之后倒下的第二个社会主义大国。事实上,中国共产党人面对巨大的挑战和压力,坚持将社会主义的科学真理扎根于当代中国这片沃土,用中国特色社会主义取得的巨大成就有力回击了各种"社会主义失败论""共产主义灭亡论",不仅成功捍卫科学社会主义的价值性和真理性,坚持和发展了社会主义,也有效维护了世界人民对社会主义的信心与信念。

近年来,逆全球化潮流涌现、世界经济复苏乏力、局部性冲突频发、全球性问题加剧,资本主义对世界的控制和驾驭越来越表现得力不从心;反观社会主义中国,在以习近平同志为核心的中国共产党的领导下,却呈现"风景这边独好"的态势:大力推进国家治理体系和治理能力现代化,积极探索社会主义现代化建设的科学模式,在组织动员、抗击灾害等方面展现出了独特的制度优势和治理优势;坚持全面深化改革和高水平对外开放,主动适应经济发展新常态,破解宏观调控、结构优化等发展难题,引领中国经济社会发展取得举世瞩目的成就,也为维护全球经济更加合理、稳定运行作出应有贡献;积极推动构建人类命运共同体,倡导树立共同利益观和可持续发展观,推动建立全球治理体系,在谋求本国发展同时以开放包容心态促进世界各国共同发展,得到国际社会的普遍认同。可以说,新时代中国特色社会主义所取得的成功和胜利,为世界社会主义掀起了一道壮丽波澜,预示着世界社会主义在新时代中国焕发出了强大的生机与活力,也有力推动了21世纪世界社会主义稳步走向崛起和振兴。

(四)中国特色社会主义进入新时代,书写了中国智慧、中国方案的新华章

世界上任何国家和民族,特别是发展中国家都拥有谋求发展的权利,也抱有加快发展的愿望,但发展模式和发展道路的选择却可能直接影响国家和民族的兴衰成败。历史上,不少发展中国家都受到过西方列强的侵略和殖民,国家的经济命脉和政治制度长期处于

外国侵略者的统治与支配之下，发展进步根本无从谈起；"二战"之后，反帝国主义殖民统治的民族解放运动风起云涌，一大批受剥削、受压迫国家和民族获得了独立解放。当这些国家开始谋求自身发展时，西方资本主义势力，利用占据上风的优势强行输出私有化、自由化等资本主义模式，并通过"郁金香革命""茉莉花革命"等各种颜色革命对发展中国家进行颠覆和演变，不少新独立国家还没看到发展的曙光就已沦为了西方国家的傀儡和附庸。

不少发展中国家就是这样陷入了资本主义的圈套，其中最典型的案例就是拉美国家经济转型的失败。拉美国家独立后，利用战后的国际形势和发展空间，主动融入世界经济市场，推动工业化和市场化的发展，一度在经济上取得较好的成绩，创造了所谓"巴西奇迹"和"墨西哥奇迹"等发展高峰，但本质上他们仍处在西方资本主义强国所主导的世界经济秩序的操纵与控制之下，并没有找到适合自身独立自主的发展模式。特别是20世纪八九十年代，不少新兴发展国家为了挽救经济发展低迷停滞的颓势，转而错误地实行了"新自由主义"的改革，不仅没有达到转危为安的目的，反而加剧了不平等和两极分化等一系列问题，引发了社会动荡和民生凋敝，进而彻底陷入了"中等收入陷阱"不可自拔，最终导致的是发展停滞、民生凋敝、政局不稳，甚至是社会倒退。此外，还有曾经名噪一时的"亚洲四小龙"，在金融危机之后一蹶不振，以及曾经高速发展的日本在"广场协议"之后也低迷不起，这些案例都充分说明了资本主义列强所输出的发展模式，只是为了更好地控制世界经济市场，并不是为了帮助其他国家走上富强发展之路。历史和实践已经充分证明：西方资本主义的"药方"并不是"包治百病"的良方，也不是适合所有国家、所有地区的发展捷径；不结合本国国情实际和历史文化传统等盲目照搬硬套西方的发展模式，其结果换来的只能是混乱和失败。

在发展道路和发展模式的选择探索上，社会主义国家同样留下了深刻的教训。20世纪上半叶，社会主义苏联曾在世界反法西斯战争中做出了突出贡献，也对战后世界格局的重塑产生了重要影响。但美苏冷战对峙开始后，苏联为建立所谓"安全网"和"缓冲区"开始将周边的兄弟国家都纳入自身的势力范围，对不同民族和国家的差别特点不管不顾，以社会主义阵营领导者的身份，强力推行高度集权的国家体制和集中计划的经济模式，在一切可能的地方推行苏联的社会主义模式，甚至不惜损害和干涉社会主义兄弟国家的国家主权和国家内政。波兰和南斯拉夫尝试着结合本国实际，探索符合自身国情的发展道路，结果却遭到苏联政治打压、经济制裁，甚至军事行动的干涉。那一时期，多数社会主义国家都照搬照抄苏联模式，其结果是思想僵化、专政集权、经济发展缓慢、个人崇拜盛行，最终导致了苏联解体、东欧剧变，整个社会主义阵营的土崩瓦解。这样的历史教训充分说明：各国的具体情况各有不同、国情实际千差万别，如果都生搬硬套一种模式，必然会出问题。

  面对各种障碍曲折和风险挑战，社会主义中国既不走封闭僵化的老路，也不走改旗易帜的邪路，而是在改革开放中走出了一条具有中国特色的社会主义道路，并经过40多年的大胆尝试和艰辛探索，终于将这条道路走成了光明大路和发展坦途。特别是党的十八大以来，中国经济社会发展所取得的巨大成就，充分彰显了中国特色社会主义道路的成功实践，也有力说明了资本主义模式绝不是通向现代化的唯一途径，可以为其他发展中国家提供重要的启示和借鉴；习近平新时代中国特色社会主义思想积极探求并解答着国家、民族发展的时代之问、实践之问，形成了马克思主义中国化的最新成果，也实现了世界社会主义科学理论的丰富发展，可以为解决更多的矛盾问题提供思想启示和理论解答。以中国特色社会主义制度为主要内容的中国模式，发展得更加成熟定型，也表现出更强的生机与活力，既能在开放包容中吸收更多的文明成果，也能在与世界各国携手共进中提供更多的经验借鉴；以中国特色社会主义文化为代表的中华文化，根植于当代中国的发展实践，积淀了深厚的历史底蕴，凝聚了鲜明的时代特色，为国家和民族提供了更深沉、更持久的信心和定力，也为中国与世界的交流融通提供更好的媒介和载体。事实上，中国特色社会主义进入新时代，中国的道路、理论、制度和文化，正在为世界上渴望进步、谋求发展的国家和民族提供了更多选择、更多参考。正如习近平总书记所指出的，中国特色社会主义进入新时代"意味着中国特色社会主义道路、理论、制度、文化不断发展，拓展了发展中国家走向现代化的途径，给世界上那些既希望加快发展又希望保持自身独立性的国家和民族提供了全新选择，为解决人类问题贡献了中国智慧和中国方案"①。

二 世界正在重新认识中国

自古以来，无论是马可·波罗对泱泱大国发达经济、灿烂文化的无比痴迷，还是利玛窦对盛世中华富饶物产、高超技术工艺的由衷赞叹，东方的中国总是以自信、文明的姿态展现在世界面前。但到了晚清近代，统治阶级自身的闭关锁国、盲目自大，加之西方列强的蛮横侵略、瓜分割据，从割地赔款的屈辱条约到"华人与狗不得入内"的公然歧视，从"东亚病夫"的讽刺嘲笑到侵华战争的残害屠杀，彼时的中国则是一副积贫积弱、任人宰割、备受屈辱的羸弱之相。直到中国共产党诞生，才开启了彻底改变和颠覆旧中国、旧社会悲惨面貌的艰辛历程。经过28年艰苦卓绝的革命斗争，彻底打碎了黑暗腐朽、支离破碎的旧世界，实现了民族独立和人民解放，中国成了独立自主的主权国家；经过朝鲜战争抗击美国侵略者的英勇无畏，打破了美国不可战胜的神话，再经过"两弹一星"取得成功实现国防科技领域的重大突破，建立了抗衡列强的战略威慑力量，中国进而成了具有重大影响力和重要国际地位的国家。可以说，中国共产党领导着中国，从战争的废墟中一路走来、从封锁

---

① 习近平：《决胜全面建成小康社会夺取新时代中国特色社会主义伟大胜利——在中国共产党第十九次全国代表大会上的报告》，人民出版社2017年版，第10页。

与压迫中一路走来,一步步将东方的睡狮唤醒、将东方的火炬点燃,逐渐让东方大国重新焕发出生机与活力。特别是改革开放以来,中国所取得的巨大发展成就、所展现出的日新月异的变化,无不让世界开始重新审量和认识中国。

(一) 中国的发展成就让世界为之瞩目

"改革开放是我们党的一次伟大觉醒,正是这个伟大觉醒孕育了我们党从理论到实践的伟大创造。改革开放是中国人民和中华民族发展史上一次伟大革命,正是这个伟大革命推动了中国特色社会主义事业的伟大飞跃!"在庆祝改革开放40周年大会上,习近平总书记将改革开放称为"伟大觉醒"和"伟大革命"。如果说经过民族独立运动和解放战争,中华人民共和国的成立让世界开始承认中国、正视中国,那么改革开放40年的发展成就则让世界开始赞叹中国、瞩目中国。1978年,党的十一届三中全会作出把工作重心转移到经济建设的重大战略抉择之后,改革开放这场伟大的历史变革便正式在中国拉开了序幕。正是在这场新的伟大革命中,中国经济社会发生了翻天覆地的巨大变化,取得了难以置信的历史成就。

从1978年至2018年改革开放的40年间,在经济发展方面,中国经济以年均9.5%的速度持续快速增长,经济规模从2010年开始超过日本跃居世界第二;国家财政实力突破17万亿元,为社会民生发展提供雄厚保障;外汇储备高达3万多亿美元,稳居世界第一。在工业生产方面,进一步发展和完善了门类齐全、独立完备的现代化工业体系,工业总量比1978年增长53倍,工业总资产增长近250倍,工业发展不断展现生机与活力;工业制造业占全球份额从改革开放前不足1%,经过40年快速增长达到占比全球1/3多,成为当之无愧的世界第一制造业大国;产品生产能力发生了从短缺到丰富的巨大转变,汽车、彩电、智能手机、平板电脑等很多产品实现了从无到有的巨大发展,钢铁、能源、化工等传统工业产品产量也实现了从小规模到大产量的突破,中国工业产品的全球竞争力也得到显著提升。在科技进步方面，从党和国家确立"科学技术是第一生产力"的理念开始，便不断增强科技创新的引领功能和动力作用，国家科研经费投入稳定快速增长，迅速成为世界第二大经费投入国家，有效促进了科技创新事业的迅猛发展；与此同时，科技论文产出数量也成倍提升，专利申请数年增长18%，科研队伍不断壮大，基础研究、高新技术研究等领域也实现了多点突破，中国正逐步成为具有世界影响力的科技创新大国。在社会民生方面，改革开放促进了经济社会的快速发展和综合国力的显著增强，也带动了居民收入水平的跃迁式提升，与改革开放之初相比，90年代初城镇居民人均可支配收入增长5倍、农村居民增长5.3倍，人民生活基本解决温饱；到20世纪末，随着市场经济体制的不断完善，城镇和农村居民的人均可支配收入，在温饱基础上再次增长了3倍和2.9倍，全国人民总体实现了小康水平；同时，消费水平和消费结构都明显改善，从基本的吃穿温饱向高水平、高质量发展，人民的居住条件、文化教育、医疗保健等都大幅改善、提升；特别是到2020年底，中国共产党带领广大人民取得了脱贫攻坚的伟大胜利，使数以亿计的贫困人口成功脱贫，全国人民携手迈入全面小康社会。总的来说，改革开放以来，中国所取得的发展、所发生的剧变，无不让世界为之瞩目。美国著名中国问题专家傅义高，在谈到中国的改革开放时就给予了高度赞誉："改革开放后的中国，发展变化非常了不起，只用了32年时间，就超越日本、德国，成为世界第二大经济体，这种发展速度举世罕见。如果按照这个速度，中国会在未来不久，在国民生产总值上超越美国，成为世界第一。"[①]

党的十八大以来，中国更是发生了很多深刻性、历史性的重大变化。经济建设突飞猛进，京津冀协同发展、长江经济带规划、雄安新区建设、粤港澳大湾区、海南自贸港等一系列重大战略部署依

---

① 张捷：《让世界理解改革开放的中国》，《人民日报》（海外版）2018年9月5日第12版。

次推出、扎实推进，为中国经济建设的转型发展谋划了优势布局、注入了强劲活力，也为世界经济的复苏提供了难得机遇。民生改善成效显著，坚持以人民为中心，积极促进扶贫开发、脱贫攻坚与乡村振兴战略相结合，动员全党全社会力量投入脱贫攻坚战之中，实现农村贫困人口全部脱贫，有力体现了社会主义共同富裕的本质要求，创造出世界减贫史上的巨大奇迹。此外，神舟探月展示中华民族九天揽月之梦，蛟龙入海刷新了世界载人深潜的记录，北斗导航实现了全球范围高精度实时定位，墨子升空标志着量子通信技术的国际领先地位，这些都无不让全世界为之惊叹。还有中国高铁、中国核电走出国门领跑世界，共享单车、移动支付漂洋过海风靡全球，也无不刷新着世界对中国的认识。进入新时代，中国正在以包容的心态、开放的姿态、昂扬的状态走向世界，世界也开始重新发现和认识中国。巴基斯坦学者哈桑·贾韦德就这样评价道："高瞻远瞩的中国共产党带领勤劳的中国人民，创造了举世瞩目的发展成就，中国成为推动全球经济增长的主要力量。"[①]

（二）中国的大国担当让世界刮目相看

中华民族是一个勤劳勇敢的民族，也是一个与人为善、宽和仁厚的民族。自古以来，中国和中华民族就在与别国、别族的交往中孕育了"和而不同、协和万邦"的包容精神，修炼了"弘义融利、义利双成"的高尚情操，也涵养了"天下为家、世界大同"担当情怀。

中华人民共和国成立后，尽管经济实力和综合国力都不够强，但中国仍主动扛起了国际主义大旗，向亚非拉等第三世界国家派遣援建工程人员和援外医疗队伍，帮助他们推进经济发展、改善社会民生；同时，还大力支持他们反抗压迫、争取独立解放的民族大义。对此，邓小平就曾指出："中国是一个社会主义国家，也是一个发展中的国家。中国属于第三世界。中国政府和中国人民，一贯

[①]《让世界分享中国发展成果和机遇》，《人民日报》2018年4月6日第3版。

遵循毛主席的教导，坚决支持一切被压迫人民和被压迫民族争取和维护民族独立，发展民族经济，反对殖民主义、帝国主义、霸权主义的斗争，这是我们应尽的国际主义义务。"① 改革开放以来，随着经济实力的增长，中国进一步融入国际社会，所承担的国际责任和表现出的国际影响力也愈加重大。主动参与国际和地区性事务，反对霸权主义和强权政治，积极支持建立国际政治、经济新秩序；大力推动持久和平、共同繁荣的和谐世界建设，积极发挥国际性、区域性的重要影响；坚持平等互利、共同发展的对外援助，采取多样灵活的形式与发展中国家开展经济技术合作；妥善处理与邻国的历史问题、与美苏等大国的双边关系，努力为建设和谐世界、促进和平发展贡献力量；认真履行各类国际公约，以更加开放的姿态参加一系列国际多边组织，加入世界贸易组织、亚太经济合作组织，建立上海合作组织，推动朝核六方会谈等，在全球公共问题、地区热点问题方面发挥建设性作用，在承担国际责任中积极主动作为。

党的十八大以来，以习近平同志为核心的党中央敏锐把握国际形势新变化和中国发展新要求，以合作共赢的态度维护全球伙伴关系，以主动作为的贡献促进世界和平发展，以进取创新的智慧参与全球治理体系，走出了一条中国特色大国外交之路，也充分展现了负责任的大国担当形象。其中，创造性地提出人类命运共同体的重大命题，集中彰显了中国的大国担当、世界胸怀和高深智慧。2013年12月，在莫斯科国际关系学院的演讲中，中国国家主席习近平第一次向世界传达了一个崭新而又极富远见的命题——人类命运共同体，提出在当前国际关系、相互依存程度空前加深的情况下，全世界和全人类越来越成为一个你中有我、我中有你的命运共同体。随后，又在国际重大场合多次阐释和完善人类命运共同体的思想内涵，包括坚持相互尊重、平等相待，坚持美人之美、美美与共，坚持开放包容、互学互鉴，坚持与时俱进、创新发展的"四点主

---

① 《邓小平文集》下卷，人民出版社2014年版，第355页。

张",也包括从伙伴关系、安全格局、经济发展、文明交流、生态建设等方面构建的"五位一体"总布局和总路径等,为世界各国扩大合作、共同发展提供了优良的中国方案,也为全人类相互依存、命运与共、共赢共享、共同繁荣描绘了美好的发展蓝图。同时,在世界舞台上中国也通过"一带一路"倡议推动和践行着人类命运共同体的重大理念,倡导沿线各个国家互惠互利、合作共赢;积极促成《巴黎协定》的敲定,公开支持协议条款,大力维护全球气候变化;主导建立亚洲基础设施投资银行,为助推亚洲国家的经济增长、国家建设和社会发展提供大力支持;建立中东欧"16+1"合作机制,构建宽领域、多层次的合作格局,也为维护欧洲的繁荣、稳定贡献力量。这些都使世界各国越来越清晰地感觉到,中国开始承担起了越来越多、越来越重要的国际责任,开始展现出越来越有影响、越来越有担当的大国风范。正如埃及《共和国报》副总编辑阿布德·法乌兹所评价的:"历史的经验告诉我们,中国始终是世界和平的坚定维护者,中国所作的努力有目共睹。随着国力的不断增强,中国承担起了越来越多、越来越重要的国际责任。"[①]

特别是在席卷全球的新冠肺炎疫情中,中国更是展现出了无与伦比的大国担当。2020年初,中国是在毫无准备的情况下遭受到了新冠病毒突如其来的袭击,无论是传染性还是致死率都超过之前的SARS病毒。中国举全国之力抗击疫情,果断封控千万级人口的大城市,周密调集大量医护人员、医疗物资支援疫区,最大限度地进行防控、隔离、救治、追踪等阻断疫情传播途径,第一时间向国际社会发布疫情进展信息、共享毒株基因序列,中国付出巨大牺牲和沉重代价为世界换来了宝贵的经验,也赢得了防控的时间。对此,世界卫生组织总干事谭德塞十分称赞中国的抗疫表现,"中方采取的措施不仅是在保护中国人民,也是在保护世界人民……中方

[①] 《共同维护和平稳定的国际环境》,《人民日报》2016年9月16日第3版。

行动速度之快、规模之大，世所罕见，展现出中国速度、中国规模、中国效率"。① 汤加议长法卡法努阿也对中国政府的抗疫成效深感钦佩，"中国政府不仅有效维护了本国人民的健康安全，也为维护世界人民健康安全做出了重大贡献。中国用实际行动展现了负责任大国形象"。② 国内疫情被有效控制后，中国不仅将防控经验、治疗方案等与世界分享，还采取派遣专家团队、援助医疗物资等形式积极投入国际抗疫合作，在疫情防控的全球战争中贡献了巨大力量。根据国务院发布的《抗击新冠肺炎疫情的中国行动》白皮书中的数据统计，截至 2020 年 5 月 31 日中国已经向 27 个国家派出 29 支医疗队，向 150 多个国家、地区和国家组织捐赠医疗物资，向 200 多个国家和地区出口数以万亿计的口罩、防护服、护目镜、试剂盒、额温枪等防疫物资，彰显了全球抗疫的中国担当，获得了国际社会的高度评价。意大利民众高唱中国国歌、塞尔维亚总统亲吻五星红旗，等等，无不表达着受援助的国家、民众对中国的感激与赞誉。对此，国家主席习近平在第七十三届世界卫生大会视频会议开幕式上的致辞中，就庄重宣布："中国始终秉持构建人类命运共同体理念，既对本国人民生命安全和身体健康负责，也对全球公共卫生事业尽责。"③

(三) 中国的国家形象让世界充满期待

一般认为，国家形象包括一个国家内部民众对这个国家的认知、评价、判断等，以及国际社会中其他国家对这个国家总的定位、印象和评价等。正面的、良好的国家形象可以使一个国家和民众显得更有亲和力、更具包容力，更容易被接受和认可；而负面的、恶劣的国家形象则容易产生误解和偏见，极可能引发他国及民

---

① 《习近平会见世界卫生组织总干事谭德塞》，《人民日报》2020 年 1 月 29 日第 1 版。

② 《"中国用实际行动展现了负责任大国形象"》，《人民日报》2020 年 2 月 26 日第 3 版。

③ 《习近平在第 73 届世界卫生大会视频会议开幕式上致辞》，《人民日报》2020 年 5 月 19 日第 1 版。

众的敌对或排斥等情绪。国家形象应当是囊括对一个国家自然、历史、社会、文化、生活方式及其价值观等方面的综合印象，属于国家意识形态建设以及对外宣传工作的组成部分。

国家形象向内的维度主要作用于凝聚思想共识，包括强化价值认同、情感归属等方面，与民族自尊心、自信心的塑造密切相关。民众心目中良好的国家形象，无疑是对本国具有较高认可度、评价度和归属感的体现，可以引发本民族对自身发展前途具有肯定的、积极的自我认知和自我评价，也可以增强本民族对自立于世界的地位和能力具有较为清晰的肯定与确信。正如金一南将军所指出的："有了民族自尊，才有民族自信，才有民族自尊与民族自信结合成的民族凝聚力，才有繁衍不息的民族生命力，才能最终实现民族自强。"[①] 任何一个强大国家、强大民族的背后，必然少不了坚定的民族自尊和民族自信，也必然展现着良好的国家形象。

国家形象向外的维度主要是构建本国在国际社会和国际舞台上的综合印象和整体面貌，是国家软实力的重要组成，也是一个国家具有一定国际影响和国际地位的有力体现。国家形象的塑造和传播历来都受到各国政府的高度重视，在国家形象的塑造和构建过程中，一国政府最具代表性的治理理念、制度安排和重大活动组织等往往具有决定性要素，对外交往时各种机构、团体、企业或民众产生的信息输出和文化传递等也能产生重要影响，包括外国民众来本国所感受到的生活氛围、社会环境等都会发挥一定作用。因此，国家形象的塑造，既是一个长期的、渐进的、综合的积累过程，也是一个与国家建设发展、社会变迁息息相关的历史过程。新中国成立以来，中国的国家形象也在不同的历史阶段和时代背景中展现出了不同的风格和面貌。中华人民共和国成立头几十年，从抗美援朝胜利到"两弹一星"成功，从中美关系历史突破到联合国合法席位得到恢复，中国所展现出的是一种独立自主、艰苦奋斗、反对霸

---

① 金一南：《心胜》，长江文艺出版社2013年版，第301页。

权、爱好和平的国家形象。到改革开放后,伴随着经济社会的快速发展和综合国力的显著提升,建立经济特区、收回港澳主权、加入世贸组织、举办奥运世博等,中国又展示出了一种对外开放、互惠合作、安定繁荣、和平发展的国家形象。

然而,在西方一些国家或势力的认知中,是无法理解也不愿相信中国所秉持的和平发展的愿望与合作共赢的主张。在他们看来,只有通过殖民和掠夺才能快速获取财富,只有遏制他国崛起才能保持自己的优势地位。于是,在中国一段又一段奋进崛起的进程中,他们开始利用手中的舆论工具在国际社会中歪曲误解、唱衰丑化中国的国家形象。其中,比较有代表性的就是频频出现的"中国崩溃论"和"中国威胁论"等。每当中国发展遇到内部或外部的沟坎阻碍时,比如20世纪90年代初的东欧剧变与苏联解体、1998年的亚洲金融危机、2008年的国际金融危机等,一些外国媒体和学者就会炮制出"中国崩溃论"的论调,类似经济陷入危机、政局即将动荡等,故意贬损中国的制度模式、唱衰中国的经济社会发展。而每当中国化危为机、转危为安,获得进一步发展的时候,这些媒体和学者又开始宣扬"中国威胁论",比如紧紧揪住正常比例内的军费增加,渲染"中国军事威胁论";比如故意曲解促进世界经济的经济援助和债务收购,炮制"中国经济威胁论"和"金融扩张论";还有牵强关联经济高速发展与资源能源的消耗,进而提出"中国环境威胁论",等等,无不是为了引发他国的敌意,破坏中国的国际形象和国际关系。诚然,这类陈词滥调并不能阻碍中国的发展,也无法动摇中国的定力和信心,但对中国对外的国家形象还是造成了较大的污蔑和破坏。

党的十八大以来,中国郑重宣示了追求民族伟大复兴的中国梦,提出了构建人类命运共同体的重大理念和"一带一路"的合作倡议等,在国际社会的参与度、话语权越来越多,在世界舞台的角色也越来越重要,这些都是中国展示国家面貌、提升国家形象的重大举措。2013年12月30日,习近平总书记在政治局集体学习时强调:"要注重塑造我国的国家形象,重点展示中国历史底蕴深厚、各民族多元一体、文化多样和谐的文明大国形象,政治清明、经济发展、文化繁荣、社会稳定、人民团结、山河秀美的东方大国形象,坚持和平发展、促进共同发展、维护国际公平正义、为人类做出贡献的负责任大国形象,对外更加开放、更加具有亲和力、充满希望、充满活力的社会主义大国形象。"[①] 文明大国、东方大国、负责任大国和社会主义大国这四个"大国形象",不仅对新时代中国的国家形象进行了明确的设计定位,也以当代中国最鲜明的特征回应了国际社会的关切和疑问,给全世界带来了崭新的期待和展望。从 2012 年以来,由中国外文局牵头,围绕中国的海外形象、外国民众对中国的态度和认知等内容开展访问调查,调查范围覆盖全世界主要国家和地区,调查结果整理汇总后每一年到两年发布一次,名为《中国国家形象全球调查报告》。从历年报告的分析可看出,外国民众对中国整体形象的好感度在不断提升,对中国经济社会发展的认可度和对中华文化、中国民众的友好度也在不断加深。在 2019 年 10 月发布的最新一期报告,选取了五大洲的 22 个国家进行调研,共访问了不同年龄、不同职业、不同阶层的外国民众有 1 万多人。调查报告显示,有 53%—63% 的受访者认为中国在科技、经济和文化领域的全球治理发挥了重要作用,有 65% 的海外受访者认为中国的国际地位和全球影响力会持续增强。可以看出,外国民众普遍认为中国在国际社会的地位和分量越来越重要,对未来中国国家形象的改善和提升也充满了期待。

三 社会思想和社会意识正在发生深刻变化

考察一个时期社会意识形态的情况,就不得不考察这个时期的社会思想和社会意识的情况。从概念范畴来看,社会思想的范畴较大、涵盖较广,是指社会大众在生产、生活等社会实践和社会交往

[①] 习近平:《建设社会主义文化强国 着力提高国家文化软实力》,《人民日报》2014 年 1 月 1 日第 1 版。

中所形成的关于社会现状、社会问题以及生活方式、生活观念等方面总的思考、想法或理论等，涵盖了除社会实践以外的所有观念性、理论性的东西，既包罗万象又错综复杂。社会意识的范畴稍小，是指某一群体的人们对世界和自身的认识、态度以及观念的集合，其内涵是社会实践、社会生活等在人们头脑中的反映，其外延可以包括社会中一切观念形态、意识形式和精神现象等。低层次的社会意识为社会心理，是人们在社会交往和社会生活中自发形成的风俗、习惯、情感等，不具有系统性和理论性；高层次的社会意识则表现为社会意识形式，包括哲学、宗教、道德、政治、法律等等，具有相对稳定的系统性和理论性。高层次社会意识的集合便是社会意识形态，立于社会经济基础之上，系统地、自觉地、直接地反映社会经济形态和政治制度。

社会思想和社会意识都依赖于社会实践和社会生活而存在，社会实践的变化一定会影响和带动社会思想、社会意识发生变化；社会思想和社会意识发生变化，进而也会传导意识形态发生变化。通常说，意识形态具有相对独立性，其随着社会实践的变化而发生变化具有一定的滞后性，实际上这种滞后性的变化可以看作一个由远及近、由表及里的过程：社会生活和社会实践发生变化，最直接地会影响人们的风俗、习惯等社会心理，久而久之这种变化形成了理论化、系统化的转变，就会导致较高层次的社会意识形式发生变化。社会意识的变化向外拓展引起整个社会思想发生变化，向内收缩引起意识形态变化。当然，外来思想文化传入、改革和革命运动等巨大的社会变动，也会引发整个社会思想发生巨大变化，进而传导至社会意识及意识形态。由此可见，社会思想和社会意识源于社会实践而反映社会实践，贯穿于、融汇于人们的社会交往和社会生活，社会大众中的每一个成员都必然受到社会思想和社会意识的感染、熏陶。同时，社会思想和社会意识也具有鲜明的历史时代性，某一时期的社会思想和社会意识，一定具有其标签式的历史特点和时代特征。

改革开放以来，伴随着国家经济社会的深刻变革和人们社会生活和社会实践的巨大转变，社会思想和社会意识也发生着深刻而广泛的变化。在改革开放酝酿和准备阶段，"两个凡是"的禁锢被冲破，真理标准大讨论广泛开展，拨乱反正和平反工作得到大力推动，各方面社会关系也得到了调整和恢复，人们的思想观念也在这场剧变中从迷信盛行、封闭僵化转化到了解放思想、实事求是。在改革开放全面开展阶段，"包产到户"极大地激发了农民生产的积极性，沿海经济特区引进了国外商业资本以及先进的工艺技术和管理经验，社会主义市场经济催生了一股经商热和下海潮，人们的消费观念从"吃得饱、穿得暖"的低水平转变成了"吃得好、穿得美"的高层次，人们的就业观念从"大单位、铁饭碗"转变成了发挥个人特长、实现人生价值，人们的审美观念也从单一朴素转变成了缤纷多元。在改革开放深入推进和全面建设小康社会阶段，经济科技全球化让中国社会全方位、宽领域地融入国际，国企改制和金融危机等直接影响了社会的组织形态和人们的收入分配，奥运会、世博会又提振了中国人民的信心和希望。在这样的背景下，人们的法治观念、发展观念、义利观念、竞争观念等都发生了深刻的变化，也都反映在社会思想和社会意识的深刻变化之中，进而也反映在社会意识形态的变化之中。

中国特色社会主义进入新的历史方位，国家和社会发展进入新的历史征程，社会生活和社会实践再一次发生了深刻性、根本性的重大变化。

从宏观层面看，我国的社会主要矛盾发生了重大转化。社会主要矛盾发生变化，是由社会主义生产力、生产关系的深刻变革所决定的，也是由国家和社会发展的客观实际所决定的。1981年，党的十一届六中全会密切结合当时中国的国情实际，对中国社会的主要矛盾作出了重大判断：人民日益增长的物质文化需要同落后的社会生产之间的矛盾。那时正值改革开放之初，国家刚刚把工作重心转移到经济建设上，社会生产力不高，商品生产也不发达，人们衣食住行很多物质供应紧张，不少农村还没有解决基本的温饱问题。正是在这样的国情实际和历史背景下，党和国家作出了社会主要矛盾的重大判断，也正是从这一主要矛盾出发，才形成了以经济建设为中心解放和发展社会生产力的大政方针。可以说，这一主要矛盾贯穿于社会生产生活的各个方面，也影响着人们的社会观念和价值判断。随着改革开放的不断扩展、不断深入，中国经济建设、社会发展等诸多方面发生了突飞猛进的变化，由贫穷落后国家成长为世界第二大经济体，由商品物资匮乏成长为世界工厂、中国制造，人民群众从解决温饱到建设小康。特别是十八大以来，以天眼、蛟龙、高铁、北斗等为代表的高科技成果领先全球，以电子商务、移动支付、共享单车为代表的网络创新风靡世界，数千万的农民变成城镇居民，脱贫攻坚、精准扶贫大幅增加贫困人口收入……种种发展成就表明，虽然我们仍处于社会主义初级阶段、仍是最大发展中国家，但我国社会生产和社会发展已经不再处于落后水平，人民群众吃饱穿暖后对生活品质、生活质量提出了更多样化、更高层次的要求。因此，在一系列历史性、根本性的深刻变革中，我国社会的主要矛盾转变为——人民日益增长的美好生活需要和不平衡不充分的发展之间的矛盾。随着社会主要矛盾的转化，广大社会民众对经济建设和社会发展的认识也发生了重要改变，不仅认识到发展经济、积累财富的重要性，也意识到了消除发展区域、发展领域、发展成果分配等方面有长有短、有快有慢问题的重要性，意识到了需要提高发展的质量效益，增强发展的稳定性、持续性，逐渐接受和践行着创新、协调、绿色、开放、共享的发展理念。同时，人们对自身与社会发展的相互关系、自身在社会生活中的价值获得等认识也发生了重要变化，在解决物质精神匮乏的基础上追求更美好的生活、更幸福的状态，在物质文化基本满足的基础上关注到了社会文明、生态文明、制度文明等更多领域。

从微观层面看，随着信息网络技术的发展和社会组织结构的分化，人们的生活方式、生活习惯等，也发生了不少重大变化。比如，人们日常社交、信息传递、生活方式等变得愈加自由、多元、快捷，人们参与社会生活的范围更加广泛、形式更加多样、关系更加多变。与此同时，一些社会思想和社会意识，乃至民众的思维观念、价值理念等也都发生着悄然的变化：人们思想活动的选择性、独立性、变化性明显增强，价值认知和精神需求的差异变大；主体意识不断增强，个性解放、自我完善、自我发展的价值追求逐渐被全社会接受和认可。总之，这些社会思想和社会意识的新变化会不可避免地传导引发社会意识形态也发生新的变化，进而引发意识形态工作对象、工作环境的新变化。原来的工作方法、工作理念与这些发展变化出现脱节现象时，新的形势任务和工作实践就势必呼唤新的思想理论。

第二节 现实挑战：意识形态领域进行着"具有许多新的历史特点的伟大斗争"

2017年7月26日，习近平总书记在省部级主要领导专题研讨班上特别指出："在新的时代条件下，我们要进行伟大斗争、建设伟大工程、推进伟大事业、实现伟大梦想，仍然需要保持和发扬马克思主义政党与时俱进的理论品格，勇于推进实践基础上的理论创新。"① 这是首次提出"四个伟大"并且把"伟大斗争"排在首位，足以见得我们党和党的领导人所保持的奋斗精神与忧患意识。在党的十九大报告中，习近平总书记又再次提到了"四个伟大"，并将"伟大斗争"阐释为有效应对民族伟大复兴进程中的重大挑战、重大风险、重大阻力、重大矛盾，"必须进行具有许多新的历

---

① 习近平：《高举中国特色社会主义伟大旗帜，为决胜全面小康社会实现中国梦而奋斗》，《人民日报》2017年7月28日第1版。

史特点的伟大斗争"①。这充分表现出了我们党对复杂形势、艰巨任务的清醒认识和战胜一切困难和挑战的坚定信心。2019年9月3日，在中青年干部培训班上，习近平总书记又再次强调："实现伟大梦想必须进行伟大斗争。在前进道路上我们面临的风险考验只会越来越复杂，甚至会遇到难以想象的惊涛骇浪。"② 诚然，我们实现民族伟大复兴梦想的方向是明确的、步伐是坚决的，但这个过程绝不会是轻轻松松、一帆风顺的，而是要面对一次又一次的风险、挑战与考验，经历一场又一场艰苦卓绝甚至惊心动魄的伟大斗争。这样的"伟大斗争"既包括政治领域、经济领域的斗争，同样也包括意识形态领域的斗争。当前，我国意识形态领域的形势整体向上向好，正能量充沛，主旋律高扬，人民群众团结凝聚、信心坚定；但危机和风险不容忽视，对抗和斗争的弦不容放松。这其中，敌对势力的干扰渗透、社会观念的纷繁复杂、错误思潮的冲击侵蚀、网络空间的动态多变等等都对意识形态工作提出了十分严峻的现实挑战。

一 大国关系博弈角力，意识形态领域较量斗争加剧

习近平总书记鲜明指出："意识形态领域斗争依然复杂，国家安全面临新情况。"③ 这其中包括了两个方面的重要内涵：第一，虽然当前我国意识形态领域总体向好，但敌对势力的干扰渗透活动并没有减少减弱，意识形态领域的斗争依然十分尖锐和复杂；第二，以西方为主的外部反华势力，对我国的意识形态渗透、干扰甚

---

① 习近平：《决胜全面建成小康社会夺取新时代中国特色社会主义伟大胜利——在中国共产党第十九次全国代表大会上的报告》，人民出版社2017年版，第15页。

② 习近平：《发扬斗争精神增强斗争本领 为实现"两个一百年"奋斗目标而顽强奋斗》，《人民日报》2019年9月4日第1版。

③ 习近平：《决胜全面建成小康社会夺取新时代中国特色社会主义伟大胜利——在中国共产党第十九次全国代表大会上的报告》，人民出版社2017年版，第9页。

至颠覆呈加剧趋势,而且方式手段等也不断升级、变化,对我国国家安全和政治安全造成一定威胁。这实际上是深刻揭示了意识形态工作所面临的一个重大挑战——敌对势力、反华势力的渗透破坏。特别是随着中国的快速发展,在国际舞台上的实力越来越强、分量越来越重,这种在意识形态领域的干扰渗透就会愈演愈烈,我们做好意识形态工作、开展意识形态斗争的任务也就愈发复杂和艰巨。

(一) 崛起的中国成了某些西方势力的针对目标

十月革命胜利后,列宁在考察俄国无产阶级专政的政治经济特点时,就曾深刻分析了共产主义与资本主义的长期斗争问题,他指出:"这个过渡时期不能不是衰亡着的资本主义与生长着的共产主义彼此斗争的时期,换句话说,就是已被打败但还未被消灭的资本主义和已经诞生但还非常幼弱的共产主义彼此斗争的时期。"[①] 在巩固苏维埃政权的革命实践中,列宁深刻洞悉了共产主义完全取代和战胜资本主义需要经历一个长期的、复杂的甚至是曲折的过程,两条道路、两种制度的较量斗争可能会贯穿于社会主义社会的整个阶段。事实上,整个20世纪,社会主义与资本主义的对抗较量就进入了一个空前高涨的时期。两次世界大战前后,从十月革命胜利到帝国主义殖民地纷纷获得独立解放,世界社会主义运动迎来了发展高潮,以苏联为代表的社会主义力量,在"二战"之后得到了迅速发展,直接形成了与资本主义相持对峙的社会主义阵营。北约与华约的成立、柏林墙的修建以及古巴导弹危机等,就是冷战较量的标志性事件。直到苏联解体、东欧剧变之前,社会主义和资本主义的两大阵营都在政治、经济、军事、文化等各个领域,进行着剑拔弩张、刀光剑影的激烈较量。这一时期,虽然中国也进行了抗美援朝、炮击金门等与资本主义势力或明或暗的对抗斗争,但总体上都是以保家卫国和维护领土完整为目的,属于收缩防守型的战略,并不是时时处在两大阵营较量斗争的前沿一线。这一时期的中国,

---

[①] 《列宁选集》第4卷,人民出版社2012年版,第59页。

既经历了中苏论战也实现了中美建交,还开启了改革开放的伟大进程,总体上是在维护和平中谋求自身发展,在内部一心一意搞建设、谋发展,努力发展经济、提高民生,在外部与资本主义势力之间是既有斗争又有合作,更不会主动挑事、制造摩擦。中国也由此获得了几十年和平稳定的发展环境。

到21世纪前后,这一情况开始发生变化。伴随着新一波经济和技术全球化的浪潮,在中国共产党带领下,中国人民通过非凡的智慧和勤劳的双手实现了中国经济社会与综合国力的持续高速增长。无论西方是否接受,中国已经不可避免地从国际舞台的边缘向中央走近,在全球合作、全球治理等各方面扮演着越来越重要的角色,中国的崛起成了21世纪国际政治舞台上最大的变化。但与此同时,传统发达国家的整体实力却相对下滑,超级大国美国被金融危机和阿富汗、叙利亚战争拖累,政府债务不断膨胀,两党相争、种族歧视、枪支犯罪等"顽疾"长期困扰;欧盟成员国矛盾不断、经济发展长期不振,希腊财政破产、英国"脱欧"等,内部凝聚力和综合影响力不断削弱;日本人口老龄化严重、经济发展衰退,通货紧缩、财政赤字、消费低迷、失业增长等问题长期困扰。比如,在2020年初这次新冠疫情中,美国已经是确诊人数和死亡人数双双第一,然而又发生了白人警察暴力执法、跪杀黑人的事件,迅速引发了席卷70多个城市上百万人参加的大规模抗议活动。这场抗议活动源于美国社会问题和社会矛盾的长期叠加积累,却是由一次偶然事件的导火索点燃而爆发的。种族歧视、暴力执法、贫富分化等多重社会顽疾早已引发了美国民众长期的愤怒和不满。这场抗议骚乱不仅撕裂了美国社会、激化了种族矛盾,而且还蔓延到了加拿大、丹麦、英国、法国、德国,造成了整个西方资本主义世界的混乱和动荡。而相比之下的中国,不仅疫情防控迅速、积极、有效,全社会复工复产有序进行,广大民众也是众志成城、团结凝聚展现出了强大的信心和力量。正是在类似这样一系列的此消彼长之中,国际战略格局已经发生了显著的变化。

对于中国来说，一贯奉行着独立自主、和平共处的外交原则，也始终坚持着和平发展的道路，在经济实力、综合国力大幅提升后，更是积极倡导构建人类命运共同体和新型大国关系，希望大国之间从"零和博弈"转变为"竞合博弈"，但这并没有弱化欧美日等传统强国对中国的敌对和仇视。特别是中国经济总量跃居世界第二之后，以美国为代表的西方国家，硬生生把中国拖入所谓"修昔底德陷阱"，对中国进行一波又一波的围追堵截、遏制打压。在政治上，大唱所谓"人权、民主"等陈词滥调，炮制涉疆、涉藏"法案"，暗中支持港独街头暴恐，频频向台湾伸黑手，横加干预中国内政；在外交上，挑起中日钓鱼岛争端、炮制中菲南海仲裁闹剧，拉拢越南、印度尼西亚等拼凑反华联盟，想方设法孤立中国；在军事上，封锁三条"岛链"，组织针对性的军事演习，在韩国部署"萨德"反导系统、挑唆印度与中国在边境冲突对峙等，不断形成对中国的军事包围圈；在经济上，挑起中美贸易摩擦并不断升级，开列实体清单无理制裁中国企业，游说欧洲盟友抵制中国高科技产品，操纵汇率股市进行金融洗劫，想方设法绞杀中国经济、掠夺中国发展成果。与此同时，西方势力也进一步加剧了在意识形态领域对中国的围堵和进攻，从连番的"中国威胁论""中国崩溃论"等对中国的造谣抹黑，到一贯的思想文化侵蚀、意识形态渗透等企图对中国的"西化""分化"。由此可见，中国的崛起和在各种国际事务、危机灾祸中的优良表现已经深深刺痛了某些西方反华势力的神经，他们已经在包括意识形态在内各个领域加紧了对中国的围堵和打击。

（二）以"和平演变"为代表颠覆瓦解从未停止

"和平演变"的理论出现在"二战"之后，这一时期苏联的国际影响力和综合国力日益强盛，在其影响和带动下不少国家纷纷走上社会主义道路，社会主义阵营在整个世界格局中也形成了集团性的强大势力。特别是1949年，苏联第一颗原子弹试爆成功后，以美国为首的西方资本主义阵营突然发现，在双方都掌握毁灭性武器的前提下，单纯依靠军事打击和武力威慑已无法压倒社会主义阵营的势头。因此，他们不得不调整战略思路，放弃了硬碰硬的正面对抗，试图通过与社会主义国家软性的接触、拉拢，用西方的思想文化和价值观念等侵蚀影响人民的思想，从而在悄无声息中实现对社会主义国家的政治转基因改造。正是沿着这样的思路，美国国务卿杜勒斯于20世纪50年代初提出了"和平演变"的概念，声称可以用和平的方法消除社会主义对自由世界的威胁，认为通过精神引导、思想感染和宣传熏陶等能产生神奇的效果，从而促进社会主义国家内部发生变化，向西方世界靠拢。1956年发生波匈事件，让杜勒斯等人受到了极大的鼓舞，他认为自己的思想得到了印证。随即开始大肆推行"和平演变"战略，并断言将"和平演变"希望寄托在共产党人第三代、第四代人身上，促使共产主义从内部变色瓦解。到了60年代，肯尼迪政府正式将"和平演变"上升为国家战略，美国等西方国家以军事实力为后盾，以科技贸易等为诱惑，极力运用拉拢侵蚀、干扰渗透等方式影响和改造东欧社会主义国家，也取得了一定的预期效果。自此之后，美国历届政府都将"和平演变"作为遏制打压社会主义国家的重要策略，从卡特政府的"人权外交"到里根政府的"促进民主运动"，从布什政府的"超越遏制战略"到克林顿政府的"扩展民主与市场的战略"，美国政府将此战略不断升级和完善。到20世纪80年代末，"和平演变"战略的推行和实施终于达到了一个高峰。1989年下半年短短几个月的时间，一波波群众抗议、局势动荡的浪潮席卷了波兰、匈牙利、保加利亚、罗马尼亚等东欧社会主义国家，各个国家执政党在自由主义改革思潮的影响下改变了党的性质、改变了社会主义制度进而丧失了政权，直至苏共解散、苏联解体，国际共产主义运动陷入空前低谷。进入21世纪后，发生在独联体国家和中亚地区的"颜色革命"和发生在西亚北非地区的"阿拉伯之春"等更是让"和平演变"的战略名声大噪，也让西方国家看到了采取意识形态渗透和价值观输出等非暴力方式瓦解、更迭他国政权的有效方式。

中国作为社会主义大国，始终都是西方某些敌对势力、反华势力实施"和平演变"等渗透、策反和颠覆活动的重点。据记载，20世纪50年代，美国中情局就为颠覆和分裂中国量身定做了"十条戒令"，企图通过引诱败坏青少年、传播反动思想、制造民族矛盾、摧毁优良传统和文化价值等，让中国陷入分裂和混乱，从而进行颠覆和破坏活动。改革开放之后，西方势力更是趁着中国打开了对外开放的窗口，借助商贸投资、技术合作、学术交流等各种时机，加紧实施思想文化渗透和"西化""分化"等颠覆活动。主要集中在以下几个方面：一是思想干扰。利用自身在国际政治经济体系中的主导地位，故意在中国参与的一些经济活动、国际事务中增加政治化内容，谋求间接影响或诱导中国的内部改革和社会转型。特别是利用"非政府组织"的掩护，打着交流合作的旗号不遗余力地与中国的官员、学者等进行接触联络，企图巧妙而隐蔽地施加影响和干预。个别基金会的官员就曾声称，资助和培训思想开放的官员和学者，就是为中国培养"真正民主化"的潜在力量。二是舆论攻击。紧盯中国社会改革发展中的矛盾问题，利用一切社会矛盾和社会事件，大肆攻击、丑化中国共产党和人民政府，攻击社会主义制度，极力宣扬、传播西方所谓"自由、民主、人权"等价值观念和思想理念，不断消弭广大民众对党和政府、对社会主义的价值认同和思想认同。比如，利用对国际舆论的把持故意炮制、渲染所谓"新疆棉事件"目的就是从思想和情感上造成少数民族群众与国家政府的割裂。三是文化侵蚀。锁定中国青年一代，通过向中国出口电影、音乐、书籍和软件等各种文化产品，极力宣扬、推广西方的文化观念和价值取向等，引诱青年一代自觉不自觉地接受西方文化，引诱青年追求西方的生活方式和文化时尚。这种文化侵蚀既对中国的优秀传统和本土文化造成巨大的冲击，也对青年人的精神和思想造成了严重的毒害。四是宗教颠覆。打着民族和宗教的旗号，支持、声援某些宗教反动势力和民族分裂势力，鼓吹民族分裂主义和宗教极端主义，企图通过利用民族或宗教的渠道实施煽动、破坏和颠覆活动。这方面，敌对势力在我国新疆和西藏地区的活动尤为猖獗。

(三) 意识形态领域的渗透破坏活动愈演愈烈

跨入21世纪，中国紧抓全球贸易、和平发展的重大战略机遇期实现了迅速崛起。特别是2010年之后，西方国家的经济增长低迷、社会矛盾交错与中国的"风景这边独好"形成了鲜明的对比。某些西方势力不相信、也不愿意看到一个能与他们比肩、甚至可能超越他们的中国，于是便进一步加紧了对中国的围堵和遏制，在政治、金融、外交等各领域不断制造麻烦、挑起事端。与此同时，他们在意识形态领域的干扰、破坏活动也进行了变换和升级，主要表现在以下方面。

一是领域更加广泛。随着中国对外开放和融入世界程度的加深，西方意识形态的渗透干扰也从传统的思想文化领域向经济、生态、安全等多个领域拓展。比如，他们发现之前大肆宣扬的"民主""人权"等政治话题不再具有很强的吸引力和鼓动性时，就开始在碳排放、环境保护、反恐合作等方面故意制造事端刁难中国。企图通过渲染、放大中国的环境污染、反恐维稳等方面的问题，而达到丑化抹黑中国、实施"西化""分化"的政治目的。

二是渠道更加多元。随着中国与世界的交往日趋加深，西方反华势力意识形态的渗透干扰渠道已不再拘泥于传统、单一的渠道。比如，利用商业投资、经贸合作等机会，搭建交流平台，开办讲座培训、组织教育访学、赞助调研考察等，输出西方规则、西方秩序，夹带价值导向的"私货"；再比如，极力推行西方的经济理论和话语体系，削弱马克思主义的指导地位、削弱中国理论的原创能力，对知识分子和精英群体进行理论灌输和思想渗透。

三是手段更加翻新。伴随着信息网络技术的发展和应用，在加大报刊图书、广播音像等传统手段的基础上，大力推动渗透渠道的信息化、网络化升级。主要利用互联网的自由开放和传播迅捷优势，大肆发布传播具有价值导向的新闻报道、信息咨询和文化产品。比如，境外反华势力通过一些非政府组织，对个别互联网企业进行隐蔽的资本控制，从而实施网络营销推广、扶植舆论代言人、引导水军灌水朋友圈分享等，贬低中国发展成就、宣扬西方文化价值，这些都具有很强的渗透性和传播力。

四是方式更加隐蔽。随着中国共产党和中国政府针对各类制度漏洞和管理漏洞不断扎篱笆、打补丁，西方敌对势力的意识形态渗透颠覆活动也从明目张胆转向了迂回隐蔽。有的披着"文化交流""学术交流"的外衣，掩盖政治意图，炮制、传播错误的思想理论，进行迷惑和诱导；有的打着"流行时尚""娱乐""消费"的幌子，传播西方思想和价值观念，在生活方式、行为习惯等层面进行影响和驯化。还有在中国青年人中诱导盲目追星、娱乐至上的行为，传播享乐主义、个人主义的观念，凡此种种都对人民大众造成了很大的思想毒害。这种无声无息的渗透干扰和迂回隐蔽的侵蚀颠覆，具有很强的欺骗性和危害性。

五是配合更加默契。当西方反华势力越来越觉得单打独斗已经无法影响和撼动中国的时候，他们便开始拉帮结派、成群结队，企图用"组合拳"和"配合战"的方式对中国进行干扰、遏制。比如在这次新冠肺炎疫情中，早期在中国暴发时西方反华势力隔岸观火、幸灾乐祸，后来在世界多点暴发出现，特别是西方诸国防控不力后，他们又开始将疫情标签化、政治化，极力向中国甩锅。有的制造所谓"中国隐瞒论""中国责任论"，欲向中国索赔；有的指责中国搞"口罩外交"、出口防疫物资质量不合格，故意丑化抹黑中国；还有的四处组织串联，企图利用国际卫生组织的会议，向中国发难，逼中国就范，等等。各路跳梁小丑、张牙舞爪、沆瀣一气，其目的就是抹杀中国的抗疫成果和对世界的贡献，同时转移国内抗疫的败象和民众的愤怒，面目极其阴险狡诈。

当前，世界正经历百年未有之大变局，中国的快速崛起和迈向民族伟大复兴的坚定信心，深深触发了西方某些反华势力的焦虑感和紧张神经。他们对中国的围堵、遏制、打压，在意识形态领域的渗透、干扰、破坏和颠覆也变本加厉、愈演愈烈，这些都给我们党和国家的意识形态工作和意识形态安全带来了十分严峻的挑战。正如习近平总书记所告诫的："当前，各种敌对势力一直企图在我国制造'颜色革命'，妄图颠覆中国共产党领导和我国社会主义制度。这是我国政治安全面临的现实危险。他们选中的一个突破口就是意识形态领域，企图把人们思想搞乱，然后浑水摸鱼、乱中取胜。"①

二 经济社会调整变革，矛盾问题叠加显现深刻影响社会心态

习近平总书记曾深刻指出："改革开放以来，我国经济发展很快，人民生活水平提高也很快。同时，我国社会正处在思想大活跃、观念大碰撞、文化大交融的时代，出现了不少问题。"② 的确，改革开放是中国共产党的一次伟大觉醒，也是中国人民和中华民族发展历程中的一次伟大革命。改革开放的 40 多年来，整个中国经历了沧海变桑田般翻天覆地的变化，经济体制、社会结构的深刻变革，社会物质生活的巨大变化，必然会引发包括社会心理、思想道德、价值观念等在内的整个社会意识的巨大变化。特别是新时代以来，随着发展关键期、改革攻坚期的不断深入，各种社会矛盾和社会问题也不断显现，进一步加剧了社会心理、社会心态等方面的震荡和嬗变，也对意识形态工作提出了更多新的课题与挑战。

---

① 《习近平关于社会主义文化建设论述摘编》，中央文献出版社 2017 年版，第 37 页。

② 《习近平关于社会主义文化建设论述摘编》，中央文献出版社 2017 年版，第 8 页。

（一）改革开放的巨大转折伴随着社会生活的剧变和矛盾问题的显现

改革开放在中国社会催生了一场巨大的社会转型和社会变革，形成了政治、经济、社会、文化等多个领域全面地、整体地、系统地转折和变迁。包括经济体制的巨大转轨，社会主义市场经济体制代替了原有的计划经济体制，引发了国家和社会经济组织形式的重大变化，也引发了经济制度、产权结构、资源配置、分配政策等方面的一系列变化，社会的生产方式和经济活动等发生了重大变化；也包括社会结构的巨大转变，中国社会由总体型转向分化型，伴随着中等收入群体的出现和壮大，社会阶层结构发生了新的重大变化，由此引发了社会组织结构、收入分配结构、区域结构、消费结构等一系列变化，人们的生活方式、交往方式发生了重大变化。

这一系列重大变化推动中国的经济社会发生了深刻而广泛的转型调整，形成了翻天覆地、日新月异的变革。中国社会逐步实现了从传统社会向现代社会、从农业社会向工业社会、从封闭型社会向开放型社会的调整转变。这场历史性的重大变革，充分激发了社会生产动力和活力，促进了经济的持续增长和社会的加速发展，也实现了人民生活水平的显著提高。但与此同时，在新旧体制的转换摩擦中、在利益格局的深刻调整中，一些错综复杂的矛盾问题也随之产生。

一是利益主体多元化。改革开放前，我国社会的阶级阶层主要由工人阶级、农民阶级和知识分子组成，结构相对简单，也没有较大的分化和差异，而且在计划经济背景下，不同群体的利益诉求也趋于单一化、同质化。伴随着改革开放的深入发展，在经济成分和经济结构调整、人口的流动迁徙等多种因素的综合作用下，开始出现了一些新社会阶层，比如个体工商户、私营企业主、自由职业者、管理技术人员，等等，他们在社会分工、收入分配、法制保障等方面提出了新的利益诉求，形成了新的利益主体。

二是社会发展失衡化。中国改革开放几十年所取得的成果相当于发达国家上百年的累积，速度不可谓不快、成就不可谓不大。在看到这惊人的发展成就的同时，也必须认识到一些领域还存在着发展速度不同步、发展步调不一致的情况，比如社会保障、环境保护、法制建设等较经济发展相对滞后；也必须认识到不同区域之间还存在着发展不均衡、不充分的情况，比如东南沿海省市的发展与西部内陆省市的发展已经拉开了一段距离。党的十九大所提出的社会主要矛盾的新转化，就体现了这一情况的准确判断和科学认知。

三是矛盾问题聚集化。改革开放是一个革故鼎新的过程，也是一个沧桑巨变的过程，经历了艰难的探索尝试和不平凡的困难曲折，必然地会遇到这样或那样的矛盾问题。改革开放的长期性、艰巨性直接决定了矛盾问题的复杂性和多样性。在各种各样的探索和尝试中，人们认识上的局限、生产技术上的落后、管理经验上的缺乏都会导致一些矛盾和问题的产生。特别是改革进入攻坚期和深水区，旧矛盾没完全化解、新矛盾又继续产生，很容易形成矛盾问题的不断积累和叠加，甚至转化成社会的热点、焦点问题。

错综复杂的矛盾问题产生于社会转型、作用于社会生活，必然也会冲击人们的思想观念和精神世界。这些矛盾问题在新时代深化改革的过程中依然存在。比如，利益主体的多元化会衍生出诉求来源多样、收入差距扩大、利益关系复杂等现实情况，必然会导致社会利益格局的重塑，也会直接引发人们价值观念、思想认识的复杂化和多样化。再比如，人们比较关注的贫富差距问题、医疗教育问题、社会公平问题，等等，都是改革开放进程中社会性矛盾问题比较集中和突显的领域，这些问题关乎群众的切身利益，一旦触发很容易引起负面情绪，不仅会降低人们的幸福感和获得感，甚至还会在一定程度上影响人们对社会主义的正确理解和认识。由此可见，深化改革过程中的一系列巨大调整和重大变革，不可避免地引发了人们思想观念、价值取向、思维方式等方面的重大变化，也不可避免引发了整个社会意识形态的重大变化。

（二）现实矛盾的积累叠加引发了思想领域的复杂问题

改革开放的大潮冲击着社会生活的方方面面，也冲击着人们的思想和心灵。社会生活和社会矛盾的复杂多变，投射到思想的上层建筑领域，就形成了个人心态、群体心理等方面的复杂性和矛盾性。特别是新旧体制转化过程中的摩擦碰撞、新旧矛盾化解过程中的积累叠加，更会对人们的心理和心态产生较大的冲击与持续的作用。加之，西方思想文化的涌入也会对社会传统价值观念产生较大的影响、干扰。这些都会引发整个社会心态的波动、震荡，从而形成一些社会性的思想问题。

社会心理失衡的问题。社会心理是人们对社会环境和社会生活等方面的群体性反映，是一定社会群体面对共同生活环境、生活条件等所产生的共同的、相似的心理体验和心理感受。社会心理虽然没有形成系统化、理论化、规范化的社会意识，但却与人们的日常生活和社会活动形成了最直接、最密切的联系，因而也最能反映出人们在一定时代背景和社会背景下的精神面貌。改革开放给人们的社会生活带来了翻天覆地的变化，从社会交往到衣食住行，从物质生活到文化生活，一方面人们充分享受到经济社会发展的巨大成果；另一方面各种矛盾问题的涌现和累积，也给人们的社会心理造成了巨大冲击，聚集转化成了不良的社会心态。比如，安全感下降的问题，校园暴力事件，毒奶粉、地沟油事件，假疫苗事件，个人信息泄露事件，等等，都大大削弱了公众的安全感，增加了人与人、人与社会之间的猜疑和恐惧；再比如，平等感受挫的问题，两极分化严重、贫富差距加大，高档消费、奢侈品牌等刺激公众心理，财富排行、夸张炫富等放大社会比较，增大了人们的心理失落和心理落差，也让公众对社会的公平正义丧失信心。

道德价值失范的问题。道德价值主要是指社会中人们处理个人与他人以及个人与社会之间利益关系的观念、态度和原则等。事实上，道德价值是具有一定社会属性和阶级属性的，无产阶级的道德价值和行为准则会集中体现出社会主义、共产主义的道德原则，包括集体主义、爱国主义、奉献精神等。应该说，新中国成立后伴随着社会主义改造的完成和马克思主义指导思想的确立，中国社会还是成功塑造了无产阶级和社会主义的道德价值。但改革开放之后，市场经济的蓬勃发展和各种新思想、新观念的大量涌入，新旧体制的摩擦、中西文化的碰撞，都强烈冲击着以往的道德价值观念，一时间整个社会的道德体系和价值观念都陷入了困顿和混乱。人们的一些思想观念面临着再造和重塑，有的甚至在重塑过程中逐渐发展到了社会主义道德价值的对立面。原来社会上盛行的大公无私、集体主义、利他主义的优良品德，在市场经济大潮的冲刷中转向了极端个人主义、功利主义、利己主义；原来生活中普遍的勤俭节约、吃苦耐劳、省身克己的优秀品质在物欲横流的诱惑中滋生了奢靡享乐、纵欲主义、金钱至上；原来日常交往中所体现的诚实向善、仁爱知礼等优秀品行在扭曲价值观念的带动下出现了公正受损、善良遭贬等怪象，这些都无不反映出社会交往、社会生活中的公序良俗、道德水平等出现了滑坡。20世纪初，社会曾一度流行一种说法，将"80后"称为"垮掉的一代"，很大程度上就是因为1980年之后出生的这一代人，完全是改革开放之后成长起来的一代，既享受了家庭独生子女的娇惯，又接受了改革开放、市场经济大环境的浸染熏陶；他们有些人身上所表现出来的过度自我、自由不羁、不愿担当等正是社会道德价值失范的一个缩影。虽然后来证明，这种对一代人标签式的概括并不准确，但也从一定程度上反映了社会道德失范和价值迷失的现实存在。

　　信仰信念缺失的问题。信仰信念是一种更深层、更坚韧的精神支柱，强烈支配和影响着人们的思想与行为。一种信仰信念的确立绝不是一朝一夕的事情，需要经过长年累月的培养、教育和熏陶；信仰信念一旦形成，就会转化为人们日常的行为准则和价值尺度，就会获得人们由衷的坚持和捍卫。然而，当人们现实中的遭遇屡屡与头脑中的信仰信念形成鲜明反差和强烈对比时，人们原有的信仰信念就会受到巨大冲击，从而陷入信仰的动荡和迷惑之中。在改革开放所引发的道德准则、价值观念的重塑过程中，社会思想的冲突矛盾逐渐渗入到精神世界的深层次，便引发了人们的信仰危机、心灵焦虑。在社会大众的群体中，主要表现在萎靡消极、内心空虚，心灵无所归一、精神家园失落、理想目标缺失等，社会大众的精神面貌低迷，社会风气也会遭到破坏。20世纪90年代末，城市里的一些人过上吃穿不愁的富裕生活后，物质生活极大丰富了精神却感到空虚了，迷信、迷乱的杂草在人们百无聊赖的精神荒原滋生蔓延，也给各种非法组织和邪教组织提供了可乘之机。那段时间，一些邪教组织披着宗教的外衣、打着修行的旗号，四处迷惑群众、诈骗敛财，传播歪理邪说，甚至蛊惑、煽动教众从事非法、反动活动，一度成为危害国家安全、破坏社会治安的政治问题。在党员干部的群体中，信仰信念的缺失则主要表现在信仰迷茫、精神颓唐、意志消沉，不信马列信鬼神，宗旨意识淡漠、理想信念动摇、贪腐之风蔓延，直接降低了共产党员的政治性、原则性和战斗性。历数党的十八大以来党中央重拳打击、承办的贪污腐败分子，他们往往有一个共同的特点，就是信仰滑坡、信念坍塌。有的为了升官上位找"大师"算命，有的甘愿被金钱美色围猎，陷入腐化堕落。这些人不仅亲手葬送了自己的人生，也极大地败坏了党的事业与形象。

（三）社会心理、社会心态的重大变化增加了意识形态工作的难度

社会心理与社会心态作为人们对社会生活较为直观、具体和感性生动的反映，虽然没有严密的系统性和理论性，但却具有更加朴素自发、更加直接明了等特点。正因如此，社会心理和社会心态才能成为人们的个人意识、思想情绪等同社会意识形态相互联结、相互作用的重要环节。改革开放以来，社会心理和社会心态无疑随着现实的社会生活和社会环境发生了巨大变化，也对人们思想理念、

思维观念等形成了巨大冲击。进入新时代，全面深化改革和持续扩大开放步入了快车道，经济、政治、文化、社会、生态等方面的改革力度会越来越大，国家和社会推动国际化、促进对外开放的步伐和力度也会越来越大，这些都将持续而深刻地影响着广大人民群众的社会交往和社会生活、影响着人们的社会心理和社会心态，不可避免地给意识形态工作增加了新的难度。

意识形态的凝聚整合难度增大。凝聚整合功能是意识形态的重要功能，整合功能发挥得好，意识形态就能在一定阶段内将多元性、多样性的社会关系、思想文化等进行统领、聚合，从而最大限度地消除反对的和异化的思想观念。社会主流意识形态在思想文化领域处于统摄地位，对各类社会意识和社会观念具有归化和整合作用；但这个过程也并不是信手拈来、轻而易举的；事实上，社会思想和社会意识愈加复杂，意识形态的归化和整合难度就会越大。随着经济体制、政治体制等方面改革的深化推进，社会结构的调整和变动、社会阶层的分化和流动等将会持续进行，甚至会加速加剧，这会对人们的日常生活、社会心态等方面产生重要影响，必将促进人们的思想观念和价值取向等呈复杂化、多样化的趋势。同时，国家和社会对外开放的大门越开越大，各式各样的新思想、新文化也会不断涌入，一方面有利于中外互学互鉴、合作融通，但另一方面多元多样思想文化的交流碰撞、冲突摩擦，也进一步增加了意识形态整合的复杂局面和难度系数。

主流价值的培养塑造难度增大。社会价值观念是人们社会生活的向导，规范和约束着人们日常生活的思想观念与行为理念，能够让社会成员明确努力的目标和前进的方向，形成共同的理想信念和价值追求；而且也是整个社会意识形态的基石与内核，代表着成熟稳定的认知、理解和判断，也代表着意识形态的特质与属性。社会主义意识形态一定是以社会主义价值观为核心和主流的，体现的是社会主义的性质和特点。在全面深化改革和持续对外开放的过程中，各种各样的思想理念和价值观念都进入到社会主义意识形态的场域之中进行交流碰撞。有的与主流价值观相一致，能够促进社会主流价值观在人们头脑中的培养塑造；而有的却与社会主义价值观念相左、相异，甚至相悖，就会产生较大的干扰与破坏。比如，资本主义特色比较突出的个人主义、自由主义、享乐主义等，就随着欧美的流行文化、社交文化等进入中国社会，并且在互联网和社交媒体的作用下呈现放大、蔓延之势，这对社会主义价值观念和先进文化造成了较大的冲击和解构，也严重影响了中国社会特别是青年一代主流价值观的塑造培养。

社会舆论的引导管理难度增大。社会舆论总是跟公众关注的焦点、热点问题紧密相连，是意识形态工作最具敏感性和变动性的领域。社会心理和社会心态在人们的社会生活中表现出较为感性化和较为直接的情绪反应，这与社会舆论中民众表达对某一社会事件或社会问题看法、态度的直接性与显现性是相一致的。况且，社会舆论中所反映出社会公众的道德水平、价值取向和心理期望等本身就属于社会心理和社会心态的重要组成部分。在深化改革的过程中，多元多样的组织群体和利益主体派生出多种多样的利益诉求，面对同一社会事件时可能表现出不同的价值取向和情感倾向，从而形成不同的评价与判断，群众言论意见的统合难度变大；同时，在网络信息媒体的帮助下，人们表达意见观点时传播方式更便捷、传播速度更快捷，很多舆论热点可能在很短时间内被引爆点燃，很多错误的认识观点也可能在很短时间内被广泛传播，社会舆论的引导和管理难度显著增大。

三 多元思想文化交锋，各种错误思潮冲击主流意识形态

改革开放的过程，是一个思想解放的过程，也是一个观念更新的过程。在思想文化领域，则主要表现为本土文化、外来文化、历史文化、现代文化等多元思想文化的交流与碰撞。这其中，既有融通内外、兼容并蓄的交融，又有互通有无、取长补短的交流，还有针锋相对、激烈对抗的交锋。这样的交流与碰撞，有利于中国吸收

和借鉴世界优秀思想文化，但同时也给意识形态领域带来了一些非马克思主义，甚至反马克思主义思潮的毒害。特别是随着改革开放进程向深处广处迈进，一些错误的思想文化和社会思潮也开始在社会上逐渐翻腾涌动、喧哗吵闹起来，具有代表性的主要是历史虚无主义、新自由主义、宪政民主、"普世价值"、公民社会、西方新闻观、"两个质疑"的错误论调七种典型的错误思潮。这些错误思潮不仅带有浓厚的政治色彩和明确的政治动机，而且迷惑性强、煽动性强、渗透性强，给社会主义意识形态造成了巨大的污染与危害，也给党的意识形态工作带来了巨大的冲击与挑战。

历史虚无主义的错误思潮。这是一种以唯心史观为基础的思想倾向，起源于19世纪的欧洲，具有怀疑主义、解构主义、相对主义和颓废主义等思想特点。20世纪80年代末，在苏联解体、东欧剧变、世界社会主义运动陷入低谷的背景下，历史虚无主义的思潮开始在中国滋生和蔓延。特别是进入21世纪后，随着经济全球化的深入发展和多元思想文化的深入交流，中国思想文化领域自由活跃、意识形态形势日趋复杂，历史虚无主义的错误思潮也呈现抬头泛滥之势。

历史虚无主义本身就具有强烈的意识形态倾向，从其名称的含义就能看出，它的主要目的就是篡改、歪曲甚至颠覆历史真相和历史事实，通过歪曲、否定历史人物、历史事件从而达到宣扬、传播错误思想、错误观点和错误理论的目的。历史虚无主义正是带着这种歪曲真相、传播歪理的目的，全然不顾真相和事实，任意地"描绘"历史、"解释"历史，从而解构和消释人们正确的历史观和价值观，这无疑是意识形态领域的一股流毒。由于表现形式和渗透方式较为"软性"和"间接"，历史虚无主义具有很强的隐蔽性和迷惑性：有的打着"学术反思"的幌子，严重背离唯物史观和历史辩证法进行所谓"学术溯源"和"学术论证"，企图在学术解释、学理阐释中不断解构马克思主义史学观对中国历史的基本结论；有的披着"还原历史"的外衣，全然不顾历史事实，依据个别历史资料随意进行评论推断，或故意挑选某些历史片段进行假设臆测，在模糊焦点、混淆是非中大做翻案文章，歪曲丑化党史、国史，从而扰乱人民的历史价值观；有的盖着"重新评价"的面纱，借着发掘"新资料"、阐述"新观点"的名头，歪曲篡改近现代以来党的历史、国家的历史和革命的历史，否定已有定论的历史事件和历史人物，否定我国社会主义道路的历史选择和历史必然；还有的制造"戏说""演绎"等噱头，在文学、影视等作品中，丑化党的领袖、贬损人民英雄、诋毁优秀传统，不断抹杀、瓦解人们的历史记忆和精神支柱。

2015 年前后，网络上忽然流行起一股"歪风"，以"戏说""恶搞""编段子"的形式诋毁、抹黑革命英雄：有人以烈火烧身纹丝不动违背"生理常识"为由，质疑邱少云的英勇事迹；有人提出用血肉之躯抵挡机枪子弹"不合理"，否认黄继光的英勇行为；还有的甚至造谣狼牙山五壮士"欺压村民、拔萝卜、违反纪律"、刘胡兰"被乡亲们铡死"，等等。一时间，这类荒唐至极的言论甚嚣尘上，还有人将其当作搞笑段子在网上流传。这便是典型的历史虚无主义，通过篡改真相、虚无历史、解构崇高的做法，诋毁、抹黑革命英雄、民族英烈。对此，《人民日报》评论："这种歪风邪气，好比精神世界的雾霾，挑战正义良知的底线，冲击社会的价值判断，扰乱人们对历史的正确认知。"[①]《光明日报》评论："历史虚无主义必将引发对时代的否定、对真相的掩埋，继而打碎民族根基、撕裂主流价值，造成一个民族对历史的背叛，对当下的游离，对未来的迷茫。"[②] 这两条评论不仅揭露了历史虚无主义的丑恶本质，同时也指明了其巨大危害。实际上，历史虚无主义险恶目的正是要通过歪曲、否定党和人民不屈不挠、不懈奋斗的历史，

---

① 《人民日报》观察员：《守护英雄铸就的精神坐标》，《人民日报》2015 年 5 月 13 日第 5 版。

② 本报记者王丹：《历史不能遗忘 英雄不容亵渎》，《光明日报》2015 年 7 月 23 日第 2 版。

从而歪曲、否定中国特色社会主义道路的历史价值和历史意义,是一股极具危害作用的意识形态流毒。对此,习近平总书记在2013年6月25日主持政治局集体学习时就特别指出:"历史虚无主义的要害,是从根本上否定马克思主义指导地位和中国走向社会主义的历史必然性,否定中国共产党的领导。"①

西方宪政民主的错误思潮。宪政民主是西方资产阶级在推翻封建王权的统治之后,逐渐建立起来的一套政治制度。主要分为两种形式,一种是以英国为代表的君主立宪政体,另一种是以美国、法国为代表的民主立宪政体。通过考察西方宪政民主可以发现,其形成过程是伴随资产阶级革命取得胜利而建立的政治制度,其阶级立场是维护和代表资产阶级的统治地位和根本利益,以维护私有制生产关系和私人财产为逻辑依据与理论基础,以个人主义和自由主义为价值取向。可以看出,西方宪政民主的各方面要素与中国实际、中国国情以及中国的历史发展和人民选择都是格格不入的。

然而,一些别有用心的西方政治势力却始终孜孜不倦地向我国输出"宪政民主",企图在意识形态领域启发民众对所谓西式"民主、人权"的追求,从而达到意识形态同化、改造的目的。这些西方反华势力通常会选择和资助一些自由派的知识分子,有的以西方的宪政主义和民主模式为标榜,打着所谓"自由、民主"的旗号,鼓吹西方制度的"先进优越",极力宣扬所谓"西方民主制度和宪政民主才是法治的正道",要求"将中国的法治建设并入资本主义法制的轨道",言行极其狡诈、用心极其险恶;有的以推进政治体制、司法制度改革为借口,提出一些诸如"三权分立、司法独立、军队非党化国家化、多党竞争制"等反动主张,妄图从根本上否定中国特色社会主义依法治国的核心命脉;有的故意割裂党的领导与人民当家做主、依法治国的有机统一,炮制"党大还是法大"的伪命题,企图制造党的领导和依法治国的对立来扰乱人

---

① 中共中央党史研究室:《历史是最好的教科书——学习习近平同志关于党的历史的重要论述》,《人民日报》2013年7月23日第8版。

心，否定党的领导和社会主义制度；还有的故意混淆视听，将依宪执政和西方宪政错乱搭配，企图用西方宪政的理论作为"法理依据"解释依宪执政和社会主义民主制度。这些阴谋和伎俩，打着所谓"自由、民主"的幌子、披着标榜"平等、人权"的外衣，很有蛊惑性和煽动力，再配合着对西方社会"美好生活""香甜空气"的虚假描绘，一些不明就里的群众和涉世未深的学生很容易信以为真、盲从跟风，形成对社会舆论和主流意识形态的干扰、破坏。

十分具有讽刺意味的是，随着社会信息在互联网传播的迅捷化、透明化发展，西方宪政民主的缺陷和弊端也越来越清晰地暴露在大众面前：只顾集团利益，不管社会民生；推行权钱交易，滋生政治腐败；互相推诿扯皮、政府效率低下；陷入党派斗争，引发社会分裂，等等。"理想"与现实的巨大反差，越来越让人们认识到，西方宪政民主并不是"具有巨大先进性和优越性"的政治"良方"。尽管如此，仍要高度警惕某些西方反华势力不遗余力地向我国输出"宪政民主"的政治图谋，充分认清他们企图在意识形态领域颠覆中国社会主义法治和社会主义民主制度进而实施"和平演变"、推行改旗易帜的险恶用心。

"普世价值"的错误思潮。"普世价值"源于西方基督教会提出的一个宗教概念，兴起于第一次世界大战时的普世教会运动。信奉"普世价值"的人们认为，能够创立一种超越阶级、超越民族和国家的普遍价值理念，从而得到所有人类的接受和认同。后来，这一概念被西方政治家和统治集团借用，将"普世价值"的外衣套在自身的思想主张和价值理念之上，并赋予特殊的政治内涵和价值寓意，将其作为对外推进霸权、侵略扩张的政治旗号和意识形态工具。

冷战时期，以美国为代表的西方国家以自身社会模式为蓝本，搞出一套以所谓"自由、民主、平等、人权"为核心的"普世价值"理念，并不遗余力地向东欧社会主义国家推销和渗透。一方面，他们借助外交渠道主动加强与东欧国家的政治、经济交往，分化瓦解苏联对东欧各国的影响；另一方面，还积极推进文化交流，将西方的社会生活和日常交往描绘得无比幸福和美好，将西方社会的政治理念和价值观念描绘成能够造福地球、造福人类的"普世价值"，意图在思想文化和价值观念层面驯化、同化东欧民众。之后，再通过一些非政府组织，大力资助和培养这些国家内部的反政府势力，鼓动他们走上街头举行罢工、搞示威游行，迫使政府作出让步和改变，甚至以参与策划或直接发动武装政变的形式推翻执政党的领导。这便是西方资本主义势力向社会主义国家极力推行输出"普世价值"，大搞渗透破坏、进行"和平演变"的大致过程，也直接导致了东欧剧变、苏联解体，社会主义阵营瓦解崩塌的最终结局。冷战之后，有了东欧剧变和苏联解体的"成功案例"，西方霸权国家更是将"普世价值"奉为圭臬，四处推行"政治染色"和"价值输出"，用"普世价值"的意识形态工具谋求不可告人的政治目的。

苏联解体后，社会主义中国很快就成了西方资本主义势力渗透、瓦解、破坏的首要目标。2008年，长期受西方操控的跳梁小丑刘晓波，以所谓"反政府异议人士"和"人权斗士"的面目出现，伙同他人撰写了题为"零八宪章"的文章，打着"自由、民主、人权"的幌子，提出了诸如"取消一党垄断""建立中华联邦"等煽动性主张，企图以修宪为突破口推行西方政治制度。这是西方借助"普世价值"的意识形态工具，渗透、颠覆我国社会主义国家政权的典型案例。以此为标志，"普世价值"的错误思潮在我国开始名噪一时，借助书籍报刊和网络媒体的传播，以"自由、平等、博爱"等华丽辞藻为伪装，大肆宣扬西方价值理念的所谓优越性、普世性，否定马克思主义的指导地位，否定共产主义的远大理想，极力扰乱思想、蛊惑民心。特别是利用青年群体追求自由、个性独立的特点，诱骗灌输马克思主义"已过时"，"普世价值"是"真理"的思想，造成了极坏的影响。

不难看出，西方"普世价值"的实质是资本主义的政治信条和价值观念，而西方国家极力鼓吹宣扬"普世价值"，其根本目的也绝不是为了促进我们的社会进步和人民的生活幸福，而是对我国实施"西化""分化"图谋，分裂、颠覆中国共产党的领导和社会主义的制度。对此，习近平总书记鲜明指出："敌对势力在那里极力宣扬所谓的'普世价值'。这些人是真的要说什么'普世价值'吗？根本不是，他们是挂羊头卖狗肉，目的就是要同我们争夺阵地、争夺人心、争夺群众，最终推翻中国共产党领导和中国社会主义制度。"①

新自由主义的错误思潮。新自由主义，源于英国古典自由主义和凯恩斯主义，形成于19世纪70年代，于第二次世界大战后在西方世界兴盛壮大。新自由主义以"个人主义"和完全放任自由的"市场经济"为理论基础，认为个人在经济活动中首先是利己的，个人优先于国家和社会，个人的自由权利神圣不可侵犯，突出个人的利益诉求和价值取向。新自由主义主张全面地、彻底地自由化、私有化和市场化，强调完全市场化是与私有制匹配的经济模式，是保证市场机制、实现资源配置的唯一有效手段。新自由主义将国有企业和公有制经济视为压制市场经济活力的障碍，反对国家和政府的一切干预，反对经济领域、市场领域的计划、调节和分配，极力推崇自由竞争的资本主义制度。

新自由主义自诞生起就带有资本主义唯利是图、自私自利的鲜明特点，在西方资本、垄断资本主义实施对外扩张和经济殖民的过程中，也一度成为发挥主导作用的典型政治经济思想。20世纪八九十年代，以"华盛顿共识"为代表的新自由主义经济政治理论，被欧美等西方发达经济体当作"扶弱救困"的法宝，在拉美后发国家和东欧转轨国家广泛推行。后来的事实充分证明，西方的资本家和财阀们的目的根本不是帮助这些国家繁荣市场、发展经济，而只是利用资金和政策的优势，抄底优质资产，进行金融掠夺，并使

---

① 《习近平关于社会主义文化建设论述摘编》，中央文献出版社2017年版，第27页。

这些后发国家在西方主导的全球经济体系中彻底沦为附庸。之后的亚洲金融危机、美国次贷危机、欧洲债务危机等，也都暴露出了新自由主义政治经济政策的种种危害与弊端。

近些年，随着全面深化改革的不断推进，新自由主义的思潮又有所抬头。有的片面强调自由化、市场化，企图用西方资本主义的私有化、市场化、自由化等误导中国的经济体制改革；有的无限拔高私营企业和民营经济的地位作用，鼓吹深化改革就应当"民进国退"，把私营企业、民营经济与国有企业、政府完全对立起来，不仅否定公有经济的主体地位、国有经济的主导作用，还企图否定和更改社会主义基本经济制度；还有的极力反对政府必要的资源配置和宏观调控，将经济结构性失衡、房地产泡沫化等问题归咎于政府干预，将提高经济社会发展的质量效益寄希望于完全的市场化资源配置。可以看出，新自由主义所极力主张的彻底私有化、全面市场化和绝对自由化，是一种脱胎于西方资本主义制度的经济理论和社会思潮，完全不符合中国的国情实际，不仅会扰乱人们对社会主义市场经济的正确认识，削减我国市场经济的社会主义属性，也会严重破坏我国全面深化改革的发展进程和经济建设的巨大成就。对此，习近平总书记特别强调："我们讲的供给侧结构性改革，同西方经济学的供给学派不是一回事，不能把供给侧结构性改革看成是西方供给学派的翻版，更要防止有些人用他们的解释来宣扬'新自由主义'，借机制造负面舆论。"[①]

"公民社会"的错误思潮。"公民社会"最早起源于古希腊和古罗马，用来描述城邦制下自由、平等的公民所结成的自治的政治共同体。后来，卢梭、孟德斯鸠等资产阶级思想家将社会契约论的思想赋予其中，使"公民社会"获得了与"政治国家"相对应的政治内涵。当代资本主义的理论家又将"公民社会"划分为"政治社会—经济社会—公民社会"三个层次，进一步突显了个人在

---

① 习近平：《在省部级主要领导干部学习贯彻党的十八届五中全会精神专题研讨班上的讲话》，《人民日报》2016年5月10日第2版。

社会领域的自主权和独立性。20世纪中后期，随着西方资本主义经济霸权的全球扩张，"公民社会"被意识形态化，一些政治势力将其作为灌输西方价值、推销资本主义制度、干涉他国政权的思想理论工具。

"公民社会"的理论内涵主要包含三方面的内容：一是突出个人权利至上，认为个人是最高意志的载体，是整个社会生活层面至高无上的存在，强调"公民社会"中的公民高于国家，不但拥有不受国家干预的权力，而且享有参与和干涉国家事务的自由。二是渲染国家与社会的对立，视国家为强权主义，认为"公民社会"要想获得发展，必须同国家做斗争，鼓噪"公民社会"所谓的民主与社会主义国家的民主势不两立。三是夸大美化民主效能，将"公民社会"描绘成一幅完全平等、自由独立、秩序井然的美好图景，甚至不惜脱离实际、违背事实，吹嘘"公民社会"拥有柏拉图式的"先进"和"美好"，以此来产生蛊惑和诱骗的效果。

改革开放以来，随着人们思想观念的更新和公民意识的增强，西方"公民社会"的理论也开始在中国学术界产生影响，通过一些报刊和网络新媒体等逐渐进入公众视野。特别是各种各样的民间组织和社会团体不断涌现，以不同方式参与到社会事务、社会运转之中，更加激发了一些专家学者研究"公民社会"的热情。比如，2008年汶川地震之后，大量民间组织参与抗震救灾，就让一些专家学者将其称为"中国公民社会元年"，并编辑发布了《中国公民社会发展蓝皮书》。可以理解，大部分专家学者是希望通过研究"公民社会"在中国的理论与实践，为中国的社会治理和体制改革提供一些可资借鉴的参考。但与此同时，一些别有用心的敌对势力也不遗余力地将"公民社会"思想转换为灌输西方价值、推行西式民主的意识形态工具。特别是针对中国改革开放进程中所出现的一些社会矛盾，诸如教育、医疗、养老、生态环保等方面有待解决的一些缺乏公平公正、缺乏合理保障的问题，敌对势力借助"公民社会"的思潮，大肆宣扬所谓西方美好的"民主""人权"，渲染放大社会上的矛盾问题并故意牵引到社会制度、政治体制等方面的因素，企图用虚化、美化所谓"美好图景"来制造"西方民主优于中国道路"的幻象。更有甚者，通过国际观察、宗教交流等渠道，把"公民社会"思潮渗透到我国边疆或少数民族地区，在民众中鼓噪反党、反政府的社会情绪，借机制造社会事端，煽动群体性事件等，蓄意将意识形态渗透颠覆发展为"街头政治""颜色革命"。对于"公民社会"所描绘的西式民主的幻想，习近平总书记也曾深刻指出："人民只有投票的权利而没有广泛参与的权利，人民只有在投票时被唤醒、投票后就进入休眠期，这样的民主是形式主义的。"①

西方新闻观的错误思潮。西方新闻观，形成和发展于早期资产阶级与封建旧势力的对抗斗争之中。他们通过"新闻自由""言论自由"的方式对民众进行思想教育和舆论鼓动，动员更多的人与旧势力的统治者进行抗争。当资产阶级登上历史舞台后，他们深知所谓"媒体独立""新闻自由"的"魔力"所在，运用资本和政治的双重力量牢牢掌握、控制着新闻媒体，同时又给民众展示出一副媒体独立于政府之外的假象，十分巧妙地将新闻媒体变换为控制信息、操纵民意的意识形态工具。西方资产阶级这一系列操作，恰恰证明了新闻媒体作为宣传舆论机器的鲜明阶级性和政治性，也充分展示出资产阶级运用意识形态工作维护统治地位的决心与意志。当西方资本主义需要占领国外市场、进行全球扩张的时候，这些标榜"独立、自由"的新闻媒体立刻又变成了推行思想文化渗透和价值观输出的意识形态武器，肩负着特殊经济利益或政治目的，以"新闻自由"为借口影响他国舆论，甚至动摇他国政权。

西方新闻观的错误思潮是伴随着改革开放的步伐进入中国的。对外开放之后，西方一些先进的生产技术和管理经验很快被引进来，但同时鱼龙混杂、泥沙俱下，一些具有资本主义性质的错误观

---

① 习近平：《在庆祝中国人民政治协商会议成立65周年大会上的讲话》，《人民日报》2014年9月22日第2版。

念,甚至一些被西方反华势力作为意识形态渗透的思想工具也夹杂其中,"西方新闻观"便是典型代表。"西方新闻观"之所以能够形成思潮、产生影响,正是借助我国改革开放和市场经济相对自由宽松的环境,抛出一些极具欺骗性和迷惑性的思想观点来诱导民众。比如宣称"媒体独立",不受政府和党派控制、不受政权和时局影响,能够保持所谓"政治中立";比如号称"第四权利",自诩是西方宪政"三权分立"之外的又一个制衡力量,是代表民意、监督政府、维护公义的"社会公器";比如吹嘘"新闻自由",主张舆论观点和意见信息不受任何限制地自由传播和发布,真正形成"自由的意见市场";在比如标榜"真实客观",声称保持超然态度,代表"公正良知",负责揭露虚假还原"真相",等等。

事实上,在这些看似绚丽的"盖头"下,掩藏着的一副资本主义的丑恶嘴脸。正是在这股思潮的影响下,西方媒体捕风捉影、断章取义,故意"妖魔化中国"的新闻报道屡见不鲜;为追逐经济利益,一些充斥着暴力、色情、庸俗的内容,一些损害社会风俗和公共道德的信息传播逐渐泛滥。特别是伴随着互联网的广泛普及,一些西方反华势力更是凭借技术优势,打着"互联网自由"和"新闻自由"的旗号,操纵媒体信息、控制舆论导向,推行意识形态渗透甚至推行"和平演变",对国家政治安全和政权安全造成极大威胁。对此,习近平总书记鲜明指出:"任何新闻舆论都有鲜明的意识形态属性,没有什么抽象的绝对的自由。我们要认清西方所谓'新闻自由'的本质,自觉抵制西方新闻观等错误观点的影响。"[①]

"两个质疑"的错误论调。随着中国改革开放进入攻坚期和深水区,取得的成就越发显现,需要解决的问题和改进的方面也不断出现。正是在这种情形下,一些别有用心的势力开始炮制和鼓噪质疑改革开放、质疑中国特色社会主义性质的"杂音""噪音",企

---

① 《习近平总书记重要讲话文章选编》,党建读物出版社、中央文献出版社2016年版,第423页。

图扰乱民众的思想和视听、抹黑党和国家的方针政策。在这股错误思潮中，有的乱言改革"过了头""偏离了社会主义轨道"，甚至改成了"国家资本主义""中国特色资本主义"；有的臆断改革"远不足"，要在政治上、经济上完全照搬西方模式，在政治上、思想上放弃马克思主义的指导，才能"更彻底"。实际上，这股错误思潮是企图通过质疑改革开放的正确性、科学性，进而质疑中国特色社会主义的性质，否定党的路线方针政策、否定中国特色社会主义的政治方向。这无疑是意识形态领域里的一股乱流。对此，习近平总书记鲜明批驳："一些错误思潮和观点不时出现，有的以'反思改革'为名否定改革开放，有的人借口现实中存在的问题攻击我们党的领导和我国社会主义制度，有的人极力歪曲、丑化、否定我们的党、我们的国家、我们的军队和我国革命、建设、改革的伟大实践，有的人大肆宣扬西方的价值观，有的人恶意编造、肆意传播政治谣言。"①

　　社会思潮是能够反映社会生活变化、体现民众思想状态的"晴雨表"和"风向标"，也是社会意识形态领域的一个社会性思想动态。在改革开放和社会转型时代背景下，当代中国的社会思潮既活跃多样又纷繁复杂。一方面，应当鼓励多元思想文化的交融交流，以包容并蓄的姿态接受各类优秀文化；另一方面，也要保持意识形态防线的敏锐性和警惕性，时刻关注一些错误社会思潮的传播和影响。特别是上述七种错误思潮的兴起泛滥，都直接冲击着社会主义主流意识形态，威胁着党和国家的意识形态安全。加强党的意识形态工作，就必须时刻警惕这些错误思潮，同它们进行坚决的斗争。

四　网络空间生态复杂，意识形态工作面对新的战场

　　习近平总书记指出："网络意识形态安全风险问题值得高度重

---

① 《习近平关于社会主义文化建设论述摘编》，中央文献出版社2017年版，第52—53页。

视。网络已是当前意识形态斗争的最前沿。"① 随着互联网在我国的普及和发展，网络空间日益成为人们工作生活的"虚拟场所"和人际交往、信息流转的重要平台，网络社会作为现实社会的"映像"，也无疑成了意识形态工作新的重要平台和重要阵地，并随之产生了一系列的新情况、新问题和新挑战。

网络环境自由开放，意识形态安全受到威胁。网络空间，是建立在现实社会基础之上的一种新空间，也是人类现代化社会的一种新形态，以一种数字化、信息化的方式构建了人们社会交往的新环境，以开放性、交互性的特征丰富了人们社会生活的新模式。首先，在网络空间的环境中，人们的身份和交往变得虚拟、隐蔽，从现实的"面对面"到网上的"键对键"，现实生活的种种身份标识在网络环境中变换为一个头像或一串代号，现实中的真实情况经过网络的"转换"后也变得面目全非，甚至截然相反。对此，互联网上曾有一句著名的调侃，"你永远不知道网络的对面是一个人还是一条狗"，说的就是这种甚为"奇特"的状况。其次，网络信息的即时通信、高效便捷也可以轻松地让跨越地域甚至跨越国界的人实现瞬时沟通和实时交流，完成点对点、群对群、群点互动等多形式的交流方式，人们在社会生活中交往范围和交流形式都被极大拓展。此外，网络空间上信息、资讯的获取和发布也被赋予极高的自由度和流动性，人们可以根据自己的需求和喜好在各类的论坛、社区、网站、平台上任意交换信息，一则消息、一条新闻能在极短时间内被传递到海量的节点和终端，被成千上万人获取。

正是因为上述情况和特征，网络空间似乎变成了一个"海阔凭鱼跃"的开放世界、一个"天高任鸟飞"的自由空间。网络空间所具有的自由度和开放性，一方面给人们的工作、生活、交往提供了极大的便利，是人类社会步入现代化、信息化的显著特征，体现了社会的进步性；另一方面也给不法之徒、错误思潮等提供了可

---

① 《习近平关于社会主义文化建设论述摘编》，中央文献出版社2017年版，第36页。

乘之机，方便了欺骗、伪装、蛊惑等不法行为的实施、逃窜，也很容易造成社会治安、社会舆论的混乱。特别是一些错误观点、歪理邪说的自由传播，零成本、零负担的随意言论，虚假信息、不实信息的四处流动，舆情舆论的随时升级变质，成几何倍数地增加了意识形态安全防护的难度。近年来，某些西方反华势力利用自身的技术优势，借助网络进行意识形态渗透已成为主要方式和重要手段。前美国国务卿奥尔布莱特就曾公开声称："中国不会拒绝互联网这种技术，因为他要现代化。这是我们的可乘之机，我们要利用互联网把美国的价值观送到中国去。"[1]

网络信息冗杂泛滥，意识形态环境受到污染。网络与信息是一对相辅相成、密切联系的"双胞胎"，网络因信息而丰富、壮大，信息依网络而传播、扩散。随着网络技术的发展和人类知识信息的增加，自由接入、高效传递的网络空间，极大地促进了信息流量和信息密度的成倍增长。天量、海量的数据信息在网络空间上传播流动，为人们的工作生活、社会的发展运行，提供了很大便利。

与此同时，网络拓展迅猛，网民群体庞大，在监管制度和监管手段不能同步跟进的情况下，在某些领域、某些时期，也会呈现一种极度密集和过度混乱的状态。主要表现在：一是碎片化、海量化的信息流。即时通信、搜索引擎、新闻网站、博客论坛等实时推送、发布大量的信息、资讯，人们获取的信息数量巨大而了解的内容却相对分散，认知过程和思考方式也呈现片段化和简约式的趋势。二是超大性、过载性的信息量。信息爆炸式地袭来、铺天盖地涌入，常常超出了人们能够处理或消化的限度，再加上大量冗余重复、过时老化的信息干扰，经常使人们感到孤悬在信息的海洋而无所适从、焦虑烦躁。三是欺骗性、有害性的信息元素。内容空洞、乏善可陈的信息，虚假错误、粗制滥造的信息，盗版剽窃、抄袭拼凑的信息，甚至色情淫秽、暴力迷信的信息，等等，时时冲击着、

---

[1] 郝保权：《多元开放条件下中国社会主义意识形态安全研究》，人民出版社2018年版，第335页。

扰乱着人们的精神和头脑，造成了恶劣影响。网络信息的繁杂泛滥，不但带来了大量的信息垃圾和网络噪声，严重影响着网络环境的健康生态，也对意识形态的环境氛围造成了污染和破坏。

在互联网出现之前，通过主流媒体的正面宣传、舆论引导和基层组织、单位学校的思想政治教育等，社会的意识形态内部氛围相对清爽、干净，杂音噪音偶尔有之也难以形成泛滥扩张之势。但随着网络在社会生活中嵌入越来越深、融入越来越广，"虚拟世界"与现实生活联系愈发紧密，"网上活动"与思想活动的愈发交融深入，大量垃圾信息、有害信息在网络环境中流动、散落，不可避免地在人们的现实生活、思想观念中得到升级和放大，从而引发、诱导人们特别是青年人群体理解认识的误差、价值取向的偏颇等。这些干扰和诱导使社会思想和精神文化的环境氛围变得更加纷乱、嘈杂，极大增加了意识形态工作的难度。

网络媒体优势鲜明，意识形态阵地受到削弱。媒体，作为信息传播的媒介，是人们在社会交往和社会实践中传递、获取信息的重要渠道和载体，也是阿尔都塞所谓"意识形态国家机器"的重要组成部分。当人类社会进入互联网时代，网络系统凭借结构扁平、交互简易、开放兼容等技术特点和运转模式，很快就成了一种全新的、重要的传播媒体。随着互联网在人们工作、生活中的覆盖和嵌入，网络媒体也带着其内容丰富、形式多样、传播迅捷、分众细致等鲜明特点和优势迅速占领了人们的视听阵地。与此同时，广播、影视、报刊等国家和政府能够集中管理、统一部署的主流意识形态的传统传播媒体，面对网络新媒体的冲击，其传播力和影响力却正在被削弱和消解。

主要表现在：一是网络媒体传播时效快速迅捷，传播效率优于传统媒体。比如，面对突发性的新闻或连续报道的事件，网络媒体可以瞬时发布、实时更新、主动投送；而传统媒体则需要编辑、排版、印刷等周期，需要特定的传播时间、发送渠道等，网络媒体的快节奏、高时效更容易抓住人们的眼球、吸引人们的注意。二是网络媒体传播渠道多元多样，传播方式优于传统媒体。网络媒体借助微信、论坛、贴吧等新式传播平台发布信息，不同渠道、平台之间也能轻易实现转换、分享和联通，人们获得信息的渠道和方式也更加丰富；而传统媒体局限于纸张、荧幕、电台等实体性传播载体，难免使人们觉得单一和呆板。三是网络媒体传播内容综合丰富，信息覆盖优于传统媒体。网络媒体可以将文字、图片、音频、视频等高度整合、灵活运用，形成图文并茂、引人入胜的多媒体信息，较之传统媒体单一的形式、单调的内容更有吸引力。四是网络媒体传播方式双向交互，受众体验优于传统媒体。在网络上，每个人既是信息的接受者，也能成为信息的传播者，人们可以根据自己的需求和喜好选择、处理信息，这显然比传统媒体由上而下的灌输性、强制性的传播方式更容易调动人们的参与。总之，在互联网和新媒体的冲击下，意识形态传统媒体对信息占有的垄断性被打破，对信息选择的主导性被削弱，所生产信息内容的吸引力减弱、传播力降低，意识形态传统媒体、传播阵地的社会影响和作用发挥日益弱化。

网络舆情错综复杂，意识形态管控受到冲击。当前，网络媒体日益成为社会大众表达意见、传递信息的重要平台和主要窗口，因而网络舆情也成了意识形态管控和引导的重要方面。传统社会舆情，酝酿发酵缓慢，传播渠道明确，受时空、地域限制明显。传统社会舆情从酝酿、发展到形成有迹可循、有法可依，一旦形成气候尚难以管控。

与之相比，网络舆情却是有过之而无不及。在覆盖范围方面，网络舆情涉及面更广、涵盖面更大，小到日常生活的衣食住行，大到国际社会的大事要事，各种新闻和信息在网络上交织碰撞，被人们接受和传递，很难研判、预测哪条新闻、哪个事件会成为人们关注的焦点；在发展态势方面，网络舆情突发性更强、发酵性更快，很多社会现实问题和民生利益问题都容易成为网络舆情的引燃点和爆发点，一旦有较大数量的网民关注、传播，就极有可能在短时间内引发更大规模的群体性关注,加速舆情的升级发酵,从网络舆情上升为舆论焦点或社会热点;在传播扩散方面,网络舆情扩散性更强、传播力更大,网民们的每一次点击浏览、每一条留言评论,都能形成一次传播行为,一旦形成了数量规模和聚集效应,网络舆情就能很快形成多渠道、全领域、高频次的传播扩散态势,引发社会的广泛关注;在影响效果方面,网络舆情裹挟性更强、煽动性更大,不少网络舆情经常是迅速兴起、来势汹汹,一些不明就里、不探究竟的群众甚至还没弄清楚事情的来龙去脉,就被裹挟着随声附和,成为舆情酝酿的增长点。加之一些别有用心的公知、"大V"等故意诱导炒作,用一些栩栩如生的描绘和言之凿凿的结论混淆视听,更容易煽动起网民的声势和情绪。总之,网络空间中舆情错综复杂、变化莫测、风险难料,一颗"火星"就可能酿成"熊熊烈焰",给意识形态管控工作带来了很大的困难和挑战。

第三章　认识观念更新：在新的高度理解和把握党的意识形态工作

党的十八大以来，以习近平同志为核心的党中央围绕加强和改进党的意识形态工作提出了一系列新思想新观点新论断。其中，关于意识形态工作规律原理的新阐述和地位作用的新定位等方面的观点、论述，充分彰显了新的历史条件下我们党对意识形态工作运行机理的深刻理解和意义作用的准确把握，形成了我们党对新时代意识形态工作的认识观念更新。

第一节　深化认识意识形态工作，作出规律原理的新阐发

习近平总书记指出："学习马克思主义基本理论是共产党人的必修课。"[①] 理论是实践的眼睛，没有正确的理论就无法指导正确的实践，而基本原理和基本规律又是整个理论体系中最根本、最基础的部分，是支撑整个理论大厦的重要基石。只有达到对规律原理的彻底精通，才能更好地学习理论、发展理论、创新理论。中国共产党人始终将马克思主义的科学原理和基本理论作为认识世界和改造世界的思想武器，作为指导革命、建设和改革的思想武器，作为

---

① 习近平：《学习马克思主义基本理论是共产党人的必修课》，《求是》2019年第22期。

推动经济社会发展的科学指南。在观察和思考意识形态工作的过程中，习近平总书记也同样在充分掌握、灵活运用历史唯物主义和马克思主义意识形态理论基础上，密切结合中国社会的客观情况和具体实际进行政治性、学理性的拓展与阐发。

一　社会存在决定社会意识，物质生产是社会发展的决定性因素

世界统一的基础是物质，世界的物质性是世界存在的根本属性，这是辩证唯物主义与历史唯物主义的基本原理，也是马克思主义意识形态理论的核心观点。物质第一性，精神第二性，社会存在始终决定社会意识，社会意识是社会存在的反映，物质生产作为社会发展的决定性因素制约着整个社会生活，包括物质生活和精神生活。从思想精神活动的角度看，任何意识形态的理论和实践也都是始终由现实的社会存在和客观实际所决定的。考察思想文化与意识形态的发展变化，同样必须从物质生产的社会存在出发。只有充分掌握了辩证唯物主义和历史唯物主义这一科学规律，才能更好认清意识形态工作的本质与规律。

事实上，中国特色社会主义进入新时代，世情、国情、党情发生了一系列深刻变化，意识形态领域也出现了一系列新情况和新问题。习近平总书记高度重视运用马克思主义基本原理，解决意识形态工作领域的现实问题。他积极推动全党学习辩证唯物主义和历史唯物主义基本原理，并从世界观和认识论的高度对一些基本理论和科学规律作出了深刻阐释。关于物质决定意识的基本原理，习近平总书记强调："社会存在决定社会意识。我们党现阶段提出和实施的理论和路线方针政策，之所以正确，就是因为它们都是以我国现时代的社会存在为基础的。"[①] 我们党是以马克思主义为指导的无产阶级政党，指导思想的先进性和理论依据的科学性是保持党的先

[①] 习近平：《推动全党学习和掌握历史唯物主义　更好认识规律更加能动地推进工作》，《人民日报》2013年12月5日第1版。

进性、纯洁性的重要前提。长期以来，我们党之所以能够推动理论创新与实践创新的良性互动、双向发展，能够实现路线方针政策的正确制定和实施，都是以我国社会的现实状况和国情实际为基本前提和客观依据的。

正因如此，习近平总书记也坚持从马克思主义哲学的科学原理出发，认识和思考新时代的意识形态工作。首先，习近平总书记认为定政策、做工作必须要从中国社会的客观实际出发。他强调："学习掌握世界统一于物质、物质决定意识的原理，坚持从客观实际出发制定政策、推动工作。"① 做好思想文化和意识形态工作的一个重要前提，就是必须立足于社会存在的物质性和客观性，也就是立足于中国社会的客观现实和真实状况。这是社会思想文化和意识形态生存发展的现实土壤。只有从中国社会的现实情况出发，才能更好地认识和把握社会存在出现变动后带动社会意识发生的新发展、新变化，才能更好地摸清和梳理意识形态领域出现的新情况和新问题，才能充分按照客观实际谋划和制定意识形态工作的方针政策，这样的意识形态工作才能符合国情实际、符合现实需要。其次，习近平总书记也注重通过加强经济建设，为意识形态工作奠定物质基础。他指出："我们要深刻认识经济基础对上层建筑的决定作用……切实做好中心工作，为意识形态工作提供坚实物质基础。"② 软实力要凭硬实力来支撑，意识形态要靠经济基础来托举，人民群众思想文化和社会主义意识形态的精神大厦，一定是建立在坚实、厚重的物质基础之上的。发展社会主义意识形态，正是要从大力解放和发展生产力，积极创造社会主义物质文明的丰硕成果开始。只有人民物质财富更加丰厚、社会物质基础更加坚实，才能促进社会主义意识形态的凝聚力和引领力不断增强。由此可见，习近

---

① 习近平：《辩证唯物主义是中国共产党人的世界观和方法论》，《求是》2019年第1期。

② 《习近平关于社会主义文化建设论述摘编》，中央文献出版社2017年版，第21页。

平总书记在思考谋划党的意识形态工作的过程中,非常自觉地运用和发挥了辩证唯物主义和历史唯物主义的世界观、方法论。可以说,正是有了对这些马克思主义基本原理的深刻理解和充分继承,才确立了我们党推动新时代意识形态工作理论创新与实践发展的哲学基点。

二 意识对物质产生反作用,表现为精神可以变物质的能动转化

辩证唯物主义和历史唯物主义在揭示物质决定性的同时,也深刻阐释了意识对物质的反作用原理。正如恩格斯所指出的:"政治、法、哲学、宗教、文学、艺术等等的发展是以经济发展为基础的。但是,它们又都互相作用并对经济基础发生作用。"① 上层建筑对经济基础的反作用,构成了社会历史发展辩证关系的重要一方面。从作用效果看,可以分为积极和消极两个方面,先进的、进步的上层建筑可以促进经济基础的形成、巩固和发展,并积极维护这一经济基础;而腐朽、落后的上层建筑则会阻碍、迟滞经济基础的发展,并越来越不适应正在进步发展的经济基础。从作用方式看,上层建筑对经济基础的反作用也可以分为建设和批判两个方面,一方面通过政治的、法律的、思想文化的各种途径和手段,影响作用于人们的社会生活和精神世界,发挥巩固、维护和服务经济基础的作用;另一方面它也会同干扰和破坏经济基础的思想观念、社会文化、政治制度等进行对抗斗争,以减小经济基础所受到的异化和损害。同时,对于新建立的经济基础来说,先进的上层建筑还发挥着"除旧立新"的作用,扫除旧上层建筑的残余和改造旧的经济基础。上层建筑分为观念上层建筑和政治上层建筑,两者共同构成了社会上层建筑的统一整体;为了与观念上层建筑相适应,政治上层建筑又是在观念上层建筑指导下建立起来的。那么,意识形态作为

---

① 《马克思恩格斯选集》第 4 卷,人民出版社 2012 年版,第 649 页。

观念上层建筑，在指导和规范政治上层建筑的过程中，无疑也对经济基础产生着巨大的反作用。正如毛泽东同志所指出的："代表先进阶级的正确思想，一旦被群众掌握，就会变成改造社会、改造世界的物质力量。"①

着眼新时代党的意识形态工作，习近平总书记深刻阐释了精神与物质的辩证关系，充分认识到意识的巨大反作用力。他指出："辩证唯物主义虽然强调世界的统一性在于它的物质性，但并不否认意识对物质的反作用，而是认为这种反作用有时是十分巨大的。我们党强调理想信念是共产党人精神上的'钙'，强调'革命理想高于天'，就是精神变物质、物质变精神的辩证法。"② 崇高的革命理想和充沛的精神动力，可以源源不断地转化成能够改造世界的巨大物质力量；党的意识形态工作正是要从理想信念教育、思想道德建设、宣传舆论引导等方面出发，用砥砺奋进的中国精神凝聚新时代的中国力量。对于有效发挥社会主义意识形态的反作用力，习近平总书记也主张运用先进思想文化和社会主义意识形态武装群众头脑、破除错误观念。他强调："先进的思想文化一旦被群众掌握，就会转化为强大的物质力量；反之，落后的、错误的观念如果不破除，就会成为社会发展进步的桎梏。"③ 在习近平总书记看来，先进的思想文化是社会主义意识形态的重要组成，包括科学的思想理论、进步的价值观念、优秀的文化艺术，等等，这些意识形式可以有效促使人们在社会生活和物质生产中形成坚定的理想信念和强大的精神动力，进而转化为推动社会生产力发展的现实力量。同时，思想文化的多元性和意识形态的复杂性也不可避免地造成一些落后、错误的观念，冲击着、干扰着主流意识形态。那么，意识形态

---

① 《毛泽东文集》第 8 卷，人民出版社 1999 年版，第 320 页。
② 习近平：《辩证唯物主义是中国共产党人的世界观和方法论》，《求是》2019 年第 1 期。
③ 习近平：《在纪念马克思诞辰 200 周年大会上的讲话》，《人民日报》2018 年 5 月 5 日第 2 版。

工作则需要通过舆论斗争、理论批判等方式，及时消除这些负面影响。这种建设性与批判性的有机结合，正是体现了意识形态建设与意识形态斗争的有机统一，也反映出习近平总书记对精神变物质、上层建筑反作用经济基础的充分认识和精准把握。

三　意识形态工作与经济建设辩证统一、双向互动

基于对历史唯物主义和辩证唯物主义的深刻理解，习近平总书记又进一步提出了关于意识形态工作与经济建设的辩证认识："我们在集中精力进行经济建设的同时，一刻也不能放松和削弱意识形态工作"[1]，"既要有硬实力，也要有软实力"[2]，"既不能因为中心工作而忽视意识形态工作，也不能使意识形态工作游离于中心工作"[3]，这些重要论述深刻揭示出意识形态工作与经济建设的相辅相成和辩证统一。经济建设与意识形态工作可以看作是党的工作的一体两面，既互为条件，又互为目标，只有相互促进、良性互动，才能实现共同进步、共同发展。

首先，对意识形态工作而言，经济建设是基础工程和决定力量。历史唯物主义认为，物质生产是任何国家和民族进步发展的基础，也是任何观念上层建筑得以存在的基础。中国改革开放40多年来，从贫穷落后到解决温饱、从脱贫致富到实现小康，这样的社会历史实践已经充分证明，生产力的发展、物质条件的丰富是中国特色社会主义最坚实的发展基础。离开了这一前提，也就离开了社会主义的根本任务、离开了人民群众通往美好生活的现实依据。由此，经济建设为国家发展和现代化建设提供了物质基础，同时也为社会精神文明建设和社会主义意识形态提供了物质基础。经济建设

---

[1]《习近平关于社会主义文化建设论述摘编》，中央文献出版社2017年版，第21页。

[2]《习近平关于社会主义文化建设论述摘编》，中央文献出版社2017年版，第21页。

[3]《习近平关于社会主义文化建设论述摘编》，中央文献出版社2017年版，第21页。

夯实经济基础，为意识形态的上层建筑提供坚强有力的支撑，同时也决定着意识形态的方向与性质、塑造着民族精神文化的本质特征。一定的意识形态必然会表现出一定的政治性与阶级性，这是意识形态特质与属性的集中表现，而这种政治性与阶级性一定是由其社会结构下方经济基础所决定的。不同阶级属性的意识形态其经济基础是截然不同的，比如社会主义意识形态与资本主义意识形态是根本对立的意识形态，其本质区别的根源就在于公有制和私有制两种生产关系的对立。在当今中国，国家的主流意识形态必须建立在社会主义的经济基础和物质基础之上，抓牢抓好经济建设也就意味对社会主义经济基础的加强与巩固。经济基础得到强固，那么树立其上的意识形态观念建筑也自然会更加稳妥、更加牢靠。

其次，对于经济建设而言，意识形态工作可以提供重要思想保证和精神支持。从物质变精神、精神变物质的辩证法出发，强有力的社会主义意识形态反作用于经济基础，就应当包括发挥对经济建设的促进和助推作用。意识形态的教育引导可以为经济发展提供智力支撑，文化教育和精神文明建设等能普遍提升人民群众的知识水平和人文素养，培养高素质的时代新人。意识形态的宣传鼓动可以激发人们参与经济建设的精神动力，弘扬主旋律、传播正能量、鼓舞激励党员干部干事创业的劲头更加充足、人民群众建设社会主义现代化的精神更加振奋，民族复兴的道路也越走越宽阔。意识形态的价值引领也可以促进经济发展的重大决策，经济社会发展依靠谁、为了谁，发展成果怎么分配、由谁享用等，这些既是发展目标问题也是价值取向问题，直接影响着经济建设的各项方针政策。比如，党中央着眼破解经济社会发展的突出问题而提出的"五大发展理念"，就把解决社会公平正义、促进人民共同富裕的"共享"理念，作为新发展理念的重要组成。还有意识形态的观念变革有时也会引发社会制度、经济体制等方面的调整改革，当年改革开放的历史性抉择就发端于"真理标准大讨论"的思想解放，这是意识形态调适政治制度、反作用于经济基础、促进经济社会发展的经典案例。

由此可见，经济建设是社会主义意识形态的存续基础和物质前提，而社会主义意识形态又是经济建设的思想保证和精神支持，两者相得益彰、相辅相成。从我们党的历史也可以看出，无论是革命战争年代的"枪杆子""笔杆子"，还是改革开放新时期的"两手抓、两手硬"（一手抓物质文明、一手抓精神文明），都体现了党的领导人对中心工作与意识形态工作辩证关系的清晰认识和深刻把握。着眼新时代的意识形态工作，习近平总书记一方面要求抓好经济建设这个"中心工作"，同时强调意识形态工作"极端重要"，正是充分表达了两项工作要协调并进、共同发展的现实要求：一手抓经济建设，促进生产力发展，创造更加丰富充裕的物质财富，不断提高人民群众的物质生活水平；另一手也要抓意识形态工作和思想文化建设，不断巩固人民群众团结奋斗的共同思想基础，不断提升国家文化的软实力。只有"硬实力"和"软实力"协调建设、同步发展，才能实现社会主义现代化建设的全面发展；也只有物质文明和精神文明共同繁荣，才能实现中华民族的繁荣复兴。

第二节 极端重视意识形态工作，确立地位作用的新定位

认识正确是行动正确的重要前提。长期以来，我们党对意识形态工作始终高度重视，并且随着社会进步和事业发展不断形成新的理解和认知。新时代世情、国情、党情发生了一系列深刻变化，意识形态领域也出现了一系列新情况和新问题，习近平总书记站在历史与时代的高度，以开阔的思路视野和高超的战略智慧，再一次提升了我们党对意识形态工作的认识和定位。

一 意识形态工作是党的一项极端重要的工作

2013年8月19日，习近平总书记在全国宣传思想工作会议上

鲜明指出:"意识形态工作是党的一项极端重要的工作。"① "极端重要"四个字特别强烈地突显出了新时代我们党对意识形态工作十分急迫的需求、十分热切的关注和十分清醒的认识。可以说,这一重要论述是我们党把自身对意识形态工作的认识观和地位观又刷新到了一个新的水平和高度。

(一)"极端重要"继承了党对意识形态工作的一贯重视,并在新的形势下赋予了更高定位

我们党历来重视意识形态工作,这种认识不仅来源于对马克思主义基本理论的深刻理解,也来源于革命斗争和发展建设的现实需求。在新民主主义革命时期,面对尖锐复杂的斗争环境和愚昧落后的腐朽文化,毛泽东同志便深刻指出:"革命文化,对于人民大众,是革命的有力武器……在革命前,是革命的思想准备;在革命中,是革命总战线中的一条必要和重要的战线。"② 这一论断深刻解释出,革命文化运动(即意识形态工作的组成部分)是革命实践活动的重要组成部分,可以在激烈的敌我斗争中发挥关键作用。在延安整风时期,毛泽东深刻认识到通过组织干部学习达到统一思想、消除分歧的积极作用,在刘少奇同志的书信中他强调:"掌握思想领导是掌握一切领导的第一位。"③ 这一论断表达了毛泽东同志主张思想建党、理论强党的治党理念,也显示他对思想和意识形态领导权的高度重视。到社会主义建设时期,毛泽东仍然把思想政治工作和意识形态工作,作为开展好经济和技术工作的重要保证,他强调:"政治工作是一切经济工作的生命线,在社会经济制度发生根本变革的时期,尤其是这样。"④ 在此,毛泽东将政治工作(包含意识形态工作)比作"生命线",是将其摆上了能够指明党

---

① 《习近平关于社会主义文化建设论述摘编》,中央文献出版社2017年版,第33—34页。
② 《毛泽东选集》第2卷,人民出版社1991年版,第708页。
③ 《毛泽东文集》第2卷,人民出版社1996年版,第435页。
④ 《毛泽东文集》第6卷,人民出版社1999年版,第449页。

的事业方向路线、能够影响党的事业生死存亡的高度,并进一步指出:"思想工作和政治工作,是完成经济工作和技术工作的保证,它们是为经济基础服务的。思想和政治又是统帅,是灵魂。"① 此外,毛泽东也警示大家,倘若忽视意识形态工作,经济工作和技术工作就可能面临跑偏方向、走错道路的危险,他指出:"只要我们的思想工作和政治工作稍为一放松,经济工作和技术工作就一定会走到邪路上去。"②

  进入改革开放新时期,多元思想文化激荡碰撞、各种错误观念冲击干扰,使得社会主义意识形态领域面临的形势日趋复杂严峻。其中,最具威胁的莫过于西方国家利用开放和交流的时机,通过思想文化、宣传舆论等渠道想方设法对中国等社会主义国家实施"和平演变"。邓小平同志十分清醒地认识到了其中的危险,他指出:"西方国家正在打一场没有硝烟的第三次世界大战。所谓没有硝烟,就是要社会主义国家和平演变"③,"帝国主义搞和平演变,把希望寄托在我们以后的几代人身上。"④ 对此,邓小平同志深刻地认识到在对外开放过程中守好思想防线和政治防线的重要性,他坚持用精神文明建设统领意识形态工作,并以此来确保社会主义现代化建设的政治性和纯洁性,他指出:"没有这种精神文明,没有共产主义思想,没有共产主义道德,怎么能建设社会主义?"⑤ "精神文明建设是实现四个现代化的重要保证……没有理想、没有艰苦奋斗的精神不行,精神面貌可以直接影响物质。"⑥ 由此可见,建设社会主义和实现四个现代化,离不开思想道德和理想信念,否则容易丧失社会主义的方向和性质,而社会主义精神文明建设正是为主流意识形态保驾护航的有力抓手。

---

① 《毛泽东文集》第7卷,人民出版社1999年版,第351页。
② 《毛泽东文集》第7卷,人民出版社1999年版,第351页。
③ 《邓小平文选》第3卷,人民出版社2001年版,第344页。
④ 《邓小平文选》第3卷,人民出版社2001年版,第380页。
⑤ 《邓小平文选》第2卷,人民出版社1994年版,第367页。
⑥ 《邓小平年谱》(下),中央文献出版社2004年版,第838页。

进入20世纪90年代，国际上苏联解体、东欧剧变，世界社会主义发展进入低谷，西方国家"和平演变"的图谋给社会主义国家和执政党敲响了警钟；国内农村产业调整、通货膨胀、贫富差距、国企改革、工人下岗等各类改革难题和社会矛盾交织碰撞，党和国家的发展建设面临着内部矛盾和外部压力的双重考验，江泽民同志更是特别强调了意识形态阵地"自己不占领、敌人就占领"的紧迫性和严峻性。到了新世纪、新阶段，全球化、一体化快速发展，发达资本主义国家利用科技和经济的输出，推动政治和意识形态趋同；中国社会各种思想观念多元多样、各类精神文化活跃激荡，一些错误思潮甚嚣尘上，社会大众信仰缺失、道德滑坡、价值扭曲的现象开始出现，胡锦涛同志同样发出了意识形态工作十分重要，"搞不好也要出大问题"的告诫。由此可见，无论是革命战争年代还是改革开放时期，我们党始终高度重视意识形态工作。

党的十八大以来，以习近平同志为核心的党中央坚持以马克思主义为指导，继承发展了我们党历届领导人关于意识形态工作的认识论，紧密结合新时代的历史特点和形势任务，提出了"极端重要"的新定位和新判断。这一重要论述与我们党长期以来对意识形态工作的理解认识是一脉相承的，充分认识到意识形态对社会发展和经济建设的促进作用，深刻认识到意识形态能够发挥把握政治方向、凝聚思想共识的重要作用，也清醒地认识到敌我双方意识形态领域斗争较量的激烈性和复杂性。这一重要论述也对党的意识形态工作认识论有所发展，首次使用"极端重要"来强调意识形态工作，十分确切地体现出了新时代我们党看待意识形态工作的特殊性和紧迫性，十分强烈地表达出了做好意识形态工作的关键性和重要性，以字字千钧之势强烈表达了意识形态工作在新时期党的各项工作中所占据的重要分量和关键地位。

（二）"极端重要"昭示了意识形态工作的严峻形势，也表达出直面风险挑战的危机感和紧迫性

党的十九大报告鲜明指出："必须进行具有许多新的历史特点

的伟大斗争"①，并强调了伟大斗争的长期性、艰巨性和复杂性。进入新时代，中华民族奋进在伟大复兴的历史征程中，但前进的道路并不平坦，周遭的环境也并不安宁，各种困难挫折会接踵而来，不同风险挑战也将此起彼伏，这是我们必须进行伟大斗争的严峻形势和客观现实。这样的"伟大斗争"必然包含了意识形态领域的激烈斗争。

当今世界，两种制度、两条道路的博弈和斗争依然存在，并且随着历史与时代的变迁不断变化演进。2017年12月，习近平总书记在接见驻外使节时，指出："放眼世界，我们面对的是百年未有之大变局。"② 中国处在这一大变局之中遭遇了一系列突如其来的障碍与阻力。2018年3月，美国宣布开始对中国进口的600亿美元商品加征关税，由此拉开了中美贸易摩擦的序幕，之后层层加码、步步讹诈；2018年4月，美国商务部制裁中兴公司，禁售核心部件产品，开出10亿罚单；2018年12月，以加拿大海关无端扣押孟晚舟为标志，美国公开封杀和打压中国华为公司和5G技术，并不遗余力地怂恿、鼓动、纠集其盟友和个别西方国家共同抵制。从2016年6月开始，中印两国军队在边境频频摩擦对峙，并引发出印度政府鼓动民众抵制中国商品、禁用中国软件，两军边境对峙一直持续至今；进入2020年，中国又最先受到新冠肺炎疫情的冲击，经过上下同心的巨大努力、付出停工停产等巨大代价，中国迅速控制住疫情并向世界伸出援手，却遭到了美英等个别国家和势力的故意甩锅、恶意索赔、蓄意诬陷。2018年以来，美国纠结其党羽，针对中国从贸易战拓展到科技战、舆论战、外交战，等等，不遗余力、不择手段、不止不休地攻击、打压中国；甚至公然

---

① 习近平：《决胜全面建成小康社会夺取新时代中国特色社会主义伟大胜利——在中国共产党第十九次全国代表大会上的报告》，人民出版社2017年版，第15页。

② 《习近平接见二〇一七年度驻外使节工作会议与会使节并发表重要讲话》，《人民日报》2017年12月29日第1版。

干涉中国内政，炮制涉疆、涉藏法案，挑动所谓人权、民族和宗教等问题事端；安排政府官员窜访台湾、加大军售，怂恿"台独"势力不断挑战底线、逼近雷池，毫无顾忌地将两岸关系推向战争的边缘。类似这些困难和阻碍同样也出现在意识形态领域，外部敌对势力对中国挑动"颜色革命"、实施"西化、分化"的图谋从未停止，由于焦虑、畏惧中国的迅猛和快速崛起，近些年来反而有愈演愈烈之势，政治干扰、思想颠覆、文化侵蚀以及价值观输出、民族宗教渗透等无所不用其极。为了应对如此严峻而复杂的斗争，必须把意识形态工作摆在"极端重要"的位置。

当今中国，从改革发展稳定到国防内政外交，意识形态领域也从来都没有风平浪静过，现实社会问题激化思想矛盾，多元思想文化扰乱价值观念，错误社会思潮冲击理想信念，网络意识形态变成前沿舆论阵地，等等，各种矛盾问题的碰撞摩擦、暗流涌动都给意识形态工作设置了重重障碍。历史和实践都已充分表明，意识形态领域的矛盾和困难并不会随着经济社会的发展而自然化解。恰恰相反，我们在繁荣富强道路上步子越大、走得越快，意识形态领域面临的风险挑战可能会越来越大；我们推进全面深化改革越向纵深发展、向"深水区"挺进，需要解决的矛盾障碍和困难问题等也会越来越多。如此复杂严峻的形势和任务都需要通过做好意识形态工作来缓和冲突、化解矛盾，都需要通过做好意识形态工作来增强信心、鼓舞斗志，这时强调意识形态工作的"极端重要"，正是表现出一种直面风险与挑战的积极态度。

在当前政治清明、社会安定，经济社会发展前景一片大好的情形下，社会主义先进文化和意识形态建设整体上蒸蒸日上，然而仍存在个别党员干部或机构部门坚守意识形态阵地的意识有所淡化、弱化的情形。中国社会科学院有学者在十八大前围绕对意识形态工作的态度看法在数千名党员干部中间进行了专题调研。其调研结果令人担忧，有的县乡领导认为上级主要考核经济指标，加上安全、维稳、廉政等任务饱满，无暇深度思考和开展意识形态工作；有的基层干部感到意识形态的"虚功"不好"实做",安排部署通常是传达上级文件、通报会议精神,到落地落实层面不知如何下手;还有的机关干部认为意识形态工作就是宣传部门的事,其他行政机关不理会、不参与的问题一定程度存在。更有甚者,还有极个别干部由于理想信念淡薄、价值取向错位,竟然对意识形态工作还产生了藐视、嘲弄、调侃的态度,该学者将其概括为"三笑":"听到马克思主义冷冷一笑,听到中国特色社会主义微微一笑,听到共产主义哈哈一笑。"① 可见,在个别党员干部头脑中,意识形态工作的弦已经松动,必须给他们敲响一记警钟。

还有一些社会性的事件也反映出意识形态阵地存在松动的迹象。2014年9月,《辽宁日报》组成报道团队,先后前往沈阳、北京、上海、广州等多所城市的高校,围绕"大学课堂上的中国"这一课题进行了专题调研采访,并于同年11月13日在《辽宁日报》第4版,以"本报编辑部"的名义刊发了《老师,请不要这样讲中国——致高校哲学社会科学老师的一封公开信》一文。文中列举了大学课堂上个别老师,在思想政治教育中进行误导的种种问题:"有的老师用戏谑的方式讲思想理论课,揭秘所谓马克思恩格斯的'隐私'……有的老师传递肤浅的'留学感',追捧西方'三权分立'……有的老师把自己生活中的不如意变成课堂上的牢骚。"② 这篇报道反映出了当前的一些大学课堂,作为青年思想教育的重要阵地和价值观培育的重要渠道,仍存在不少的危机和隐忧。这类庆幸同样需要及时地警醒和扭转。

如此看来,习近平总书记强调"极端重要"这四个字,的确包含了一份危机感和紧迫感。这是在用铿锵有力、入木三分的话语警醒和告诫全党、全社会:随着形势任务的发展,斗争的形势会日

---

① 朱继东:《新时期领导干部意识形态能力建设》,人民出版社2014年版,第5页。

② 本报编辑部:《老师,请不要这样讲中国》,《辽宁日报》2014年11月13日第4版。

趋激烈,矛盾和问题也可能日益增多,为了更好地应对风险挑战、化解危机难题,必须把意识形态工作摆上突出位置、给予极端重视,须臾不能有丝毫放松。

二 意识形态工作攸关全局、事关重大

关于意识形态工作的重要性,习近平总书记曾深刻指出:"能否做好意识形态工作,事关党的前途命运,事关国家长治久安,事关民族凝聚力和向心力"[①],此后又进一步指出:"意识形态关乎旗帜、关乎道路、关乎国家政治安全。"[②] 可以说,这两段重要论述深刻阐述了意识形态工作的关键作用和要害地位,也鲜明揭示出新时代做好意识形态工作的特殊价值和非凡意义。

(一) 意识形态工作关乎旗帜道路

旗帜指明方向、道路决定命运。旗帜道路问题从来都是具有全局性、根本性和关键性的重大问题。旗帜问题,是以何种理论为指导、以何种制度为基础、朝哪个方向前进的问题,关乎着党和国家的根本立场;道路问题,是以何种方式谋发展、以何种力量为依靠、以什么目标为终点的问题,直接影响着党和国家的重大路线、方针、政策。旗帜找准了、道路选对了,持之以恒、艰苦奋斗就会迎来光明前景;反之旗帜找错了、道路选偏了,就有可能南辕北辙、背道而驰,甚至走到万劫不复的地步。在旗帜和道路问题上,党的意识形态工作正是关键的"压舱石"。意识形态工作能够宣传灌输马克思主义指导思想和党的创新理论,解读阐释党和国家的重大路线方针政策,帮助人民群众树立远大理想和共同理想。意识形态工作做好了旗帜自然会越举越高,道路自然能越走越坚定。相反,如果意识形态工作松软无力,意识形态阵地失守、防线溃散,则很快会陷入思想混乱、人心涣散、信念动摇的境地,到那时距离

---

① 《习近平总书记系列重要讲话读本》,学习出版社2016年版,第193页。
② 《习近平关于社会主义文化建设论述摘编》,中央文献出版社2017年版,第35—36页。

崩溃失败、亡党亡国的日子也就不远了。可以说，抓好了意识形态就等于握紧了"旗杆"、锁定的"路标"，党和国家的旗帜道路就不会轻易丢失。

事实上，我们党百年来不屈不挠、奋斗发展的历史，也始终是一部高举旗帜、坚定道路的历史，井冈山上的"星星之火、可以燎原"是共产党人革命信念火种的不屈燃烧；抗美援朝战场上的浴血奋战、顽强抵抗是共产党人保卫社会主义、抗击帝国主义的壮志豪情。从天安门城楼上的五星红旗、高高飘扬到改革开放"摸着石头过河"的艰辛探索，从抵御内部考验和外部风险的沉着坚定到实现民族复兴梦想的昂扬奋进，我们党无不是高举着旗帜、坚守着道路，而这种高举和坚守首先就表现在思想信念上的坚持与坚定。

历史和实践早已充分表明，能够树立起一面引领前进方向的伟大旗帜、能够寻找到一条符合国情实际的发展道路，从来都不是轻而易举、唾手可得的。中国特色社会主义伟大旗帜和中国特色社会主义伟大道路，是我们党带领人民经过了孜孜不倦的探索和艰苦卓越的奋斗才最终确立和选定的。当前，中国特色社会主义进入新时代，在通往民族伟大复兴的奋斗道路上，依然面临着很多的风险考验和干扰阻挠，只有始终保持思想上的清醒、理论上的先进、信念上的坚定，才能保证高举旗帜不动摇、坚定道路不偏向，这是党的意识形态工作能够提供的最为坚强的思想基础和政治保证。

（二）意识形态工作事关党和国家的前途命运

思想是行动的先导，理论是实践的指南。意识形态工作密切关联着党的思想理论建设。思想理论的科学进步，是一个政党或一个政权保持先进性、纯洁性的重要提前；思想理论的衰败和落后，也往往是政党灭亡、政权倒台的先期信号。毛泽东同志曾深刻指出："凡是要推翻一个政权，总要先造成舆论，总要先搞意识形态方面的工作。无论革命也好,反革命也好,他先要搞意识形态。"① 对此,习近平总书记也指出:"一个政权的瓦解往往是从思想领域开始的,政治动荡、政治更迭可能在一夜之间发生,但思想演化是个长期过程。思想防线被攻破了,其他防线就很难守住。"② 由此,足可以看出意识形态领域和意识形态阵地对一个政党、一个国家的重要性。政党要执政兴邦、国家要安定富强,就离不开对意识形态领域的领导和对意识形态阵地的坚守;忽视、轻视意识形态工作,丧失、放弃意识形态阵地,指导思想就容易丢掉灵魂、理想信念就容易失去支柱,精神家园和思想基础也就缺少了根本依托,从思想混乱到组织涣散,再到人民的离心离德,随之而来政治动荡、政权垮台也就在所难免了。

苏联的惨痛悲剧就与意识形态从量变到质变的崩塌密切相关。从斯大林开始,由于过度追求发展工业挫伤农业生产,对农民群体建设社会主义的热情就有了不小打击;到赫鲁晓夫全盘否定斯大林,直接造成了党员和民众的思想混乱,也为资本主义意识形态的渗透颠覆提供了可乘之机;之后的勃日列涅夫虽着力整顿思想、严肃风气期望能挽救危局,但全党、全社会意识形态领域的蜕变和坍塌已成定势;到最后的戈尔巴乔夫,公开否定共产党的领导、否定社会主义革命和建设的历史,彻底摧毁了党员的理想信念和社会的思想基础,悲剧性的失败也就如期而至,一个偌大的社会主义政党和社会主义国家就此土崩瓦解、分崩离析了。导致这一历史悲剧的原因有很多,但其中一个重要方面就是在激烈的意识形态斗争中,历史虚无主义的恣意泛滥、马克思主义的背离丢弃、错误思想路线和政治路线越行越远,可谓是击倒庞然大物的一剂猛烈"毒药"。由此可见,失去了对意识形态的掌握和领导,就等于放弃了马克思主义的指导、丧失了社会主义的信念,必然会动摇立党立国的思想

---

① 《毛泽东传》第 5 册,中央文献出版社 2011 年版,第 2220 页。
② 《习近平关于社会主义文化建设论述摘编》,中央文献出版社 2017 年版,第 21 页。

基础和政治基础，从而引发万劫不复的灾难性后果。这是苏联解体和苏共垮台特别值得深思和警醒的前车之鉴。

站在新时代的新方位，党和国家步入了实现民族伟大复兴和建设社会主义现代化强国的快车道，但也必须清醒认识到当今世界并不安宁，道路之争、制度之争、命运之争都在敌我博弈对抗中激烈交锋。这样的激烈交锋就包括文化之争、意识形态之争，而且意识形态领域"没有硝烟"的对抗较量更可能直接影响着、改变着党和国家的前途命运。因此，在这样的对抗斗争中，要确保党和国家的事业兴旺发达，确保党和国家永远立于不败之地，就必须不断加强意识形态工作。

（三）意识形态工作事关国家长治久安

长治久安，是指国家持久稳定地发展，社会长久持续地太平，人民生活持之以恒地快乐美满、幸福安康。自古以来，中国的思想家与政治家们就十分推崇、向往国家长治久安、社会太平安康、人民安居乐业的理想盛世。孔子所描述的"大同社会"，就有"是故谋闭而不兴，盗窃乱贼而不作，故外户而不闭"（《礼记·礼运》）的场景；西汉的贾谊也在《治安策》中，勾勒了太平天下的蓝图，"诸侯轨道兵革不动，民保首领，匈奴宾服，四荒乡风，百姓素朴，狱讼衰息，大数既得，则天下顺治，海内之气清和"（《汉书·贾谊传》）。古代先贤们一方面向往追求着长治久安的理想社会，另一方面也不断创造着、积累着治国安邦的高明智慧和优秀文化的瑰宝。人类文明发展到近现代社会，国家稳定、社会太平、人民安康的美好愿景，仍然是不同国家和政府治理者们的普遍追求和热切愿望。

唯物史观的科学规律表明，社会运行平稳、国家政权稳定是一个社会组成上层建筑与经济基础相协调、相适应的重要表现。上层建筑与经济基础相协调、相适应，社会运行就会相对平顺、国家政权就会相对稳定，一定时期内就不会出现大的社会动荡和变革。而上层建筑中的政治上层建筑，包括政治、法律制度、军队、警察、政府、党派等国家机器和政治组织，又是服务和维护其经济基础的最直接、最有效的设施。比如，我国以根本大法《宪法》的形式，规定了人民民主专政的国体和人民代表大会制度的政体，就形成了维护我国社会主义性质和公有制制度的最有力制度武器。在政治上层建筑之上，是观念上层建筑，也就是意识形态。两者之间的关系是相互作用、相互渗透、相互依赖，观念上层建筑对政治上层建筑起着主导作用。这就是我们以马克思主义为指导，从而建立了社会主义国家、实行公有制的逻辑根源所在。由此可见，作为观念上层建筑的意识形态对一个国家和社会重大的历史选择和重大的制度安排等都会产生非常重要的影响。

同时，意识形态也可以为社会和民众描绘一幅理想、愿景和追求的美好图景。就像恩格斯借用摩尔根的预言所描述的未来社会那样："管理上的民主，社会中的博爱，权利的平等，普及的教育，将揭开社会的下一个更高的阶段"[1]，使人类社会在更高阶段、更高形式上实现了原始社会共产主义的"复活"。在人们的社会活动中，意识形态也会形成一个目标牵引和精神激励，从而驱策为追求理想社会而不断努力奋斗。在这个过程中，人民幸福感、满足感会不断提升，社会的和谐性、稳定性也会不断增强。在新时代，中国特色社会主义的大航船既会有风和日丽的坦途，也会有急风险浪的颠簸。在国家和社会治理的过程中，人心安而社会安、思想稳则国家稳，要想有效维护国家、社会的长治久安就离不开意识形态工作的稳定思想、稳定社会的重要作用。

（四）意识形态工作关乎国家政治安全

2018年4月，在国家安全委员会会议上，习近平总书记特别强调："政治安全是国家安全的根本。"[2] 这一论述鲜明揭示了维护国家政治安全的极度重要性，深刻阐明了塑造好国家安全必须先维

---

[1] 《马克思恩格斯选集》第4卷，人民出版社1995年版，第179页。
[2] 习近平：《全面贯彻落实总体国家安全观　开创新时代国家安全工作新局面》，《人民日报》2018年4月18日第1版。

护好政治安全的深刻道理。政治安全，从外部讲是确保国家的领土主权、政治制度、合法政权等不受别国或其他势力的威胁、干扰与破坏，有效维护国家的主权完整、政权稳定；从内部讲是指社会矛盾能够平衡调适、政治运行能够规范连续、社会秩序能够平稳有序，防范出现政权合法性危机、民族分裂、政治动乱、社会动荡等重大危险事件。政治安全包括国家领土主权安全、政权安全、政治制度安全和意识形态安全等。其中，意识形态作为国家意志在政治、经济、社会、文化等各个领域的根本价值取向和共同思想基础，在整个国家政治安全体系中居于重要地位。

首先，意识形态可以为国家主权独立提供精神支撑。国家意识形态设定了国家和国民共同的理想信念和共同的奋斗目标，是广大民众身份归属和国家认同的重要精神指针。同时，国家意识形态还包含着一个国家的历史传承和文化积淀，是国家精神与民族精神的高度升华，也是国家特质和民族特性的重要文化标识。只有维护好国家意识形态的安全，充分发挥思想文化的核心价值，才能从精神上、思想上保证国家的统一和民族的独立。

其次，意识形态可以为政党提供合法性基础。任何政党，在论证其政治地位和政权掌握的合法性过程中，都离不开意识形态的思想统一和观念整合。主流意识形态领域发生了动荡和混乱，国家政治上层建筑之上的观念体系就可能被动摇，人们对国家和政府的信任、信服程度就会降低，政党的合法性地位就容易发生瓦解和崩塌。因此，只有维护好意识形态的安全，才能为政权稳定和执政安全提供强有力的思想保障和精神支柱。

最后，意识形态还可以为社会良性运转发挥稳定作用。整个社会是由不同的组织和个人构成，精神思想层面的统一是社会机器保持系统性、协调性的重要前提，而意识形态作为社会思想观念层面的"黏合剂"，正是起到了调适社会心理、整合社会思想的功能作用。社会的分歧和差异会因为意识形态的整合同化而趋于统一，社会的冲突矛盾也会由于意识形态的调适疏解而避免尖锐升级。意大利思想家安东尼奥·葛兰西在谈到意识形态时曾将其比作社会"水泥":"在保持整个社会集团的意识形态上的统一中,意识形态起了团结统一的社会水泥作用。"① 这一比喻形象地揭示出了意识形态的观念整合功能。可见,通过意识形态的协调整合,可以有效将社会中一些矛盾冲突消解在思想观念层面,非常有利于营造和谐稳定的社会环境。当前,中国特色社会主义进入新时代,面对具有许多新的历史特点的伟大斗争,必须积极营造安全稳定的社会环境,其中以维护政治安全为首要。在应对一系列危机与挑战的过程中,确保国家和民族的独立统一,确保党的领导的权威和执政地位的稳固,确保社会主义制度的安全稳定等,都离不开意识形态工作的保驾护航。

(五)意识形态工作事关民族凝聚力和向心力

民族凝聚力和向心力是一种能够聚合内部成员、带动民族发展的强大生命力和驱动力,也是一种能够克服分裂分化、消解外部干扰的抵御力和黏合力。在思想文化层面,民族凝聚力和向心力包含着一种精神上的聚拢、情感上的交融和心灵上的共依。中华民族,是一个历史悠久的民族,也是一个文化灿烂的民族,之所以能够历经跌宕起伏而不分裂,翻越艰难险阻不离散,反而愈加生机勃勃、愈加团结振奋,正是因为拥有着一条割不断的文化血脉。正如习近平总书记指出的:"加强中华民族大团结,长远和根本的是增强文化认同,建设各民族共有精神家园,积极培养中华民族共同体意识。"②

意识形态作为一种人们共同理解、共同认可的思想体系,可以对人们在社会活动中的思想和行为作出有方向、有预期的目标指引和价值导向,也可以在纷繁复杂的社会体系和矛盾冲突的社会运行

---

① [苏]肖·阿·纳奇拉什维里:《宣传心理学》,金初高译,新华出版社1984年版,第25页。
② 习近平:《在中央民族工作会议上的讲话》,《人民日报》2014年9月20日第1版。

中运用观念的力量促使人们的思想意识趋于凝聚统一。在整个思想文化的体系之中，意识形态处于内核和导因的地位，对文化性质有规定作用，对文化脉络也有凝聚作用，更能强化人们对民族历史的传承、对民族身份的归属、对家国情怀的坚守，从而促进人们在精神追求、价值取向、行为模式上的凝聚统一。

回首近代以来的中华民族，在民族独立斗争中艰苦奋斗、不屈不挠，在社会主义的火热建设中万众一心、众志成城，在改革开放的大潮中傲然挺立、奋发图强，无不展现出一种强大的民族凝聚力和向心力。这种团结奋斗的凝聚力和向心力，离不开共同的理想信念和奋斗目标，也离不开共同的文化血脉和历史传承，这正是意识形态所能发挥的积极作用和特殊功能。特别是在社会运动和社会变革的过程中，意识形态往往能起到发动人民、团结群众、建立统一战线、赢得广泛支持的关键作用。在中国人民争取独立和解放的斗争中，中华民族经过浴血奋战和艰苦奋斗，推翻了"三座大山"，实现了民族独立和人民解放，首先离不开中国共产党的坚强领导，其次也离不开广大人民群众团结一心、众志成城的精神和意志。这其中，共同奋斗目标、共同价值追求发挥了巨大的凝聚、引导作用。

文化认同作为一个国家和一个民族最基本、最深沉、最持久的认同，包含着对悠久历史的传承、包含着对国家民族的归属，也包含着对精神特质的内聚，这是能够形成民族凝聚力和向心力的最根本的思想基因。放眼现今，中华民族迈向伟大复兴，更加需要通过意识形态工作锻造强固的精神纽带、激发充沛的思想力量，不断增强民族凝聚力和向心力。唯有如此才能抵御风险考验、抵抗分裂颠覆，才能给国家发展、社会进步注入巨大的推动力和创造力。

第四章　思路理念创新：科学提出做好意识形态工作的思想方法与工作方法

关于掌握正确的工作方法对做好工作的重要性问题，毛泽东同志曾生动地将工作任务和工作方法分别比作"过河"与"桥或船"。面对意识形态领域的风险挑战，面对纷繁复杂的形势任务，以习近平同志为核心的党中央既安排部署"过河"的任务，又指导解决"桥和船"的问题，着眼意识形态领域的新情况和新变化，大力推进意识形态工作的思路理念创新，提出包括工作方针原则的新概括、目标任务的新判断和组织领导的新要求等一系列新思想新理论，形成了具有科学性、指导性的思想方法与工作方法。

第一节　准确把握意识形态工作的正确方向，提出方针原则的新概括

方针与原则的问题是关系工作方向和基本遵循的重大问题，必须要把握好、确立好。我们党关于意识形态工作的理论创新，明确了围绕中心、服务大局的基本职责，确立了党性与人民性相统一的原则立场，提出了正面宣传与舆论斗争相结合的方针策略，强调了统一思想、凝聚力量的中心环节，由此建立和形成了新时代意识形态工作的基本方针和重要原则。

一　坚持围绕中心与服务大局相并举，明确了意识形态工作的基本职责

在 2013 年 8 月召开的全国宣传思想工作的重要讲话上，习近平总书记特别强调了意识形态工作的基本职责问题，他指出："意识形态工作一定要把围绕中心、服务大局作为基本职责，胸怀大局、把握大势、着眼大事，找准工作切入点和着力点，做到因势而谋、应势而动、顺势而为。"① 面对新时代的形势和任务，意识形态工作只有始终聚焦党和国家事业的中心与大局，才能真正做到找准方向、实现价值。

（一）意识形态工作只有在围绕中心、服务大局中才能发挥真正作用

意识形态工作围绕中心、服务大局，这既是意识形态的本质属性和内在要求，也是我们党长期以来的政治优势和优良传统。可以说，党和人民的事业建设发展到哪里，意识形态工作就跟进服务保障到哪里。

早在革命战争年代，党的意识形态工作就始终围绕着发动群众、武装斗争、宣传革命的中心和大局，党的宣传部门通过标语口号、歌谣漫画、报刊图书等多种形式，广泛传播党和军队的革命形象，大力激发革命军队的战斗力和凝聚力，为党的武装斗争和革命工作提供了重要支撑。对此，党的宣传战线也被毛泽东同志誉为是团结群众、战胜敌人必不可少的"文化"战斗力，他指出："共产党是要在左手拿宣传单，右手拿枪弹，才可以打倒敌人的。"②

到了建设和改革时期，党的意识形态工作依然坚持围绕中心、服务大局，从冲破墨守成规的思想禁锢，到确立解放思想、实事求是的思想路线，从跳出传统、僵化的思想羁绊，到树立勇于接受新

---

① 《习近平关于社会主义文化建设论述摘编》，中央文献出版社 2017 年版，第 21—22 页。

② 毛泽东：《建党以来重要文献选编（1921—1949）》（第五册），中央文献出版社 2011 年版，第 637 页。

思想、新事物的开放意识，以及在全社会营造重视科技、重视教育、尊重知识、尊重人才的良好风尚，有针对性地宣传市场观念、竞争观念、效率观念和民主法制观念等，为改革开放的顺利推进提供了良好的舆论环境，也为社会主义事业的建设发展提供了重要的思想保障。

由此可见，在革命、建设和改革的各个时期，党的意识形态工作总是在为党的工作的总路线和总任务服务；同时，也正是因为把围绕中心、服务大局始终作为工作的主题主线，党的意识形态工作才能做到找准方向、明确定位，才能真正体现价值、发挥作用。

（二）意识形态工作只有在围绕中心、服务大局中才能找准战略定位

关于做好新时代党的意识形态工作，习近平总书记强调了"围绕中心、服务大局"的基本职责后，紧接着着重提出了"胸怀大局、把握大势、着眼大事"的工作要求。那么，如何才能充分认清和精准把握"大局、大势、大事"，就涉及要协调好、处理好意识形态工作这个重要局部与党的事业的战略全局之间的关系。

关于局部与全局的关系，毛泽东同志在谈到中国革命战争的战略问题时，就曾说过："因为懂得了全局性的东西，就更会使用局部性的东西，因为局部性的东西是隶属于全局性的东西的……说'一着不慎，满盘皆输'，乃是说的带全局性的，即对全局有决定意义的一着，而不是那种带局部性的即对全局无决定意义的一着。下棋如此，战争也是如此。"① 同样，邓小平同志也曾指出："我们的一切工作都会涉及全局与局部的关系、中央与地方的关系、集中统一与因地制宜的关系……照顾全局，从实际出发，这两个观点缺一不可。"② 关于围绕中心抓工作的问题，任弼时同志曾在谈论领导方法和领导作风时指出："我们要善于在一定时期内，抓住工作

---

① 《毛泽东军事文集》第1卷，军事科学出版社、中央文献出版社1993年版，第695页。
② 《邓小平文选》第1卷，人民出版社1994年版，第198页。

中的中心环节,各项工作都要围绕着这个中心环节去进行。"① 中心的定位紧密联系重点和焦点,大局的走向会决定形势的发展,瞄准了中心、掌握了大局,也就抓住了工作成败的关键。对于意识形态工作来说,上连国家前途命运,下至群众思想精神,只有紧盯党和人民事业的中心任务、从工作的大局全局出发,才能明确当前的工作目标是什么、努力方向在哪里,才能找准自身的方位和定位。相反,如果忽视了中心任务,游离于大局之外,不仅工作的作用效果发挥不出来,还有可能发生南辕北辙、抱薪救火的状况。因此,弄清了意识形态工作与中心和大局之间的关系,也就找准了意识形态工作的战略定位。

所谓谋定而后动,方能无往而不胜。越是重大性、系统性的工程,越是动态性、变化性的工作,就越需要找好方向和定位,如此才能找准工作的切入点和着力点,进而顺利地实施和推进。新时代的意识形态工作,面临的舆论环境越来越纷繁复杂,面对的形势变化越来越波诡云谲,这就需要具备紧盯中心的眼光和把握大局的意识,在党的全部工作的中心和大局中寻找意识形态工作方向和定位。唯有如此,才能在战略全局、发展大局的层面认清形势、分析形势,才能做到因势而谋、应势而动、顺势而为。

(三)意识形态工作只有在围绕中心、服务大局中才能做到纲举目张

所谓"举一纲而万目张",指的是干工作或办事情通过抓住关键部分而带动其他环节,这是一种科学而高效的工作方法。意识形态工作涉及面宽、影响范围大、系统性强,开展过程中纷乱复杂、千头万绪,最需要运用分条缕析、纲举目张的工作方法。面对意识形态工作的众多领域、众多任务、众多问题,倘若不分轻重主次、眉毛胡子一把抓,就很容易陷入手忙脚乱、疲于应付的境地。而要做到迅速厘清头绪、明晰思路,就需要学会牵住"牛鼻子",善于

---

① 《任弼时选集》,人民出版社1987年版,第279页。

从重点环节和关键部位入手。事实上，意识形态工作作为一种能够维护、支撑和促进国家社会发展的软实力，从来都是为党和国家事业大局服务的；那么，紧紧扭住那些最能体现围绕中心、服务大局的工作和任务，也就自然能在其中找出关键、抓住重点。

同时，从地位重要、作用关键角度出发，意识形态工作也是最适宜通过抓重点带全面的方式推动实施的工作。毛泽东同志把思想政治和意识形态工作比作"生命线"，邓小平同志提出"认真做好、不能放松"的要求，江泽民同志强调了"占领意识形态阵地"的紧迫性问题，胡锦涛同志发出"搞不好也要出大问题"的告诫，这些都无不显示意识形态工作的重要地位和关键作用。到新时代，习近平总书记更是用"极端重要"和关乎旗帜道路、前途命运、长治久安等，论述意识形态工作的关键性和重要性。事实上，意识形态工作如此重要，很大程度上正是由于其能够影响中心、牵动全局。因而，意识形态工作中一些重大性、关键性、根本性的问题，一定是与中心和大局息息相关的问题；一些长远性、系统性、原则性的工作，也一定是与中心和大局紧密相连的工作。这既是意识形态工作职能定位的鲜明特点，也是其工作运行和开展的基本规律。因而，在意识形态工作的实践中，只有牢牢把握好向中心处聚焦、在大局下运行这一基本规律，才能很好抓住工作的"纲"和"本"，才能在面对复杂局势、处理复杂矛盾时作出正确的决策与判断。

"明者因时而变，知者随事而制"，党和人民的事业发展的不同阶段，中心任务和整体局势也有不同的调整变化，因而意识形态工作也应当及时对好表、定好位，才能担负起根本的、重要的使命职责。当前，在新的时代条件下，意识形态工作所应围绕的中心就是：经济建设这个党的中心工作，努力实现社会主义现代化强国的奋斗目标和中华民族伟大复兴的中国梦。所应把握好的大局就是：中国特色社会主义进入了新时代，国家发展确立了新的历史方位，党和国家部署的"五位一体"的总体布局和"四个全面"的战略布局。只有充分认识到这个中心、把握好这个大局,意识形态工作才能顺应中国和世界的发展大势,才能跟上社会和时代的前进步伐,才能扎实有效地服务与保障党和人民的事业顺利发展。

二 坚持党性与人民性相统一,明确了意识形态工作的原则立场

党性与人民性的关系问题,是关乎意识形态工作性质与立场的重大问题,只有处理好、把握好二者之间的关系,意识形态工作才能做到性质鲜明、立场坚定。习近平总书记指出:"党性与人民性从来都是一致的、统一的……没有脱离人民性的党性,也没有脱离党性的人民性。"① 党性与人民性的高度统一,构成了新时代意识形态工作根本原则和根本立场的有机统一。

(一) 始终坚持党性原则,是意识形态工作的根本指针

党性,是一个政党所固有的本质特性和政治属性,是政党阶级性、政治性的集中体现,也是一个政党区别于其他政治团体的最基本的特点和最鲜明的特征所在。1845 年,恩格斯在批判德国思想家卡尔·格律恩和海尔曼·克利义等人的所谓"真正的社会主义"否认自身的"党性倾向"时,就提出了"理论的党性"问题,他指出:"而这种社会主义,由于自己在理论领域中没有党性,由于自己的'思想绝对平静'而丧失了最后一滴血、最后一点精神和力量。"② 1863 年,马克思在赞誉法国社会党组织开展的工人运动时,也曾指出:"在巴黎,在社会党内,党性和团结精神仍然占着统治地位。"③ 从马克思和恩格斯的论述中可以看出,无论是思想理论的演进还是革命运动的实践,党性都是一种不可或缺的思想自觉和战斗原则。对此,列宁也指出:"党性是高度发展的阶级对立

---

① 《习近平关于社会主义文化建设论述摘编》,中央文献出版社 2017 年版,第 23 页。

② 《马克思恩格斯全集》第 2 卷,人民出版社 1957 年版,第 659 页。

③ 《马克思恩格斯全集》第 30 卷,人民出版社 1975 年版,第 305 页。

的结果和政治表现"①,"严格的党性则是使阶级斗争成为自觉的、明确的、有原则的斗争的条件之一。"②

中国共产党作为信奉马克思主义的无产阶级政党,是中国工人阶级的先锋队和社会主义事业的领导核心,毫无疑问也拥有属于自己的党性,这个党性包括:坚持马克思主义和中国化马克思主义的理论指导,坚持为共产主义理想奋斗的最高纲领,坚持全心全意为人民服务的根本宗旨,坚持有组织性和纪律性的团结统一,坚持密切联系群众的基本路线,等等。正是这些鲜明的特质,体现了我们党的阶级本质和政治灵魂,也保证了我们党在理论和实践上的先进性、纯洁性。

党的意识形态工作作为党的工作的重要组成部分,归属在党、指导靠党,坚持党性原则是意识形态工作的根本原则。这一根本原则来源于无产阶级革命事业的宝贵经验。从马克思、恩格斯将无产阶级意识形态作为批判资本主义的思想武器,到列宁将党的出版物与资产阶级的报刊形成鲜明对比,并极力发展和加强宣传理论工作的党性原则,都体现了意识形态工作的阶级属性和政党属性。包括在我们党建设发展的历史中,坚持意识形态工作的党性原则也始终一脉相承、一以贯之。1942年,毛泽东同志在给各中央局、中央分局的电报中,强调了加强宣传工作的政治性、组织性问题,指出:"抓紧对通讯社及报纸的领导,务使通讯社及报纸的宣传完全符合于党的政策,务使我们的宣传增强党性。"③ 1980年1月,针对社会上涌动的自由化思潮以及一些报刊不负责任的宣传报道,邓小平同志明确提出:"党报党刊一定要无条件地宣传党的主张。"④这些都充分显示只有在意识形态中坚持党性原则,方能把握其核心与本质、抓住其根本与关键。

---

① 《列宁选集》第13卷,人民出版社2017年版,第273页。
② 《列宁选集》第1卷,人民出版社1995年版,第678页。
③ 《毛泽东文集》第2卷,人民出版社1993年版,第454页。
④ 《邓小平文选》第2卷,人民出版社1993年版,第272页。

党的意识形态工作必须讲党性，这既是一个根本原则问题，也是一个方向性质问题。意识形态工作不讲党性原则，就会脱离党的领导、偏离党的路线，从而丧失政治立场、迷失政治方向，丢失其阶级性和政治性的根本立足点，不但无法发挥应有作用，还会给党和人民事业招致祸端。比如，在新闻宣传和社会舆论领域，有些人故意模糊"党性"、淡化"党性"，用超阶级的观点看待新闻的"公正、客观"，大肆鼓吹"新闻自由""媒体公器"等错误观点，故意散播"党性过时""法大于党"等错误言论，给公众舆论造成了极大的混乱与困惑。对此，习近平总书记旗帜鲜明地提出意识形态工作的党性原则问题，他指出："如果在坚持党性这个根本问题上没有明确观点和立场，那就是政治上不合格，就没有做党的宣传思想工作最起码的资格"[1]，并强调开展意识形态工作要坚持正确政治方向、站稳政治立场，要坚决同党中央保持高度一致、维护中央权威等，为党的意识形态工作植根铸魂提出了根本要求。

（二）树立以人民为中心的工作导向，是意识形态工作的核心立场

2013年，党的群众路线教育实践活动开始后不久，习近平总书记在全国宣传思想工作会议上首次提出了"以人民为中心"的思想。此后，在不同场合又多次提到了这一重要理念，在包括经济、政治、社会、文化、生态文明等各个领域，将"以人民为中心"贯穿于治国理政的各个方面。可以说，"以人民为中心"已经成为我们党的理论创新的重大成果，成为马克思主义中国化的最新理论精髓，也成为习近平新时代中国特色社会主义思想最鲜明的理论特质。这一重大理念是习近平总书记在宣传思想工作会议上首先提出的，那么对于党的意识形态工作来说更具重要意义。

首先，"以人民为中心"的工作导向是由马克思主义的品格和特征所决定的。人民的观点是马克思主义的基本观点，体现了社会

---

[1]《习近平关于社会主义文化建设论述摘编》，中央文献出版社2017年版，第35—36页。

主义的鲜明品格和显著特征。马克思主义的科学理论从诞生开始，就倾注着对广大普通人民群众的同情与关爱。在《摩泽尔记者的辩护》中，马克思站在贫困农民的立场，揭露贵族地主的欺诈贪婪，公开为底层群众辩护；在《德意志意识形态》中，马克思和恩格斯又批判了资产阶级意识形态的虚伪性、欺骗性，提倡用共产主义的意识武装无产阶级大众，实行彻底革命、获得自身解放。到1848年马克思和恩格斯创作《共产党宣言》时，他们也号召全世界无产者联合起来，为争取自由解放而斗争；再到马克思撰写《资本论》，深入考察了资本主义实质，充分揭露了资本家剥削工人的秘密，科学说明了解放工人阶级和广大劳动人民的世界意义……这些都彰显出，马克思主义从创立到发展无不坚守着人民的立场、闪烁着人民的光辉。正如习近平总书记在纪念马克思诞辰200周年大会的讲话中所指出的："马克思主义是人民的理论……第一次站在人民的立场探求人类自由解放的道路。"① 那么，马克思主义作为我们党和国家的指导思想，也自然将这种鲜明而深刻的人民性灌注其中。党的意识形态工作就充分显示了人民性的理论品质和政治特征。新闻舆论关注着社会大众的现实生活，反映着人民群众的愿望和诉求；文艺文化来源于劳动人民的生动实践，丰富着人民群众的精神生活；哲学社会科学也始终坚持服务人民、人民至上的政治方向和学术导向。"以人民为中心"已经深深根植于党的意识形态工作之中，理所应当地成了社会主义意识形态的理论品质和政治基因，它从根本上决定了意识形态工作的实践指向和价值遵循。

其次，"以人民为中心"的工作导向是由我们国家的国体和政体所决定的。国体就是国家的性质和阶级本质，政体就是国家政权的组织形式。一个国家的国体和政体在国家运行和治理中发挥着巨大作用，直接决定着这个国家的政治属性、政权结构和根本体制

---

① 习近平：《在纪念马克思诞辰200周年大会上的讲话》，《人民日报》2018年5月5日第2版。

等。中华人民共和国成立前夕颁布的《中国人民政治协商会议共同纲领》，在总纲第一条就明确了我们国家的性质和国体，"中华人民共和国为新民主主义即人民民主主义的国家，实行工人阶级领导的、以工农联盟为基础的、团结各民主阶级和国内各民族的人民民主专政"。① 1954 年，中华人民共和国第一部宪法于第一届全国人民代表大会第一次会议正式通过，史称"五四宪法"。这部宪法在总纲中的头两条也明确了我国的国体和政体，"第一条，中华人民共和国是工人阶级领导的、以工农联盟为基础的人民民主国家。第二条，中华人民共和国的一切权力属于人民。人民行使权力的机关是全国人民代表大会和地方各级人民代表大会"。② 由此可见，中国是人民当家做主的社会主义国家，国家的一切权力属于人民，国家的一切事业为了人民，包括中国共产党也是代表最广大的中国人民的根本利益，把为人民谋幸福、为民族谋复兴作为自己的初心和使命，鲜明的人民性已经深深根植于党和国家的一切事业和各项工作。党的意识形态工作作为国家政治的重要组成部分，也必然要坚守人民立场、坚定人民属性。正如习近平总书记所指出的："要紧扣民心这个最大的政治，把赢得民心民意、汇集民智民力作为重要着力点。"③ 因而，"以人民为中心"始终都是意识形态工作的实践导向和核心立场。

最后，"以人民为中心"的工作导向也是打赢意识形态领域斗争主动仗的现实需要。意识形态领域的斗争虽然没有硝烟战火，但却充满了激烈对抗。从苏联解体、东欧剧变到西亚北非的"颜色革命"，背后无不存在着意识形态的渗透与颠覆，包括中国香港 2016 年发生的"占领中环"非法集会和 2019 年发生"修例风波"，

---

① 周叶中、江国华：《在曲折中前进——中国社会主义立宪评论》，武汉大学出版社 2010 年版，第 316 页。

② 周叶中、江国华：《在曲折中前进——中国社会主义立宪评论》，武汉大学出版社 2010 年版，第 357 页。

③ 习近平：《把党的政治建设作为党的根本性建设，为党不断从胜利走向胜利提供重要保证》，《人民日报》2018 年 7 月 1 日第 1 版。

敌对势力也都是极力在意识形态领域进行教唆、蛊惑和煽动。意识形态渗透颠覆的一个重要切入点便是从诱导民意、扰乱民心开始。比如，通过价值观输入、舆论误导和错误思潮传播等，污蔑党和政府、攻击社会主义制度，想方设法撕裂共识、扰乱民心，把人民群众的思想认识引向党和国家的对立面。意识形态阵地一旦被敌人占领，就会直接威胁党和国家的前途命运与长治久安。习近平总书记曾特别告诫："我们的同志一定要增强阵地意识。宣传思想阵地，我们不去占领，人家就会去占领。"[①] 正因如此，意识形态工作的中心任务必须时刻关注人民群众的主导地位，必须从统一思想、凝聚民心做起。通过用科学的思想理论武装人民、用坚定的信仰信念感召人民，从而有效抵御各种错误思想的干扰和文化毒瘤的侵蚀，有效维护意识形态阵地的安全稳定。

（三）党性与人民性相统一、相一致，是意识形态工作的现实必然

党性与人民性的关系问题，本来是一个有着明确答案、毋庸置疑的问题。然而，曾经有一段时间，有的人理论上存在模糊，弄不清二者的关系，还有的人居心叵测，故意将二者割裂、对立。对此，习近平总书记明确提出了党性与人民性从来都是相统一、相一致的重要论述。党的意识形态工作宣传着党的政策主张、引导着人民的思想舆论，有着十分重要的责任将党性与人民性的高度统一贯穿于从理论到实践的深化落实。

首先，党的性质宗旨与人民群众的根本利益紧密相连。《中国共产党章程》总纲的开篇第一句话，便开宗明义地明确了中国共产党的性质："中国共产党是中国工人阶级的先锋队，同时是中国人民和中华民族的先锋队，是中国特色社会主义事业的领导核心，代表中国先进生产力的发展要求，代表中国先进文化的前进方向，

[①] 《习近平关于社会主义文化建设论述摘编》，中央文献出版社2017年版，第30页。

代表中国最广大人民的根本利益。"① 中国共产党是中国人民根本利益的忠实代表,是整个中华民族的先锋队,党的性质决定了党的一切工作和全部精力都是以人民为中心。习近平总书记在党的十九大报告中鲜明指出:"党的初心和使命是为人民谋幸福、为民族谋复兴。"② 2021 年,在党史学习教育动员大会上习近平总书记又再次强调:"为人民而生,因人民而兴,始终同人民在一起,为人民利益而奋斗,是我们党立党兴党强党的根本出发点和落脚点。"③ 从成立之日起,中国共产党就将从群众中来、到群众中去、紧紧依靠群众、密切联系群众的群众路线作为党的最大优势,将与老百姓心连心、同呼吸、共命运、全心全意为人民服务作为党的根本宗旨。可见,党的性质和宗旨充分昭示出党性和人民性的浑然一体、水乳交融,党性是人民性的最高表现,人民性是党性的来源和根基,党性寓于人民性之中,人民性融于党性之内,坚持人民性就是坚持党性。对于中国共产党来说,党性与人民性是永远无法分离和割裂的。

其次,党性和人民性统一于意识形态工作的出发点和落脚点。意识形态工作是做人的工作,离开了人就失去了工作的目的和意义。马克思主义认为,一定的意识形态总是代表着一定阶级群体的利益,为维护该阶级群体的稳定统治发挥作用。资本主义的意识形态代表着资产阶级的利益,为资产阶级服务;社会主义的意识形态代表着广大人民群众的利益,必定是为人民群众服务。我国是共产党领导的人民当家做主的社会主义国家,一方面,党的意识形态工作,是党的一项极端重要的工作,服从于党的领导,遵从于党的性质和宗旨,服务于广大人民群众,这是意识形态工作坚持党性原则的集中体现;另一方面,党的意识形态工作也是社会主义的思想政治工作,扎根于人民群众的社会生活,反映着人民群众的所思所

---

① 《中国共产党章程》,人民出版社 2017 年版,第 1 页。
② 《党的十九大报告辅导读本》,人民出版社 2017 年版,第 1—2 页。
③ 习近平:《在党史学习教育动员大会上的讲话》,《求是》2021 年第 7 期。

想，丰富着人民群众的精神家园，这是意识形态工作属于人民、服务人民的人民性表现。党性与人民性共同聚焦于、统一于社会主义意识形态巩固人民当家做主的国家政权、促进党和人民事业兴旺发达的使命任务之中。在意识形态工作的出发点上，党性和人民性始终是一致的。

党的意识形态工作，其目标指向是：用马克思主义和马克思主义中国化的先进理论武装头脑、教育人民，用社会主义共同理想和共产主义远大理想感召人民，用丰富繁荣的社会主义文化成果满足人民群众的精神需求，最大限度地汇聚人民意志、凝聚民心智慧，最大限度地激发人民群众的主动性和创造力，从而为中国特色社会主义伟大事业提供坚定思想保证和强大精神动力。显而易见，意识形态工作的对象主体是人民、根源基础是人民、目标归宿依然是人民。离开了人民，意识形态工作就成了无源之水、无本之木。同时，意识形态工作发挥功能、产生效应又须臾离不开党的组织和党的领导。社会主义的先进理论，依靠党的创新发展；社会主义的方向道路，依靠党的把航定向；社会主义国家的发展建设，依靠党的重大部署和方针政策；社会主义的目标理想，也要依靠党带领人民奋斗实现。离开了党，意识形态工作就容易偏离社会主义方向，丧失根本的目标和立场。党性和人民性的统一于、归结于意识形态工作的目标终点，也确保了意识形态工作的现实意义和实践价值。

三　坚持正面宣传与舆论斗争相结合，明确了意识形态工作的方针策略

2013年，在全国宣传思想工作会议上，习近平总书记指出："团结稳定鼓劲、正面宣传为主，是宣传思想工作必须遵循的基本方针"[①]，同时也特别强调，"坚持正面宣传为主，决不意味着放弃

[①] 《习近平关于社会主义文化建设论述摘编》，中央文献出版社2017年版，第27页。

舆论斗争"①。这充分体现了习近平总书记对社会主义意识形态兼具建设性与批判性的深刻认知，也是习近平总书记辩证思考意识形态工作职责使命与舆论斗争严峻形势而确立的"以立为主、破立并举"的方针策略。

（一）坚持团结稳定鼓劲、正面宣传为主

新时代中国特色社会主义的伟大事业最需要全国各族人民的团结凝聚和不懈奋斗，而社会主义意识形态最能够加强和促进广大人民群众凝聚社会共识、增进思想认同。那么，党的意识形态工作就是要在坚持开展正面宣传、巩固壮大主流思想舆论中不断发挥凝聚人、鼓舞人的积极作用。

一方面，坚持正面宣传为主是鼓舞民心、凝聚力量的必然要求。社会意识形态能够反映社会心理、反射社会心态，而意识形态的导向功能又可以反过来影响、引导社会心理与社会心态。特别是当人们面对事物的纷繁复杂和矛盾的运动变化而又受到认识方式、知识储备的局限，无法透彻而全面地认识事物、观察矛盾时，主流意识形态的呈现和引导，往往能成为人们观察问题、认识社会的基本面。马克思和恩格斯在《德意志意识形态》中所揭示的资产阶级意识形态的欺骗性和虚伪性，正是通过这种方式掩盖事实真相、欺骗蒙蔽人民；与之形成鲜明对比的社会主义意识形态，也正需要通过客观反映社会实践、真实代表民心意志的方式来凝聚人民群众的思想共识。党的意识形态工作，特别是宣传舆论工作在积极正面的宣传引导上下功夫，将发展的成就、社会的进步、人民的幸福生活真实全貌地呈现出来，就有利于营造团结凝聚、积极向上的社会风尚。

新时代的意识形态工作，效应发挥的最大方面莫过于统一思想、凝聚力量、鼓舞人心、振奋士气。全面深化改革进入深水区和攻坚期，民族复兴征程进入快车道和提速期，党和国家事业迎来了

---

① 《习近平关于社会主义文化建设论述摘编》，中央文献出版社2017年版，第27页。

发展期和机遇期，推进伟大事业、实现伟大梦想，都迫切需要在党的领导下凝聚起全社会、全民族团结奋斗、攻坚克难的巨大力量。健康良好的社会风貌、积极向上的舆论导向是营造团结氛围、激发进取精神的有效手段，这方面正是意识形态工作特别是宣传舆论工作的作用所在、价值所在。当然，坚持正面宣传为主，绝不是掩盖问题、回避矛盾、粉饰太平，在直面社会中针砭时弊、揭批丑恶、激浊扬清，也是树立良好社会导向、维护社会和谐稳定所包含的必要手段。有时通过正反两方面的对比，更能增强说服力和影响力。比如，2018年7月，新闻媒体报道了吉林长生医药的假疫苗事件，立刻引起了社会的广泛关注，一时间医药安全、行政监管等问题成为人们议论的焦点，一定程度上产生了负面影响。但随后，新闻媒体及时跟踪报道后续的调查处置情况，将国家领导的高度关注、重要批示，相关部门的全面排查、严厉问责等真实完整地传递给公众，不仅回应了群众的热切关注，也很好地展示了党和国家关心人民群众健康、维护公共卫生安全的决心和力度，树立了一个正面的导向。

另一方面，坚持正面宣传为主，也是弘扬主旋律、传播正能量的现实需要。高唱主旋律才能鼓舞精神、提振士气，传播正能量才有利于祛邪扶正、激浊扬清。意识形态工作正是要在宣传引导中理直气壮地弘扬主旋律、传播正能量，从而更好发挥鼓舞人民、凝聚力量的积极作用。然而，必须要面对的是，社会问题和社会矛盾在现实中依然存在，恶性事件和灾难事故也时有发生，这些都是社会的阴暗面和负面，不以人的意志为转移。正如硬币有两面、太极分阴阳一样，正面亮点与负面问题都是社会整体结构的有机组成。虽然这些矛盾问题在意识形态工作中无法得到直接解决，但如果被无端夸张、刻意放大，仍然会对主流产生影响和干扰，难免会形成杂音噪音和负面舆论。特别是在当前网络新媒体和自媒体迅速发展的条件下，信息传播的渠道、范围更加广泛，传播的速度、效率也极大提高，加之外部势力和内部不法分子利用互联网进行意识形态渗透干扰，有时也会出现支流冲击主流、消极压倒积极、负面情况，很容易动摇群众的理想信念，扰乱人民的精神家园。越是在这种情况下，意识形态工作就越要强调正面宣传为主的方针，通过大力宣传介绍党和国家的方针政策、经济社会的发展成就以及社会主义的独特优势等，大力弘扬主旋律、传播正能量，从而达到祛邪扶正消解杂音噪音、拨乱反正净化社会风气的正面效果。比如，这次世界范围的新冠肺炎疫情首先在中国暴发后，很快波及了很多大中城市，公众对于突如其来的疫情不知所措，焦虑、恐慌等情绪极大增加了社会的不稳定因素。在此背景下，各大媒体迅即开展正面宣传的工作，及时发布更新疫情数据信息、大力宣传疫情防控科学知识、广泛介绍抗疫先进人物和典型事迹，一系列的宣传报道和舆论引导迅速起到了安抚民众、稳定社会、增强信心的正面效果，为夺取疫情防控胜利发挥了极为重要的作用。

（二）坚持正面宣传决不意味着要放弃舆论斗争

在2019年秋季学期中央党校（国家行政学院）中青年干部培训班的讲话中，习近平总书记特别指出："中华民族伟大复兴，绝不是轻轻松松、敲锣打鼓就能实现的，实现伟大梦想必须进行伟大斗争。在前进道路上我们面临的风险考验只会越来越复杂，甚至会遇到难以想象的惊涛骇浪。"[①] 实现伟大梦想进程中的伟大斗争，就包括意识形态领域的敌我斗争。十八大以来，主流意识形态在我国社会的发展建设总体是向上向好的，但敌对势力和反华力量对我国进行意识形态的渗透颠覆也始终不遗余力。他们的惯用手法之一就是通过炮制、诱导公共舆论，破坏思想共识、煽动社会情绪，恶意攻击党和政府。对此，应对充分认清意识形态领域、特别是社会舆论场上敌我斗争严峻性、复杂性，积极做到勇于发声、勇于亮剑、勇于斗争，才能守好意识形态的坚强阵地。

首先，决不放弃舆论斗争是意识形态领域的严峻形势所致。按

[①] 习近平：《发扬斗争精神、增强斗争本领，为实现"两个一百年"奋斗目标而顽强奋斗》，《人民日报》2019年9月4日第1版。

照马克思主义的唯物史观判断，当今时代依然是资本主义生产关系占统治地位的时代，资本主义的实力和声势依然很大。然而，在社会主义的中国，凭借先进理论的指引、先进制度的保障以及先进政党的坚强领导，历经长期的发展建设，展现出了前所未有的生机与活力，显露出了马克思主义所预言的希望与曙光，世界社会主义的力量也因此而不断发展壮大。两条道路、两种制度在世界的大格局下依然进行着具有长期性、艰巨性、复杂性的斗争。这样的斗争，在意识形态领域表现得尤为激烈。在外部，意识形态舆论格局"西强我弱"，西方反华势力始终对我国的发展壮大心存不安、图谋不轨，意识形态的舆论领域就是其渗透破坏的重点。美国等西方反华国家加紧对我国进行意识形态渗透，通过价值观输出、文化霸权、思想侵蚀等大搞"西化""分化"图谋，企图以再造西亚北非"颜色革命"的形式对我国实施"和平演变"，颠覆中国共产党的领导和社会主义的国家政权。正如邓小平同志在谈论东欧剧变时所深刻指出的："西方国家正在打一场没有硝烟的第三次世界大战。所谓没有硝烟，就是要社会主义国家和平演变。东欧的事情对我们来说并不感到意外，迟早要出现的。东欧的问题首先出现在内部。西方国家对中国也是一样，他们不喜欢中国坚持社会主义道路。"[①]在内部，社会结构深刻调整、矛盾问题叠加出现，多元文化交融交锋、各类思潮激荡碰撞，一帮别有用心的敌对分子、资本主义的附庸以及西方国家的代理人们，利用各种时机、通过各种渠道，大肆炮制传播攻击党和社会主义的谣言与负面信息，企图与外部敌对势力形成呼应，制造思想领域、舆论领域的混乱，加剧了意识形态领域斗争的激烈性和复杂性。

其次，决不放弃舆论斗争是党和国家的安危存亡所需。意识形态领域的斗争是一场输不起的斗争，意识形态关乎旗帜道路、关乎党和国家前途命运、关乎国家长治久安和政治安全、关乎民族凝聚

[①] 《邓小平文选》第3卷，人民出版社1993年版，第344页。

力和向心力。思想文化阵地我们不去占领，敌人就会占领；敌人一旦占领，就会带来无法挽回的悲剧性后果。从苏联解体、东欧剧变到西亚北非的"颜色革命"，历史和现实的教训一再告诉我们，政权的瓦解往往是从意识形态领域开始，意识形态的坍塌是一个国家政治和政权崩溃的先兆。在没有"硝烟"的激烈斗争中，思想防线失守、宣传舆论失控，就会引发主流意识形态的垮塌，势必动摇党和国家的根基与经济社会的根基，也势必会引发更深层、更剧烈的社会混乱和政治动荡。这些危险和危机无时无刻不在警醒着我们，忽视意识形态领域斗争、放弃思想舆论斗争就可能危及党和国家的生死存亡。特别是随着互联网和新媒体的飞速发展、广泛应用，虚拟性、开放性、自由性、隐蔽性等特点使得互联网很快成为敌对势力进行意识形态渗透、发动舆论攻击最得心应手的渠道，网络空间也越来越成为舆论斗争的主战场。舆论场上的敌我斗争直接关系着国家的意识形态安全和政治安全。习近平总书记针对我国网民数量巨大、青年人群体众多，主流媒体对年轻人吸引力不够的情况，也特别提出了告诫："必须正视这个事实，加大力量投入，尽快掌握这个舆论战场上的主动权，不能被边缘化了。"[①]

最后，决不放弃舆论斗争也是宣传思想战线的责任使命所系。意识形态安全影响国家安全、关乎政治安全，思想舆论斗争也是敌我对抗、针锋相对的激烈斗争。这方面，对宣传思想领域的工作者来说更是如此。宣传思想工作者，作为舆论斗争的先锋和战士，执笔如刀、化气为剑，对歪理邪说进行揭露批驳是本身的职责，更是肩负的使命。而在现实中，某些社会公知、个别专家学者对舆论斗争的态度存在谈化、漠视的问题，或"骑墙望风"不坚决，搞似是而非、模棱两可，或"爱惜羽毛"当"绅士"，选择沉默不语、哑言失声。面对社会舆论中一些模糊性、错误性问题，甚至面对一些大是大非的政治性、原则性问题，不敢主动"亮剑"，不愿挺身

[①]《习近平关于社会主义文化建设论述摘编》，中央文献出版社2017年版，第29页。

发声；更有甚者，还公然与党和国家的基本政治制度、重大决策部署唱反调、说反话。这就需要宣传思想的工作者们勇于发声、敢于亮剑，旗帜鲜明地开展斗争、理直气壮地揭露批驳，决不让歪理邪说和谣言谬论冲击社会主流思想舆论阵地。2014年9月，时任中国社会科学院院长的王伟光同志，在《红旗文稿》发表了题为《坚持人民民主专政并不输理》的署名文章，通过引用邓小平同志的论述，重温了马克思主义国家和专政的学说，强调了我国人民民主专政的国体。一个原本符合马克思主义理论、符合国家宪法的观点，一时间在思想界、理论界引起震动，引发国内外所谓"公知"和"大V"咬牙切齿、倾巢出动，疯狂围攻文章及其本人，甚至个别高校的学者也加入其中。有文章评价，这是活脱脱上演了一场意识形态领域的"阶级斗争"。正是一些坚持正确政治方向和舆论导向的新闻媒体和专家学者们主动亮剑、奋起反击，才赢得了"真理压倒谬误"的最终胜利。由此可以看出，意识形态领域的斗争依然是尖锐而激烈的，宣传思想工作者们也必须积极发扬斗争精神，敢于斗争、善于斗争，才能切实维护意识形态阵地的安全稳固。

（三）正面宣传与舆论斗争相结合是意识形态工作的科学辩证法

正面宣传与舆论斗争是意识形态工作，特别是宣传舆论工作的一体两面，正如车之双轮、鸟之两翼，正面宣传为舆论斗争营造良好的舆论环境，舆论斗争为正面宣传拨乱反正、激浊扬清，两者统一于意识形态工作的实际成效之中。从意识形态所能发挥的功能来看，一方面有辩护功能，就是通过正面的宣传引导为现存的生产关系、国家政权、政治制度和社会秩序等提供合理性、合法性的说明论证，让人们更加积极地接受、更加信服地认可。比如列宁所创立的"灌输理论"，就发挥了意识形态的辩护功能，通过正面的宣传引导，将马克思主义的科学理论灌输到工人阶级的头脑中，让人们了解和掌握先进意识，接受并拥护科学社会主义的理论和制度。另一方面也有批判功能，就是对歪曲的、错误的、具有干扰性和破坏性的思想、理论、观点、文化等进行批驳，揭露其存在谬误和虚假之处，避免人们被这些错误思想迷惑和诱导。比如，马克思和恩格斯撰写的经典文献《德意志意识形态》，就通过揭露和批判资本主义意识形态的虚假性、欺骗性，从而揭示出了资本主义制度剥削、压迫劳动人民的本质，也揭示出了资本主义生产关系的虚伪性和阴暗面，这就发挥了意识形态的批判功能。党的意识形态工作，同样需要这两个方面的功能相互配合、相互促进。正面宣传、正向引导，就是宣扬国家发展建设取得的成就，展示社会主义制度的先进性和优越性，呈现中国特色社会主义的道路、理论、制度和文化，不断增强社会主义意识形态的凝聚力和引领力。与此同时，面对错误思想的干扰和破坏，也要积极增强主动性、掌握主动权、打好主动仗，开展舆论斗争、批驳虚假谬误，帮助人民群众分清大是大非、澄清模糊认识，坚决守好意识形态的滩头阵地。只要坚持好正面宣传与舆论斗争相结合，才能将社会主义意识形态的功能作用发挥得更加充分、更加有效。

四　坚持统一思想与凝聚力量相并进，明确了意识形态工作的中心环节

2018年8月21日，习近平总书记在全国宣传思想工作会议上明确指出："中国特色社会主义进入新时代，必须把统一思想、凝聚力量作为宣传思想工作的中心环节。"这次会议是在党领导全国人民决胜全面建成小康社会的关键时期、在党的"两个一百年"奋斗目标的历史交汇期召开的。很显然，这是习近平总书记从中国特色社会主义战略全局出发，紧密结合新的时代要求和形势任务，阐明了新时代意识形态工作的历史方位和中心任务，为做好党的意识形态工作指明了方向、提供了遵循。

（一）统一思想、凝聚力量是新时代意识形态工作的本质要求

从本质上说，意识形态工作是做人的工作，统一思想就是统一

民意，凝聚力量就是凝聚民心，意识形态工作的重要作用就在于说服人、引导人、激励人，就在于把广大人民群众的思想和行动统一到党和国家的决策部署上来、统一到新时代的新目标和新征程中来。因而，把统一思想、凝聚力量作为中心环节，正是切中了意识形态工作的本质和要害。

首先，人民群众坚定不移跟党走，离不开统一思想、凝聚力量。意识形态工作的政治性即体现在其所代表利益的阶级性，在共产党领导下的社会主义中国，意识形态工作的政治性充分体现于其人民性与党性的集中统一。社会主义意识形态是始终代表广大人民群众利益的意识形态，最能体现政治性和阶级性的鲜明特质就是人民属性，最为首要的利益群体和服务对象就是人民群众。对于中国共产党来说，人心是最大的政治，是党执政最坚实的政治基础，党的意识形态工作毫无疑问地要将人民性寓于党性之中，将充分体现党的性质宗旨作为最鲜明的政治本色，将最大限度地凝聚民心意志作为最重要的使命任务。中国特色社会主义进入新时代，意识形态工作的环境和条件发生了重大变化，但其职能作用没有变、根本属性也没有变，那么意识形态工作凝聚民心、团结群众的工作焦点也就不会变，只有通过统一思想、凝聚力量才能更加密切党与群众的血肉联系。

其次，高举旗帜、坚定道路，离不开统一思想、凝聚力量。中国特色社会主义的旗帜是党和国家建设发展的方向引领，中国特色社会主义道路是通向民族伟大复兴的必由之路。我们党和国家正是在伟大旗帜和正确道路的引领下走到今天，也必须举着这面旗帜、沿着这条道路继续走向未来。在新时代的伟大征程中，要始终高举中国特色社会主义伟大旗帜不动摇，除了中国共产党的政治清醒和意志坚定外，更加需要全国各族人民紧密团结在党中央周围，更加需要广泛地赢得人民群众的衷心拥护和支持；要做到始终沿着中国特色社会主义道路砥砺前行不偏向，不仅需要全面加强党的领导，不断提升党的凝聚力、战斗力和创造力，还需要最大范围地增强人民群众的思想共识和行动自觉、最大范围地调动人民群众的积极性和主动性。只有思想统一、行动一致，才能形成高举旗帜、坚定道路的坚强意志；也只有上下同心、众志成城，才能造就凝聚力量、攻坚克难的定力与韧劲。党的意识形态工作正是着眼于、致力于最大限度地团结带领广大人民群众，高举中国特色社会主义伟大旗帜，坚定不移走中国特色社会主义道路。

最后，坚守信仰、坚定信念，也离不开统一思想、凝聚力量。在新时代的征程中乘风破浪、砥砺前行，缺不了坚定的信仰和信念。意识形态工作塑造马克思主义的坚定信仰，强固共产主义的理想信念，也绝不是仅限于9000多万名党员的事，而是需要更多的社会主义劳动者、建设者，以及更广大的人民群众树立社会主义共同理想和共产主义远大理想。正所谓，人民有信仰，民族有希望，国家有力量。社会主义意识形态能够通过思想感召、政治认同、理论牵引等方式帮助广大人民群众确立共同的目标愿景、塑造共同的价值追求，从而大力激发广大人民群众的奋斗热情和精神动力。这种由点到面、由内而外激发、培树起来的信仰和信念，具有更深厚、更持久的力量。事实上，党的意识形态工作正是在统一思想、凝聚力量的过程中能形成了更高层次、更大范围的信仰感召和信念引领，才让真理之光和信念之光在人民群众的精神家园中播散得更广、更远。

（二）统一思想、凝聚力量是新时代推进"四个伟大"的迫切需要

中国特色社会主义进入新时代，党和国家的各项事业站在了新的历史方位，面临的机遇前所未有，遭遇困难和挑战也前所未有。在这样的历史条件和时代背景下，统一思想认识、破解疑难困惑、凝聚民族力量的任务更加艰巨。我们越是接近实现中华民族伟大复兴的宏伟目标，就越需要深刻把握意识形态工作的总体趋势和现实要求，就越需要牢牢抓住"统一思想、凝聚力量"这一中心环节，唯有如此才能团结一心、凝聚共识画出最大同心圆，也唯有如此才

能众志成城、形成合力应对各种风险挑战。

伟大斗争、伟大工程、伟大事业、伟大梦想，这"四个伟大"是我们党和国家站在历史新方位的战略考量和总体思路，也是党领导全国人民奋进新时代、开拓新局面的形势任务和使命追求。伟大斗争，就是进行具有许多新的历史特点的伟大斗争，是前进道路上必然要面对的、必须要克服和解决的一系列重大挫折挑战和风险考验，这无疑需要团结凝聚最广大人民群众的意识和力量；伟大工程，就是党的建设新的伟大工程，也是巩固领导核心的重要组织保证，同样需要将人民群众的思想和行动统一于党的领导、凝聚于对党的拥护和信赖；伟大事业，就是中国特色社会主义伟大事业，也是改革开放以来党领导人民进行理论探索和实践开拓的全部主题，中国特色社会主义本身就是发展国家、造福人民、复兴民族的人间正道，同样也是全体人民携手并进、共同努力的方向；伟大梦想，就是实现中华民族的伟大复兴，是国家的梦、民族的梦和每个人的梦，伟大梦想形成了凝聚人心的最大公约数，也呼唤着中华民族百川归海、追梦圆梦的磅礴伟力。

由此可见，新时代中国共产党和中国人民在艰苦卓绝中进行伟大斗争、建设伟大工程、推进伟大事业、实现伟大梦想，始终都离不开团结统一的思想共识和众志成城的坚定力量，而且越是在面临爬坡过坎的关键时期、越是在面对机遇挑战的重要时刻，就越需要巩固最广泛的思想基础、凝聚最坚定的信心力量。意识形态工作将统一思想、凝聚力量作为新时代工作任务的中心环节，目的就是为党和国家的事业发展以及民族的兴旺发达提供更为振奋的精神鼓舞和更为充沛的力量源泉，这无疑是找准了当前工作的聚焦点和着力点。

（三）统一思想、凝聚力量是新时代汇聚磅礴伟力的有效途径

关于人民群众创造历史、创新实践的伟大力量，毛泽东同志在《论持久战》中曾深刻指出："战争的伟力之最深厚的根源，存在

于民众之中。"① 习近平总书记在率新一届领导集体会见中外记者时也明确提出："人民是历史的创造者，群众是真正的英雄。人民群众是我们力量的源泉。"② 历史和现实都表明，党的意识形态工作正是通过统一思想、凝聚力量来汇聚和激发广大人民群众的雄厚力量。我们党在领导革命、建设、改革的整个历史进程中，都始终重视和紧紧抓住意识形态工作的这一有效途径，抓住统一思想、凝聚力量这一中心环节，组织、团结、动员全党全国人民，形成了统一的思想认识和一致的行动步骤，从而汇聚形成了开天辟地、翻天覆地的磅礴伟力。

统一思想是前提和基础，就是通过意识形态工作的引导整合，将纷繁复杂的社会思想和价值观念统一于马克思主义的信仰信念、统一于党的决策部署和方针路线，进而形成全党全国人民团结奋斗的共同思想基础。凝聚力量是现实效应和直接效果，就是通过意识形态工作的激发和调动，发挥出振奋精神、鼓舞斗志、催发干劲的积极作用，并进一步将精神力量转化为物质力量，催生改造自然、改造社会的实践活动。统一思想和凝聚力量共同指向了人民群众这个意识形态工作的对象主体和中心立场，不仅彰显了依靠人民、为了人民的价值表达，也体现了凝聚民心意识、汇聚民众力量的现实效能。

关于通过统一思想、凝聚力量来汇聚人民群众的磅礴伟力，习近平总书记对意识形态工作提出了强信心、聚民心、暖人心、筑同心的现实要求。强信心，就是进一步增强道路自信、理论自信、制度自信和文化自信，特别是通过增强文化自信提升广大人民群众对中国特色社会主义更加深厚、更加久远的信心力量；聚民心，就是在高扬主旋律、传播正能量的过程中加强主流意识形态的凝聚力和引领力，将广大人民的思想和力量凝聚于向往美好生活的奋斗目

---

① 《毛泽东选集》第2卷，人民出版社1991年版，第511页。
② 习近平：《人民对美好生活的向往就是我们的奋斗目标》，《人民日报》2012年11月16日第4版。

标、统一于社会主义的幸福大道；暖人心，就是在反映人民心声、回应人民诉求之中贴近群众、温暖群众，通过切实解决思想问题和解决实际问题赢得群众的拥护信赖，从而形成思想力量与物质力量的互动转化；筑同心，就是确立共同的目标愿景、循迹共同的梦想追求，形成凝心聚力的最大"同心圆"和"公约数"，从而构建起上下同欲、同心同德的精神长城。可以看出，强信心、聚民心、暖人心、筑同心这四个方面，实现了从理想信念到思想共识、从物质保障到奋斗目标的全方位、多层面的统一思想、凝聚力量，既为新时代党的意识形态工作指明了任务焦点和工作抓手，也为党团结带领人民夺取中国特色社会主义新胜利提供了最为直接的思想保障和动力支持。

第二节 充分认清意识形态工作的重要使命，作出目标任务的新判断

明确的目标任务是完成工作的方向和动力，开展任何工作和事业都需要确立清晰而明确的目标任务。长期以来，我们党的意识形态工作紧紧围绕和服务不同阶段党和国家事业发展的中心和大局，也相应地确立了十分明确的目标任务。建党初期，意识形态工作的主要任务是宣传主张、展示形象，扩大党在人民群众中的号召力和影响力；革命战争时期，意识形态工作的主要任务则突出统一思想、动员群众、鼓舞斗争，最广泛地赢得人民群众支持与拥护；到中华人民共和国成立初，意识形态工作的主要任务是推行思想改造、强化理论武装和抓好政治教育，为新兴社会制度的建立发展提供有力思想政治保证；到改革开放后，意识形态工作的主要任务则从拨乱反正到解放思想，从反对资产阶级思潮到大抓精神文明建设，积极为社会主义现代化建设保驾护航。到了如今的中国特色社会主义新时代，党中央和习近平总书记再一次紧密结合形势任务的

发展变化，从根本任务、战略任务、新时代的使命任务三个方面，对新时代意识形态工作的目标任务作出了崭新判断。

一 明确"两个巩固"的根本任务，抓住了意识形态工作的重要遵循

在2013年的全国宣传思想工作会议上，习近平总书记明确指出，党的宣传思想和意识形态工作"要巩固马克思主义在意识形态领域的指导地位，巩固全党全国人民团结奋斗的共同思想基础"①，并强调虽然工作的环境、对象、范围、方式等随时代和实践的发展发生了很大变化，但其根本任务没有变，也不能变。这是习近平总书记全面总结党的意识形态工作的科学规律和历史经验所得出的重要结论，也是对新时代意识形态工作根本任务最集中、最鲜明的精准概括。"两个巩固"的根本任务深刻阐释了意识形态工作遵循马克思主义的根本指针和凝心聚气的关键作用，这是从根子上、从本质上抓住了新时代意识形态工作的重要遵循。

（一）巩固马克思主义的指导地位是历史的选择和现实的需要

马克思主义的指导思想是社会主义意识形态的核心理论，也是国家主流意识形态发展建设的最重要遵循。中国共产党自诞生之日起便将马克思主义奉为自己的指导思想，一部党的建设史就是一部马克思主义中国化的发展史。马克思主义作为党的理论和实践的指导思想，同时也是社会主义意识形态的指导思想，既是历史和人民的选择，也是真理和实践的锚定。

首先，马克思主义是颠扑不破的科学真理。从1848年《共产党宣言》的问世，标志着马克思主义理论的诞生，距今已有170多年的历史。经过了历史的沉淀和岁月的洗礼，马克思主义更加焕发出璀璨的真理光辉和强大的生机活力，深刻揭示着人类社会发展的客观规律，科学指导着社会主义国家的建设实践，持续指引着世界

---

① 习近平：《胸怀大局把握大势着眼大事　努力把宣传思想工作做得更好》，《人民日报》2013年8月21日第1版。

马克思主义的科学性和真理性来源于对人类思想建树的借鉴吸收。马克思主义的科学理论继承发展了德国古典哲学，在修正错误、继承创新中孕育产生了辩证唯物主义和历史唯物主义；吸收了英国古典经济学的优秀成分，参考劳动价值和经济危机的理论，揭示资本主义的本质与规律，发现剩余价值，创立了马克思主义政治经济学；受到了空想社会主义的启发，掌握了人类社会历史发展的根本动力和科学规律，创立了科学社会主义理论体系，实现了从社会主义空想到科学的飞跃。总之，马克思主义是在借鉴吸收人类思想建树的基础上淬炼而成的，正如习近平总书记所指出的："马克思的思想理论源于那个时代又超越了那个时代，既是那个时代精神的精华又是整个人类精神的精华。"[①]

马克思主义的科学性和真理性来源于对重大时代课题的深度考察。19世纪上半叶的西欧，资本主义已经经过了长时间的发展，内部的冲突和矛盾开始趋于突出和激化，经济危机接连发生，两极分化、贫富差距不断加大，工人阶级和广大劳动人民受剥削、受压迫愈演愈烈，两大阶级对立斗争的日益尖锐，这些都促使马克思和恩格斯开始深入思考资本主义衰败没落的症结所在和人类社会前进发展的历史走向，并由此创立了马克思主义。后来，他们又在与工人运动的相结合中找准了自己的阶级立场，在指导国际工人运动的过程中充实和丰富了自己的理论体系。再后来，通过与世界社会主义运动相结合，指导各个社会主义国家发展建设，马克思主义又不断进行着丰富与发展。可以说，马克思主义始终是摸着时代脉搏、追寻时代轨迹而前进的。对此，习近平总书记也认为："一部马克思主义发展史就是马克思、恩格斯以及他们的后继者们不断根据时代、实践、认识发展而发展的历史……马克思主义能够永葆其美妙

[①] 习近平：《在纪念马克思诞辰200周年大会上的讲话》，《人民日报》2018年5月5日第2版。

之青春，不断探索时代发展提出的新课题、回应人类社会面临的新挑战。"①

马克思主义的科学性和真理性也来源于自身理论体系的严密完备。马克思主义哲学、政治经济学和科学社会主义构成了马克思主义理论体系的主要部分，从世界观、方法论层面的基本原理到经济社会发展的客观规律，再到未来社会发展的蓝图描绘，共同组成了一套科学完整的理论框架；同时，三者之间紧密联系，哲学和政治经济学为科学社会主义提供理论基础，科学社会主义为哲学和政治经济学提供现实路径，三者共同组成了一个严密逻辑结构。

马克思主义的科学性和真理性还来源于人民性、实践性和开放性。马克思主义始终致力于改造资本主义旧世界、追求人类的自由解放、开辟社会发展的新天地，从而实现人类的自由全面发展。正是在为无产阶级和劳动人民根本利益而探索斗争的过程中，马克思主义才找准了自身归属和追求目标，确立了自身理论的人民属性，马克思主义因此而得到了谋求自由解放的广大人民群众最真诚的信仰与热爱，"马克思主义之所以具有跨越国度、跨越时代的影响力，就是因为它植根人民之中，指明了依靠人民推动历史前进的人间正道"②。同时，马克思主义的所有理论都来源于资本主义社会发展的实践、来源于两大阶级对立斗争的实践、来源于共产主义运动的实践，并始终伴随着理论创新与实践探索的相互作用、双向互动而不断进步发展。"实践的观点、生活的观点是马克思主义认识论的基本观点，实践性是马克思主义理论区别于其他理论的显著特征。"③ 此外，马克思主义也不是封闭僵化的理论，而是面向历史、面向实践、面向未来的理论，是马克思主义经典作家及其后继者们

---

① 习近平：《在纪念马克思诞辰 200 周年大会上的讲话》，《人民日报》2018 年 5 月 5 日第 2 版。

② 习近平：《在纪念马克思诞辰 200 周年大会上的讲话》，《人民日报》2018 年 5 月 5 日第 2 版。

③ 习近平：《在纪念马克思诞辰 200 周年大会上的讲话》，《人民日报》2018 年 5 月 5 日第 2 版。

不断补充完善、不断继承创新的理论，由此马克思主义才能保持了永不熄灭的生机与活力。

其次，马克思主义是历史和人民的必然选择。鸦片战争之后，资本主义的船坚炮利彻底击碎了清王朝天朝大国的迷梦，中国从此进入了半殖民地半封建社会。内忧外患、积贫积弱、割地赔款、山河惨淡，中华民族和中国人民也开始了救亡图存、救国救民的艰苦斗争。这期间，中国的历史舞台曾先后出现了四支力量试图解救危局。一是农民起义的太平天国运动，试图用旧式的农民战争推翻封建主义和帝国主义，但由于阶级的局限性和思想觉悟的落后性流于失败；二是地主阶级开明分子的洋务运动，寄希望于"中体西用""师夷制夷"来图存图强，但同样也被封建制度的桎梏和官僚政风的败坏所葬送；三是维新人士的"戊戌变法"，尝试通过资产阶级性质的政治改良寻求出路，但在缺乏正确理论指导和坚强组织领导的情况下急躁冒进，又遇到了守旧势力的强力打压，也没逃脱失败的命运；四是民族资产阶级的革命运动，意图通过开展资产阶级革命、引进资本主义制度，在中国建立资产阶级民主共和国，但仍没有改变中国的败境和危局。

在黑暗中苦苦摸索的中国人民和中华民族急切盼望着黎明曙光的出现。十月革命的一声炮响，给中国送来了马克思列宁主义，为苦难深重的中国人民带来了希望的曙光，也给当时中华民族的先进知识分子带来了救国兴邦的科学真理。特别是毛泽东等先进分子开天辟地创立了中国的马克思主义政党——中国共产党，勇当民族先锋、扛起历史重任，积极探索马克思主义与中国具体实践相结合的革命道路，团结带领中华民族和中国人民浴血奋战、不懈奋斗，最终取得新民主主义革命的胜利，建立了新中国，彻底改变了近代以来中华民族积贫积弱、备受欺凌的面貌。中华人民共和国成立后，中国共产党继续运用马克思主义科学真理指导中国的具体实践，推进社会主义建设的实践与探索，相继完成了社会主义改造和基本制度建立。在度过一段挫折曲折之后，马克思主义实事求是的思想路线催生了改革开放的伟大觉醒,中华民族实现了从站起来到富起来的伟大飞跃。直到当今中国特色社会主义新时代,中国共产党人坚持用马克思主义推进党和国家建设总体布局和战略布局,开启了社会主义强国建设的新征程。近代中国的历史事实和革命、建设和改革的实践已经充分证明:只有马克思主义才能救中国,也只有马克思主义才能发展中国,马克思主义是中国人民救国图强的必然选择,也是中华民族伟大复兴的必然选择。

再次,马克思主义是中国共产党的精神旗帜和行动指南。中国共产党是一个完全的、彻底的马克思主义政党,自诞生之日起就把马克思主义写在了自己的旗帜上。中国共产党之所以能够团结人民、领导革命、建设国家取得卓越的成就,能够从小到大、发展成熟、自我革新成为坚强有力的大党,其中一条重要原因就是对马克思主义的坚守和信仰。作为中国共产党的立党之本、思想之根,马克思主义不仅焕发其科学性、真理性,赋予了中国共产党先进的思想武器和理论指南,更通过其实践性和革命性对中国共产党进行了锻造与淬炼。

党的理想信念源于马克思主义。1847年,马克思和恩格斯在起草《共产党宣言》时明确提出,共产党人在思想理论方面更具先进性,"在理论方面,他们胜过其余无产阶级群众的地方在于他们了解无产阶级运动的条件、进程和一般结果。"[①] 很明显,这是由于共产党人接受了马克思主义的武装,并确立了共产主义的信仰。中国共产党同样如此,共产党这个名称,就决定了我们党始终把共产主义确立为自己的最高理想,无论是在革命战争年代还是和平建设时期,中国共产党之所以能够在一次次挫折中奋起、在一次次艰难中前进,能够历经艰险而不败、历尽磨难而不屈,归根结底是因为坚守着崇高的理想、坚定的信念和远大的追求,这样的理想信念充分体现了马克思主义的本质和精髓。

---

① 《马克思恩格斯选集》第1卷,人民出版社1995年版,第285页。

党的初心使命源于马克思主义。人民立场是马克思主义的鲜明立场，马克思和恩格斯的毕生夙愿就是为劳苦民众谋利益、为全人类谋解放。对此，习近平总书记在纪念马克思诞辰200周年时鲜明指出："马克思主义博大精深，归根到底就是一句话，为人类求解放。"而中国共产党从诞生之日起所确立的初心和使命，也正是为中国人民谋幸福、为中华民族谋复兴。在如此初心与使命的感召和激励下，中国共产党从几十人的新兴政党成长为拥有九千多万名党员的百年大党，沐风栉雨、砥砺前行，却始终根植于人民群众、紧密联系人民群众，始终将全心全意为人民服务作为根本宗旨，无时无刻不把依靠人民、为了人民、服务人民作为最高价值追求。这样的初心与使命真正体现了马克思主义党性与人民性的有机统一，也正如习近平总书记所指出的："共产党人的初心，不仅来自于对人民的朴素感情、对真理的执着追求，更建立在马克思主义的科学理论之上。"[1]

党的生命力、战斗力也源于马克思主义。思想理论建设始终是党的基础性、根本性建设，这不仅是党的鲜明特征，也是一个独特的政治优势。对此，习近平总书记曾明确指出："中国共产党之所以能够历经艰难困苦而不断发展壮大，很重要的一个原因就是我们党始终重视思想建党、理论强党，使全党始终保持统一的思想、坚定的意志、协调的行动、强大的战斗力。"[2] 中国共产党一百年来发展壮大的历史已经充分证明：党的生生不息、蓬勃向上，离不开先进思想的指引；应对挑战、抵御风险、化解矛盾，也离不开科学理论的武装；能够做到统一思想、坚定意识、步调一致，保持强大的凝聚力和战斗力，更加需要思想建党、理论强党的支撑和保证。马克思主义与马克思主义中国化理论为中国共产党永葆旺盛生命力

---

[1] 习近平：《在"不忘初心、牢记使命"主题教育总结大会上的讲话》，《求是》2020年第13期。

[2] 习近平：《在纪念马克思诞辰200周年大会上的讲话》，《人民日报》2018年5月5日第2版。

和强大战斗力提供了滔滔不竭的思想力量。

最后，马克思主义始终是破解时代难题的制胜法宝。马克思主义作为一种科学的世界观，实现了唯物论与辩证法、自然观与历史观的有机统一，能够充分揭示人类社会历史发展演进的客观规律，也能够深刻洞悉自然与世界的源头本质、阐释万物运动的基本原理，为人们观察事物、认识世界提供了把握全局、洞察世事的"望远镜"与"显微镜"。同时，马克思主义作为一种科学的方法论，不仅善于认识世界，更注重改造世界，强调运用理论指导实践、通过实践检验理论，为人们探索大自然、改造主观和客观世界提供了科学管用的方式方法，包括实事求是的方法、矛盾分析的方法、实践检验的方法、量变质变的方法，等等，帮助人类找到了改造世界的"手术刀"。作为当今世界最先进、最科学的世界观和方法论，马克思主义无疑能为人们发现问题、破解难题提供指引，"马克思主义始终是我们党和国家的指导思想，是我们认识世界、把握规律、追求真理、改造世界的强大思想武器"。①

从马克思主义的诞生至今，已经过了一百多年的发展，马克思主义仍表现出美妙之青春，保持着蓬勃的生机与活力，正是由于其不断根据时代、实践、认识发展而不断丰富和完善，也正是由于其能够不断探索时代发展提出的新课题、回应人类社会面临的新挑战。在马克思、恩格斯的时代，面对资本主义的高度发展和无产阶级的迅速壮大，马克思和恩格斯运用辩证唯物主义和历史唯物主义的科学方法，解答了"什么是资本主义？什么是阶级矛盾和阶级斗争？什么是无产阶级专政？"等一系列重大的时代课题，为国际共产主义运动提供了科学的理论指导。在列宁、斯大林的时代，面对帝国主义链条上的薄弱环节，面对资本主义国家的严重危机，马克思主义指导十月社会主义革命取得胜利而创建了世界上第一个社会主义国家，之后又赢得了世界反法西斯战争的胜利，创立了社会

---

① 习近平：《在纪念马克思诞辰 200 周年大会上的讲话》，《人民日报》2018 年 5 月 5 日第 2 版。

主义同盟,将国际共产主义运动推向高潮;在中国共产党的时代,中国共产党积极将马克思主义与中国国情实际和具体实践相结合,创新发展了马克思主义中国化的理论成果,从"农村包围城市""枪杆子里面出政权"到"新民主主义理论",从"摸着石头过河""实践检验真理"到"解放思想、实事求是",从"三个代表"重要思想到科学发展观的战略思想,回答解决了中国革命、建设、改革各时期的一系列重大问题和现实课题,创立了中国特色社会主义理论体系,引领东方巨轮乘着时代浪潮激昂前行。当前,中国特色社会主义开启了新时代,中国共产党团结领导人民再次瞄准新目标、踏上新征程。放眼国际国内、党内党外,仍面临着各种各样的矛盾难题和时代课题。因此,就更加需要把握好马克思主义这个制胜法宝,充分运用马克思主义观察时代、解读时代、引领时代,为坚持和发展新时代中国特色社会主义,应对风险挑战、破解时代难题提供最坚强有力的思想武器。

2019年,党的十九届四中全会从新时代党和国家事业全局出发,把坚持马克思主义在意识形态领域的指导地位确立为一项根本制度明确提出。这是坚持和完善中国特色社会主义制度在意识形态领域的具体体现,是我们党从国家治理体系层面为牢牢把握意识形态工作"两个巩固"的根本任务而作出的重大制度安排,也充分反映出我们党对意识形态工作坚持以马克思主义为指导这一根本原则达到了一个新的认识高度。这一重要安排和重大部署,对于繁荣发展社会主义先进文化,不断增强社会主义意识形态凝聚力和引领力,坚决维护国家意识形态安全,进一步做好新时代的意识形态工作,无疑会产生全局性、根本性以及长远性的重大意义。

(二)巩固全党全国人民共同的思想基础是兴党兴国、强党强国的重要保证

关于开展世界范围的共产主义革命运动,解放全世界的工人和无产阶级,马克思和恩格斯在《共产党宣言》中就特别提出,"联合的行动,至少是各文明国家的联合的行动,是无产阶级获得解放的首要条件之一"①,"共产党人到处都努力争取全世界民主政党之间的团结和协调"②,并发出"全世界无产者,联合起来"③的革命号召。马克思和恩格斯认为,以广大工人和无产阶级为代表的劳动人民只有组织起来、团结起来,才能迸发出气势磅礴的巨大力量,才能在革命斗争中取得最终胜利。

团结一切可以团结的力量,建立最广泛的统一战线,这同样是我们党长期以来,由小到大、由弱变强,不断取得胜利的重要法宝。我们党最稳定、最深厚、最根本的基础自然是广大人民群众,无论是在谋求独立解放的战争时期,还是在自力更生、艰苦奋斗的建设时期;无论是在变革旧体制、解放生产力的改革时期,还是在新世纪、新阶段的发展时期,我们党始终依靠人民、紧密联系人民,把人民群众紧紧团结在一起,形成了无比强大的凝聚力和战斗力。对于党和人民来说,团结就是力量,团结才能胜利。坚强有力的团结,不仅来源于严密的组织、严明的纪律,更加需要依靠共同的理想信念和共同的思想基础。离开共同的思想基础,组织就会涣散、纪律就会松弛,民族也会失去凝聚力和向心力;缺乏共同的思想基础,精神就无法振作、目标也无法统一,再恢宏的事业也难免陷入松松垮垮的境地。共同的思想基础,对于一个党、一个国家和一个民族来说,血脉传承的根基、是团结凝聚的纽带,是不可或缺、至关重要的关键所在。

首先,党的兴旺发达离不开共同的思想基础。从1921年到2021年的一百年,中国共产党从南湖红船的一只木舟到乘风破浪的东方巨轮,一步步披荆斩棘、一步步发展壮大,依靠的是科学理论的指导、依靠的是严密组织的维系、依靠的是钢铁纪律的约束,而更为持久的、更为深层的依靠,是坚定理想信念的聚合和共同思想基础的支撑。共同思想基础滋养共同的精神追求,共同的思想基

---

① 《马克思恩格斯选集》第1卷,人民出版社1995年版,第291页。
② 《马克思恩格斯选集》第1卷,人民出版社1995年版,第307页。
③ 《马克思恩格斯选集》第1卷,人民出版社1995年版,第307页。

础也激发出万众一心、团结凝聚的强大精神力量。正如毛泽东同志所指出的:"国家的统一,人民的团结,国内各民族的团结,这是我们的事业必定要胜利的基本保证。"① 建党百年来,通过建立和巩固共同的思想基础,我们党建立了救亡图存的奋斗目标,强化了抵抗侵略的民族意志,激发了独立解放的革命斗争。

共同思想基础的精神沃土,最为鲜明、最有特色的就是孕育塑造了不同时期的红色文化和革命精神,激励全党同志、鼓舞广大人民攻坚克难、奋勇前行。比如"艰苦奋斗、军民团结"井冈山精神,激发了干部群众自己动手、丰衣足食的生产建设热情,凝聚了根据地群众最广泛的拥护和支持;比如"不畏艰难、不怕险阻"的长征精神,激发了红军战士不怕流血牺牲的革命斗志,也为人民解放军积累了宝贵的精神财富;比如"解放思想、实事求是,全心全意为人们服务"的延安精神,激励广大军民在艰苦条件下克服困难、开拓进取,把共产党人和革命者融入最广大人民群众之中,建立了党和人民牢不可破的血肉联系;再比如"谦虚谨慎、戒骄戒躁、艰苦奋斗"的西柏坡精神,保证了党发动群众、领导土改、指挥战役的顺利进行,也为全党"进京赶考"提供了思想准备。以及到后来,改革开放以来所形成的"两弹一星"精神、抗洪抢险精神、载人航天精神,特别是2020年以来疫区人民和全国人民,包括众多英勇无畏的党员干部、医护人员和志愿者们,在英勇抗击新冠肺炎疫情中所凝聚形成的"生命至上,举国同心,舍生忘死,尊重科学,命运与共"的抗疫精神,都蕴含着一脉相承的红色精神基因和优良革命传统。正如习近平总书记所指出的:"我们党在长期奋斗历程中形成的优良传统和革命精神,是一笔宝贵的精神财富和丰厚的政治资源。"② 这些宝贵精神财富和资源根植于共同的思想基础,生长于人民群众的精神家园。离开了这块土

---

① 《毛泽东选集》第5卷,人民出版社1977年版,第363页。
② 习近平:《结合学习实践科学发展观活动,弘扬党的优良传统和革命精神》,《人民日报》2009年6月12日第1版。

壤，民族精神就无法生根发芽和开花结果，人民群众就丧失了安放心灵的精神家园，党和国家也就会丧失兴旺发达的思想保障和精神支撑。

其次，国家与民族的繁荣昌盛也离不开共同的思想基础。关于国家与人民的关系，马克思在《黑格尔法哲学批判》中曾指出："家庭和市民社会是国家的真正的构成部分，是意志所具有的现实的精神实在性，它们是国家存在的方式。家庭和市民社会本身把自己变成国家。它们才是原动力。"[①] 在马克思看来，国家是由家庭和民众组成，应当是人民群众的客观存在与精神意志的共同聚合。由此，人民群众只有组织起来、团结起来，才能形成强大的国家力量。

共同的思想基础对于一个国家、一个民族的生存发展来说至关重要，可以在文化血脉、精神意志层面发挥巨大的维系功能和凝聚作用。如果缺乏了共同思想基础的维系支撑，国家没有向心力，民族也不会有凝聚力。特别是要实现国家的繁荣富强和民族的兴旺发达，更加需要共同的思想基础汇聚和激发出人民群众的磅礴力量。这是因为共同的思想能够凝结共同的利益、实现共同的目标、推动共同的事业，既是一个国家走向富强的精神基石，也是一个民族繁荣发展的文化引擎。在长期以来的共同奋斗中，党和人民紧密联系在一起，凝聚形成了共同的思想基础。这样的思想基础，充分表达出党和人民共同的愿望追求与理想目标，广泛凝聚起各层各界的社会共识和思想合力，也引领和激励着全党全国人民众志成城、团结奋斗；也正是这样的思想基础，凝结成各民族、各地区密切联系的精神纽带，树立起党和人民群众共同的事业与目标，才换取了党团结带领人民投入到革命、建设和改革的伟大事业，夺取一个又一个胜利。

进入中国特色社会主义的新时代，党带领人民走上了富国强

[①] 《马克思恩格斯全集》第 1 卷，人民出版社 1956 年版，第 251 页。

民、兴国安邦的新征程。国家富强、民族振兴、人民幸福的中国梦，成为凝聚起党和人民团结奋斗的最大共识。2012年11月，习近平总书记在参观《复兴之路》展览时特别指出："实现中华民族伟大复兴，就是中华民族近代以来最伟大的梦想。这个梦想，凝聚了几代中国人的夙愿，体现了中华民族和中国人民的整体利益，是每一个中华儿女的共同期盼。"① 有了这样共同的愿望和期盼，全党全国各族人民就能画出最大"思想同心圆"，从而构筑团结奋斗的共同思想基础。然而，看着中华民族走向复兴、中国发展强大，一些敌对势力、反华势力是打心眼儿里不舒服，想方设法遏制阻碍，不遗余力捣乱破坏，最惯用的伎俩就是在意识形态领域进行渗透、破坏，企图搞乱人们的思想，"西化""分化"中国。越是在这样的形势下，就越要做好强有力的意识形态工作，加强和巩固全党全国人民团结奋斗的共同思想基础，确保全党全国人民坚定信念、站稳立场，在任何风浪和挑战面前心神不散、思想不乱，确保全党全国人民在共同的理想信念、共同的目标追求和共同的奋斗事业中，汇聚形成建设社会主义现代化国家、实现民族伟大复兴的强大智慧力量。

二 提出一项重要的战略任务，指明了意识形态工作的努力方向

社会主义意识形态在中国确立主导地位是从中华人民共和国成立开始的，并在经济社会发展的不同阶段，呈现不同的发展态势。无论形势任务如何发展，社会主义意识形态建设始终都是党的意识形态工作中最具全局性和基础性的重大工程。在党的十九大报告中，习近平总书记提出："建设具有强大凝聚力和引领力的社会主义意识形态，使全体人民在理想信念、价值理念、道德观念上紧紧

---

① 《习近平总书记深情阐述"中国梦"》，《人民日报》2012年11月30日第1版。

团结在一起。"① 并将此作为我们党牢牢掌握意识形态工作领导权的重大部署。2018年8月下旬,召开了全国宣传思想工作会议,习近平总书记又进一步强调指出:"建设具有强大凝聚力和引领力的社会主义意识形态,是全党特别是宣传思想战线必须担负起的一个战略任务。"② 由此,明确了新时代意识形态工作的一项重要战略任务。这项任务的提出是我们党在深刻把握意识形态工作规律特点的基础之上,紧密结合新时代的使命要求而作出的具有方向性、战略性的部署安排,不仅鲜明指出了新时代意识形态工作的总体目标和关键所在,也为新时代社会主义意识形态的发展建设提供了重要遵循。

(一) 这一战略任务规定了意识形态建设的方向性质

把建设有强大凝聚力和引领力的社会主义意识形态作为新时代的战略任务,本身就具有十分深刻而丰富的内涵。首当其冲的,就是用定质、定性的方式明确规定了意识形态建设的方向与性质。社会主义中国的意识形态,在本质上必须是社会主义属性的意识形态,非社会主义的不行,资本主义的更不行。社会主义意识形态要承担起国家主流意识形态的使命,就要彰显出区别于其他意识形态的鲜明属性和显著特征。

社会主义意识形态是始终以马克思主义为指导的意识形态。马克思主义是党和国家的指导思想,同时也是社会主义意识形态的旗帜和灵魂。巩固马克思主义的指导地位,既是意识形态工作的根本任务,同时也是社会主义意识形态建设的核心内容。可以说,没有马克思主义,就没有社会主义意识形态。首先,马克思主义的指导来源于党和国家的性质,我们国家是共产党领导的社会主义国家,

---

① 习近平:《决胜全面建成小康社会夺取新时代中国特色社会主义伟大胜利——在中国共产党第十九次全国代表大会上的报告》,人民出版社2017年版,第41页。

② 习近平:《举旗帜聚民心育新人兴文化展形象 更好完成新形势下宣传思想工作使命任务》,《人民日报》2018年8月23日第1版。

坚持以公有制为主体，实行人民民主专政，这样的政治制度和经济结构与马克思主义的立场是一脉相承的。那么社会主义意识形态要充分体现党和国家的性质，就必须坚持马克思主义的指导。其次，马克思主义的指导也来源于现实社会生活的需要，马克思主义被中国人民和中国社会接受为普遍的世界观和方法论，人们认识自然、观察社会、解读历史，需要运用马克思主义的基本观点和科学原理；人们树立人生理想、培养道德品质、评判得失成败，也需要匹配马克思主义的价值准则和精神信仰。马克思主义已经随着主流意识形态浸润，弥漫于人们社会生活的文化之中。特别是经济全球化背景下文化多样、价值多元、情势多变，更加需要坚持马克思主义的指导来确保主流意识形态的方向和性质。

　　社会主义意识形态是坚持鲜明人民立场的意识形态。马克思和恩格斯指出："各个世纪的社会意识，尽管形形色色、千差万别，总是在某些共同的形式中运动的，这些形式，这些意识形式，只有当阶级对立完全消失的时候才会完全消失。"[①] 这表明，在阶级社会的范畴内不存在无阶级或超阶级的意识形态。一定的意识形态总是反映和维护着某一特定的阶级群体，带有鲜明的阶级属性和政治立场性。意识形态的立场和属性，直接决定了意识形态建设发展的根本方向和价值取向。社会主义意识形态建立在生产资料公有制的基础之上，是人民群众占据统治地位的思想观念。在社会主义社会中，人民群众既是物质财富的创造者和拥有者，同时也是精神财富的创造者和拥有者。人民群众在社会活动中创造着各种各样的思想、观念和文化，构成了社会主义意识形态的核心内容，这样的意识形态自然是反映着人民群众的社会实践，实现了从产生根源到功能作用与人民群众的一致性。也正因如此，社会主义意识形态与资本主义意识形态形成了鲜明对比，资本主义意识形态代表少数人利益、服务资产阶级统治，而社会主义意识形态自始至终都代表着无

[①] 《马克思恩格斯文集》第2卷，人民出版社2009年版，第51—52页。

产阶级和广大人民群众的根本利益，是代表人民、服务人民的意识形态。鲜明的人民属性是社会主义意识形态区别于其他一切意识形态最根本的特征，也是社会主义意识形态必须始终坚守的政治立场。

社会主义意识形态是具有先进性与科学性的意识形态。创造社会主义意识形态的无产阶级特别是工人阶级，掌握着先进的社会生产力，代表着人类社会未来的发展方向，因而能呈现一种积极的、进步的、能动的反作用，促进社会生产力的发展。社会主义意识形态蕴含着马克思主义的科学世界观和方法论，闪烁着真理的光芒，彰显着优秀的科学品质，因而能够帮助人们正确认识人类社会历史演进的基本规律、科学探索社会变革发展的创新实践。社会主义意识形态从代表最广大的人民群众开始，就突破了特定阶级集团的局限性，最大限度地克服了资本主义意识形态的虚伪性和欺骗性，因而能对社会经济政治的实践活动和人民群众的意愿诉求呈现最真实客观的反映，真正实现了社会意识对社会存在真实准确的反映。同时，社会主义意识形态还广泛吸收人类文化和现代科技的优秀成果，形成内涵丰富的知识体系，并且随着时代的发展不断丰富和完善，是一种进步发展的、与时俱进的意识形态。这些都集中体现了社会主义意识形态先进性与科学性的有机统一。

当前，在"一主多元"的文化格局下，不同思想文化交流交融交锋，各种错误思潮渗透干扰破坏，社会主义意识形态的主流形势和主导地位受到一定挑战和冲击。在这样的背景下，加强意识形态建设，首要的战略考量就是要坚持好、把握好意识形态的方向与性质，坚持马克思主义在意识形态领域的指导地位，坚守代表人民、服务人民的政治立场，彰显社会主义意识形态的科学性与先进性，切实让马克思主义特征和社会主义特性成为意识形态建设的根本属性，唯有如此才能确保主流意识形态在建设发展的过程中不变质、不偏向。

（二）这一战略任务抓住了意识形态工作的重心要点

党的意识形态工作涉及面广、系统性强，在政治、经济、文化、社会、生态建设等方面的实践活动中能够发挥出维护功能、教化功能、整合功能、导向功能等诸多重要作用。习近平总书记"凝聚力"与"引领力"两个重要方面，则是从战略全局的高度抓住了意识形态工作的重心和要点。

意识形态的凝聚力，是指社会成员对该意识形态所包含的思想理论、价值信念、道德规范等充分信任、充分认同，对该意识形态所设定的理想目标、实践策略、行动导向等自觉遵循、积极实践，从而达到一种思想上合流合聚、精神上信仰信奉、行动上自愿自觉的状态。意识形态的引领力，是指该意识形态能够符合人类社会发展的客观规律，能够代表社会思想理论、精神文化创新发展的前进方向，能够为人们认识世界、分析世界和改造世界提供的正确立场、观点和方法，并且能对人们的思想认识、价值取向、心理情感乃至行为方式等产生引导和带领的作用。意识形态的凝聚力和引领力，两者之间紧密联系、相辅相成，思想统一、步调一致是高举旗帜、引领方向的重要前提，而思想领先、观念进步又是获得认同、凝聚共识的必要条件。凝聚力和引领力分别在不同的维度上发挥作用，凝聚力是向里向内的指向，重在思想理念、精神情感等的向心和聚拢；引领力是向外向前的指向，重在思想、理论、文化等发展方向、进步趋势的牵引和带动。意识形态所呈现凝聚力和引领力大小，是社会主义意识形态建设成功与否、功能作用发挥充分与否的重要表征。凝聚力与引领力也是意识形态建设的诸多项目中最能体现社会主义特质的内容，坚持和维护党的核心领导地位，必须赢得广大人民群众的衷心拥护和热烈支持，这就需要不断加强党在意识形态领域的主导权、管理权和话语权；社会主义集中力量办大事，靠的是迅速地组织人民、广泛地动员群众、充分地调动全社会的资源与力量，同样需要主流意识形态充分凝聚人民群众的理想信念、奋斗目标和价值追求。

建设具有强大凝聚力和引领力的社会主义意识形态，在新时代党的意识形态工作中具有十分丰富的内涵。党的意识形态工作的重要作用之一就是增强国家和民族的凝聚力、向心力。马克思曾指出："理论只要说服人，就能掌握群众；而理论只要彻底，就能说服人。"① 这里所说的"彻底"指的就是理论的科学性和真理性，这里所说的"说服人"和"掌握群众"指的就是思想理论的真理力量能够让人信服，能够武装人民的头脑、引领人们的思想。社会主义的意识形态，以马克思主义的科学理论为指导，包容了世界文明的优秀成果，代表了先进文化的发展方向，并且始终随着人类的社会发展和科技进步与时俱进、丰富创新。社会主义意识形态所蕴含的思想理论，能够发现客观规律、洞察事物本质，能够对人类社会和自然作出科学的说明与分析，是具有强大说服力和解释力的意识形态，也是能够产生强大的凝聚力和引领力的意识形态。因而，建设和发展社会主义意识形态，本身就是促进党的意识形态工作水平的整体提升。抓住了社会主义意识形态的凝聚力和引领力建设，也就抓住了党的意识形态工作的重要关节点和主要着力点。

社会主义意识形态作为我们国家意志的表达和民族文化的精髓，其凝聚力和引领力的提升，最显现的效果就是团结群众、凝聚人心、鼓舞士气。当前，我们比历史上任何时候都更加接近中华民族伟大复兴的目标，也比历史上任何时候都更有信心、更有能力实现这个目标。一系列重要战略机遇和重大风险挑战，更加需要全党全国人民团结一致、坚定信念，也更加需要强化思想引领和力量凝聚。习近平总书记关于建设具有强大凝聚力和引领力的社会主义意识形态的重要论述，深刻回答了当前建设什么样的社会主义意识形态和怎样建设等重大理论与现实问题，充分明确了新时代意识形态工作的任务重点和战略重心。大力推进社会主义意识形态建设，就是要突出发挥凝聚力与引领力的作用效能，高举马克思主义的旗

---

① 《马克思恩格斯文集》第1卷，人民出版社2012年版，第9—10页。

帜，用党的创新理论武装头脑，用社会主义先进文化教育群众，不断增强党的政治领导力、思想引领力，不断增强国家和民族的凝聚力、向心力，源源不断转化成实现民族伟大复兴的强大智慧与力量。

三　提出了新时代的五项使命任务，明确了意识形态工作的主攻目标

习近平总书记指出："一个时代有一个时代的主题，一代人有一代人的使命。"① 对于新时代党的意识形态工作来说同样如此，如果说"两个巩固"的根本任务是打基础、固根本，建设具有强大凝聚力和引领力的社会主义意识形态的战略任务是把方向、统全局，那么就必须还要有一个当前的主攻目标和着力重点来抓关键、求突破。2018年8月，习近平总书记在全国宣传思想工作会议上明确指出："做好新形势下宣传思想工作，必须自觉承担起举旗帜、聚民心、育新人、兴文化、展形象的使命任务。"② 这无疑是紧扣时代主题、紧贴现实需要，紧抓意识形态领域的主要矛盾，在总结历史性成就、深化规律性认识的基础上，为意识形态工作确立了新时代的使命任务。这样的使命任务，既与意识形态工作的根本任务和战略任务形成了承上启下的逻辑衔接，也为新时代的意识形态工作明确了主攻目标和工作重点。

（一）举旗帜是首要性的使命任务

参天之木，必有其根；怀山之水，必有其源。举什么旗、走什么路的问题，是关系到中国特色社会主义的方向和性质、关系党和国家前途命运的重大问题。意识形态工作发挥理论解释和思想引领的重要功能，首要的就是解决好思想政治建设的举旗定向问题。习

---

①　习近平：《全国政协举行新年茶话会，习近平发表重要讲话》，《人民日报》2016年12月31日第2版。

②　习近平：《举旗帜聚民心育新人兴文化展形象　更好完成新形势下宣传思想工作使命任务》，《人民日报》2018年8月23日第1版。

近平总书记指出:"举旗帜,就是高举马克思主义、中国特色社会主义的旗帜"①,这是为新时代党的意识形态工作确定了首当其冲的使命任务。在五项使命任务中,将"举旗帜"放在首位,不仅突显了意识形态工作的政治属性和引领功能,也扭住了意识形态工作最为基础、最为关键的"牛鼻子"。

首先,高举旗帜才能打牢思想基础。马克思主义是我们立党立国的指导思想,中国特色社会主义是改革开放以来党和国家全部理论和实践最为集中的主题。长期以来,我们党坚持以马克思主义为指导,持续推进马克思主义中国化、时代化、大众化;坚持高举中国特色社会主义伟大旗帜,在理论创新与实践创新的双向互动中,赋予中国特色社会主义更加鲜明的时代特色、实践特色和民族特色。党和国家确立了马克思主义、中国特色社会主义道路的伟大旗帜,党的意识形态工作就要把这面旗帜高高举起。当前,高举这面旗帜就是要学习好、宣传好、贯彻好马克思主义与中国特色社会主义深度结合的最新理论成果——习近平新时代中国特色社会主义思想,坚持用党的科学理论武装头脑、教育人民。我们党开展意识形态工作,纵有千条线,但必须一针穿,这根针就是意识形态工作的"根"和"魂"。完成好高举旗帜的使命任务,无疑就是抓住了意识形态工作的"根"和"魂"。

其次,高举旗帜才能把好政治方向。旗帜飘扬即昭示前进方向。在革命战争年代,我们党和军队之所以能够克服艰难而不断奋起、历经困苦而淬火成金,把中国革命不断引向胜利,离不开坚定的政治信念,因为它标定了一个明确的前进方向和奋斗目标。就连毛泽东同志,都将政治工作誉为革命军队的"生命线"。改革开放以来,我们党之所以能够在疾风高浪中昂首挺进、在披荆斩棘中奋力前行,既没有走封闭僵化的老路,也没有走改旗易帜的邪路,靠的就是始终坚定的政治方向。党的意识形态工作包括宣传工作、思

---

① 习近平:《举旗帜聚民心育新人兴文化展形象 更好完成新形势下宣传思想工作使命任务》,《人民日报》2018年8月23日第1版。

想工作、文化工作，但归根结底是一项政治工作。政治方向是意识形态工作的根本指向，如果方向错了，走得越远只会跑得越偏。当前，中国特色社会主义进入新的时代，国家发展站在新的历史方位，继续前进朝什么方向、走什么道路，这是党和国家必须牢牢把握好的事，也是意识形态工作必须密切围绕的事。将举旗定向作为首要的使命任务，正是体现出了党的意识形态工作十分鲜明的政治立场和政治属性。

最后，高举旗帜才能保持战略定力。战略定力，是指在错综复杂的形势下、在纷乱嘈杂的干扰中，依然能够保持清晰的战略意图、明确的战略目标和坚定的战略自信等，包含着临危不乱的镇定力、冷静果敢的决断力以及坚韧不拔的意志力。就一个国家和民族而言，保持战略定力对实现国家富强、民族复兴等具有十分重要的意义。进入新时代，我们比历史上任何时候都更接近伟大复兴的战略目标。可以预见的是，越是与目标接近，压力和干扰就会越大、风险和挑战就会越多，正如习近平总书记所指出的："当今世界，机遇和挑战并存。风云变幻，最需要的是战略定力。"[1] 政治上的坚定来源于理论上的清醒，想要做到在诱惑干扰面前旗帜鲜明、在大是大非面前立场坚定，首先就需要保持思想理论上的清醒。党的意识形态工作始终坚持马克思主义的指导地位，不断强化中国特色社会主义理论体系的思想武装和精神引领，能够帮助广大党员干部和人民群众廓清思想上的迷雾、保持理论上的清醒，进而转化成政治上的坚定和行动上的自觉，这是意识形态工作发挥举旗定向作用的重要体现。

（二）聚民心是中心性的使命任务

人民导向是意识形态工作的根本导向，人民属性也是社会主义意识形态的核心属性，那么新时代意识形态工作的使命任务也自然会聚焦于广大人民群众、服务于广大人民群众。按照马克思主义的

---

[1] 习近平：《全国政协举行新年茶话会》，《人民日报》2014年1月1日第1版。

社会发展主体论，作为历史的主体和创造者、作为社会发展的最终决定力量。广大人民群众是社会实践的主体、是社会关系的主体、是社会价值的主体，同时也是社会目标的主体。习近平总书记指出："我们党来自人民、植根人民、服务人民，一旦脱离群众，就会失去生命力。"[①] 我们党把统一思想、凝聚力量作为意识形态工作的中心环节，其核心正是要强信心、聚民心、暖人心、筑同心。党的意识形态工作重在汇聚民心，也贵在赢得民心，既然人民群众已经成为意识形态工作的目标导向与服务重点，那么也自然居于新时代使命任务的中心位置。在中国特色社会主义的新时代，意识形态工作只有紧紧围绕人民群众这个对象主体，多在凝神聚气、凝心聚力上下功夫，才能把全党全国人民的士气鼓舞起来、精神振奋起来，才能不断壮大全国人民团结奋进的精神力量，朝着党中央确定的宏伟目标团结一心向前进。

  首先，党的性质宗旨路线决定了"聚民心"的使命任务。中国共产党是中国人民和中华民族的先锋队，也是中国特色社会主义事业的领导核心；依靠人民、为了人民，始终代表人民的根本利益，全心全意为人民服务始终是中国共产党的根本宗旨；从群众中来、到群众中去，始终保持党同人民群众的血肉联系，与人民群众同呼吸、共命运、心连心，是中国共产党开展各项工作的一条基本路线。习近平总书记指出："江山就是人民，人民就是江山。"[②] 对于中国共产党来说，民心就是最大的政治，坚持党的性质宗旨，践行党的群众路线，将党的决心意志转化成人民群众的共同意志，将党的方针政策转化成人民群众的自觉行动，这正是我们党能够长期执政、国家能够稳定发展的优势和法宝。党的意识形态工作，服从于党的领导，服务于党和国家的事业大局，就必须把顺应民意民愿、凝聚民心民力作为一项中心性、重点性的使命任务抓紧抓好，

[①] 习近平：《在纪念周恩来同志诞辰 120 周年座谈会上的讲话》，《人民日报》2018 年 3 月 2 日第 2 版。

[②] 习近平：《在党史学习教育动员大会上的讲话》，《求是》2021 年第 7 期。

这是新时代党的意识形态工作的责任所系和使命所在。

其次，国家事业和民族梦想决定了"聚民心"的使命任务。马克思指出："理论一经掌握群众，也会变成物质力量。"[①] 把马克思主义的科学真理转化成改造自然和世界、推动社会发展的物质力量，就是要通过武装人民群众思想、激发人民群众精神的方式。中国特色社会主义的伟大事业，是属于亿万中国人民生机勃勃、开拓创新的事业；国家富强、民族振兴、人民幸福的伟大梦想，也是全体中国人民共同追逐、共同努力的梦想。推进伟大事业离不开众志成城，实现伟大梦想也必须依靠同心共筑。习近平总书记指出："中国人民从亲身经历中深刻认识到，团结就是力量，团结才能前进……只要13亿多中国人民始终发扬这种伟大团结精神，我们就一定能够形成勇往直前、无坚不摧的强大力量！"[②] 党的意识形态工作正是这种巨大的物质力量和精神力量的转换器、倍增器。在新的伟大征程中，意识形态工作只有始终聚焦凝聚民心、汇聚民意，才能把思想统一、精神凝聚的向心力转化成历史的合力、创造的伟力，从而焕发出推动国家和人民事业不断发展的强大动力。

（三）育新人是关键性的使命任务

百年树人，是党之大计，也是国之大计。毛泽东同志曾指出："政治路线确定之后，干部就是决定的因素。"[③] 无论是革命战争年代，还是改革建设时期，我们党和国家的建设发展都需要一批又一批人才的干事、创业。党和国家在事业发展的进程中培养人才、造就人才，锻造出了一批批源源不断的接班人和后备军队伍，这一群群能够汇聚在党旗下报效国家的人们有一个共同的特点，那就是一定具备坚定的理想信念和优秀的道德品质。中国特色社会主义进入新时代，要实现社会主义现代化强国建设和民族伟大复兴的宏伟目

[①]《马克思恩格斯全集》第3卷，人民出版社2002年版，第207页。

[②] 习近平：《在第十三届全国人民代表大会第一次会议上的讲话》，人民出版社2018年版，第5页。

[③]《毛泽东选集》第2卷，人民出版社1991年版，第526页。

标，最关键的还是"人"。新的事业、新的任务都迫切需要新的人才，因而习近平总书记提出了"育新人"的使命任务，他指出："宣传思想工作是做人的工作的，要把培养担当民族复兴大任的时代新人作为重要职责。"①

意识形态工作是一项淬炼精神、锻造思想的工作，同样也是一项立德树人、以文化人的工作。为新时代党和国家的宏图大业、民族和人民的振兴梦想塑造人才、培养人才，精心培育一大批能够扛起社会主义大旗、担当民族复兴大任的时代新人，必须是党的意识形态工作的题中应有之义。意识形态工作重在教育人、培养人、塑造人，对于广大青年人来说尤为如此。列宁曾指出："真正建立共产主义社会的任务正是要由青年来担负。"② 毛泽东同志也把青年人比作早晨八九点钟的太阳，是世界的未来和希望。邓小平同志同样认为，青年是祖国的未来，是党和国家事业的继承者。然而，一些意识形态领域的噪音杂音、思想文化方面的消极和谬误，对人民群众特别是对青年人世界观、人生观、价值观的培养和塑造，产生了极为不良影响。尤其是在青年人"三观"塑造形成的关键时期，如果不能在激浊扬清中传递正向价值、在扶正祛邪中树立正确导向，青年人就很容易扣错"第一粒扣子"。如同小树苗不扶正，只会越长越偏、越长越歪。对于党和国家而言，没有远大的理想追求、缺乏高尚的道德情操的人，本事再大、学问再多也只能是残次品甚至是危险品。培养新时代中国特色社会主义事业的合格建设者和可靠接班人，这正是意识形态工作的谋划之策和用武之地。民族复兴的梦想任重而道远，树人育才的工作也需要接续不断，对于新时代的意识形态工作来说，坚持立德树人、以文化人，抓好建设社会主义精神文明、培育和践行社会主义核心价值观，提高人民思想觉悟、道德水准、文明素养，特别是培养塑造青年人理想更远、信

---

① 习近平：《举旗帜聚民心育新人兴文化展形象　更好完成新形势下宣传思想工作使命任务》，《人民日报》2018年8月23日第1版。
② 《列宁选集》第4卷，人民出版社1995年版，第281页。

念更坚、品德更优、本领更强，真正成为够担当民族复兴大任的时代新人，既是一项关键性、重要性的使命任务，更是一项深远性、长久性的百年工程。

（四）兴文化是民族性的使命任务

我们党历来重视文化建设，早在延安时期，毛泽东同志就把文化教育作为党和军队的重点工作之一，并指出："如果不发展文化，我们的经济、政治、军事都要受到阻碍。"① 改革开放之后，邓小平同志也非常重视物质文明与精神文明的"两手抓"，"我们要在建设高度物质文明的同时，提高全民族的科学文化水平，发展高尚的丰富多彩的文化生活，建设高度的社会主义精神文明"②。到中国特色社会主义新时代，习近平总书记也认为文化繁荣是民族复兴的重要组成部分，他指出："一个民族的复兴需要强大的物质力量，也需要强大的精神力量。没有先进文化的积极引领，没有人民精神世界的极大丰富，没有民族精神力量的不断增强，一个国家、一个民族不可能屹立于世界民族之林。"③

文化是一个国家、一个民族的灵魂，也是民族凝聚力、向心力和创造力的重要源泉。一个民族如果没有文化底蕴，缺乏文化创新的活力，就很难发展壮大。在人类发展的历史长河中，人们繁衍生息、改造自然，不断积累着丰富的物质财富，同时也积极求索、代代传承不断创造着璀璨的精神财富。中华民族历经五千多年而生生不息、延绵不绝，靠的就是文化基因的延续和文化血脉的传承。文化与意识形态都是人类社会生活的现实在思想观念层面的反映，两者紧密联系、相互影响。文化是意识形态形成与发展的思想源泉，为意识形态的建构提供了精神资源，也为增强意识形态传播、认同的亲和力与渗透力提供了精神上的承载与滋润；意识形态则是文化

---

① 《毛泽东文艺论集》，中央文献出版社2002年版，106页。
② 《邓小平文选》第2卷，人民出版社1994年版，第208页。
③ 《习近平关于社会主义文化建设论述摘编》，中央文献出版社2017年版，第7页。

的核心观念和指导思想，对文化的性质具有决定作用，对文化的发展具有规约效应，在整个社会的文化体系构建中占据支配地位。在一定的历史时期和社会阶段之内，有什么性质的主流意识形态，就会有什么形式的主流思想文化与之相匹配和适应。国家意识形态决定着社会思想文化的前进方向和发展道路，意识形态工作也总是对文化的建设发展发挥着指向性和目标性的带动作用。

中华民族的伟大复兴，既包括社会主义物质生产力的极大发展，也包括社会主义精神文明觉醒与复兴。党的意识形态工作担负起"兴文化"的使命任务，就是在助推社会主义文化强国建设。"兴文化"可以增强文化自信，通过推动中华优秀传统文化创造性转化、创新性发展，继承革命文化，发展社会主义先进文化，不断提高国家文化软实力，不断激发全民族深沉而广泛的精神力量；"兴文化"可以激发民族文化创新创造的活力，大力解放和发展文化生产力，推动内容形式、体制机制、传播手段等方面创新，在高起点上推动社会主义文化建设繁荣发展；"兴文化"还可以满足人民对美好生活的新期待，推出多样化、特色化的文化产品，打造思想精深、艺术精湛、制作精良的文化精品，为人民群众提供更加丰富、更有营养的精神食粮。新时代党的意识形态工作将"兴文化"作为重要使命任务，致力于传承民族的文化血脉、丰富人民的精神家园、增强国家的文化实力，不仅为繁荣发展中国特色社会主义先进文化注入了动力、增添了活力，也将为实现民族复兴伟业提供最为厚重的精神支撑和力量源泉。

（五）展形象是外向性的使命任务

社会主义中国的繁荣兴盛、综合国力的全面提升，一定是硬实力与软实力的互动发展、相得益彰。其中，文化软实力的增强必然包含着中华文化影响力与感召力的大幅提升，以及文化国际传播辐射力与表达力的显著增强。中国特色社会主义进入新时代，中国更加积极地拥抱世界，世界也需要更好地了解中国。在此背景下，我们党对意识形态工作提出了"展形象"的使命任务，正是着眼于大力提升对外宣传和国际传播的能力水平，向国际社会展示更加真实、立体和全面的中国。

首先，"展形象"是中国走向世界的必要之举。习近平总书记鲜明强调："中国开放的大门不会关闭，只会越开越大。"[①] 从提出构建人类命运共同体的理念到发起推动"一带一路"合作倡议，从牵头创立"亚投行"到成功举办首届"进博会"，中国对外开放的程度不断提高，中国走向世界的步伐也越迈越大。跟世界交朋友、与各国搞合作，不仅需要表达善良的诚意、拿出真正的实惠，还要展示出一个良好的形象。以优秀传统文化为代表的中华文化，作为中华民族几千年的文化积淀和独特的精神标识，让世界认识了文明古老的中国。改革开放以来的中国速度、中国奇迹、中国智慧、中国方案等，同样需要打造出一张亮丽闪光的文化名片。因而，通过对外宣传和文化传播的方式来呈现当今中国的形象，展示中国人民的风貌，不仅有利于塑造良好的国家形象和国际声誉，更有利于中国以更加开发、更加昂扬的姿态走向世界。

其次，"展形象"是世界了解中国的正本之窗。长期以来，中国对内谋求经济繁荣、国家富强、人民幸福，对外坚持和平发展、互利共赢、维护世界公平正义。世界上大部分国家正在深入了解中国、主动认识中国。然而，仍有一些别有用心的反华势力，不遗余力地妖魔化、污名化中国，炮制"中国威胁论""中国崩溃论"等谬论谣言。比如，这次波及世界的新冠肺炎疫情，中国最先受到冲击，但却以最有力的举措控制疫情并向世界分享经验、提供支援，但一些无良的媒体却故意炒作病毒源头问题，企图抹黑、污蔑中国。这些谣言鬼话虽然对中国产生不了实质性的伤害，但却极容易对海外一些不明真相的国家和民众造成很大的误导，也严重破坏了中国的国际声誉和国家形象。中国谋求与世界各国广交朋友、深度合作，就需要世界更好地了解中国。党的意识形态工作

[①] 《习近平出席首届中国国际进口博览会开幕式并发表主旨演讲》，《人民日报》2018年11月6日第1版。

积极推进国际传播能力建设,主动讲好中国故事、传播好中国声音,正是向世界展示一个真实、立体、全面的中国,让世界真正"读懂"中国。

最后,"展形象"是增强文化影响力的题中之义。一个真正意义上的大国,需要在思想理念上和精神文化上拥有影响世界的力量。比起军事霸权、政治打压和经济干预,思想理念的影响和精神文化的感召更会令人心之所向、也更能令人心悦诚服。自古以来,中国的先贤们就明白"远人不服,则修文德以来之"(《论语·季氏》)的道理,不是靠穷兵黩武和对外扩张来欺压他人,而是靠思想文化的吸引力和感召力来赢得尊重。著名哲学家柏兰特·罗素曾说过:"中国至高无上的伦理品质中的一些东西,现代世界极为需要。"[①] 不仅中国的优秀传统文化被世界需要,中国当今的优秀文化也依然能为世界增光添彩。当代中国的价值理念、中国人民的精神风貌、中国发展的生动实践及其背后的思想力量与精神力量,都是世界文化百花园的灿烂芬芳,也是向世界阐释中国、推介中国、展示中国的优秀文化元素。"要更好推动中华文化走出去,以文载道、以文传声、以文化人,向世界阐释推介更多具有中国特色、体现中国精神、蕴藏中国智慧的优秀文化。"[②] 新时代的中国走向世界舞台中心,离不开中华文化的繁荣发展和国家软实力的显著增强,离不开国际传播影响力、中华文化感召力、中国形象亲和力、中国话语说服力、国际舆论引导力的系统构建和有效提升。将"展形象"作为新时代意识形态工作的使命任务,可谓是顺应大势、正当其时,正是推动中华文化立起来、走出去的应时之举、有力之举。

[①] [英]柏兰特·罗素:《中国问题》,秦悦译,学林出版社1996年版,第151页。

[②] 习近平:《加强和改进国际传播工作 展示真实立体全面的中国》,《人民日报》2021年6月2日第1版。

第三节　牢牢聚焦意识形态工作的形势任务，明确组织领导的新要求

坚强有力的组织领导是工作顺利开展、取得实效的重要保证。在党的十九大报告中，习近平总书记明确指出："中国特色社会主义最本质的特征是中国共产党领导，中国特色社会主义制度的最大优势是中国共产党领导。"① 党的领导是总览全局、协调各方、战胜一切艰难险阻的关键核心，也是推动国家和民族各项事业发展的坚强保证和坚定力量。党的意识形态工作之所以能够在各式各样的复杂形势中不断取得成功，关键还是在于党的精心组织和统一领导。党的领导指明了意识形态工作的方向和性质，也充分凝聚了各条战线、各个领域的智慧和力量。着眼新时代的形势任务，习近平总书记围绕加强党的领导、严明责任担当、推进工作创新、建强人才队伍等方面，不断夯实党在意识形态工作中的领导力量和组织保证。

一　牢牢掌握意识形态工作的领导权、管理权、话语权

党管意识形态既是坚持党的领导的重要内容，也是一条须臾不能放松的重要工作方针。习近平总书记指出："一刻也不能放松和削弱意识形态工作，必须把意识形态工作的领导权、管理权、话语权牢牢掌握在手中，任何时候都不能旁落。"② 领导权、管理权和话语权，构成了党领导和开展意识形态工作的组织力量。

---

①　习近平：《党的十九大报告辅导读本》，人民出版社2017年版，第19—20页。

②　《习近平关于社会主义文化建设论述摘编》，中央文献出版社2017年版，第34页。

（一）高度重视意识形态工作的领导权

意识形态作为一种观念的集合和思想的范畴，总是显得虚无缥缈、居无定向，论范围可以无边无际、论具体却又无法捉摸。意识形态最难以掌握，但意识形态又最需要掌握。特别是在阶级社会和国家政权的层面，谁掌握了意识形态的领导权，谁就掌握了思想和政治的主导权。最早提出意识形态领导权概念的是意大利学者葛兰西，在对比俄国十月革命的胜利和意大利反法西斯运动的失败之后，他认为在意大利要推翻资产阶级的法西斯政权，不能直接靠俄国革命式的暴力武装，而是要首先消灭资产阶级控制的思想文化根基，掌握市民社会的思想文化。由此，他提出了意识形态领导权的概念（也叫文化领导权）。在他看来，意识形态的领导权就是革命的意识形态在社会思想文化领域获得主导地位，在人们头脑中产生广泛而非强制性的思想认同，即"社会成员自愿选择该意识形态，认同这种意识形态的说服力，并且在实际行动中受该意识形态的引导、指引"[①]。

但是，意识形态的领导权并不是与生俱来、天然获得的，也不是一经掌握就一劳永逸的。新中国成立初期，经过"三大改造"和社会主义制度的建立，剥削阶级作为整体已被消灭，但旧式思想文化仍然残存。对此，毛泽东同志高度重视旧思想、旧文化扰乱社会主义建设的问题，大力开展知识分子改造运动、马克思主义学习运动等，推动了马克思主义在中国的普及化和大众化，由此我们党才确立了马克思主义和中国化马克思主义在社会意识形态领域的主导地位，并获得了主流意识形态的领导权。到改革开放时，大门骤开、泥沙俱来，各种思想文化和社会思潮以各种形式、不同渠道涌进人民群众的精神家园，特别是资产阶级自由化的兴起和泛滥对社会主义意识形态造成了巨大冲击，也给党的意识形态领导权带来巨大干扰。对此，邓小平同志旗帜鲜明地反对，并及时确立了"四

---

① ［意］葛兰西：《狱中札记》，曹雷雨、姜丽、张跃译，中国社会科学出版社2000年版，第361页。

项基本原则",将其置于思想上和政治上的核心地位,坚决捍卫了党的意识形态领导权。他指出:"要旗帜鲜明地坚持四项基本原则,否则就是放任了资产阶级自由化,问题就出在这里。"① 可以说,从改革开放以来,我们党在意识形态领域与干扰破坏势力的角逐斗争就始终没有停止过。

中国特色社会主义新时代,一方面,党的新思想新理论武装全党、教育人民,中国梦凝聚人心、激发力量,社会主义核心价值观净化风气、引领风尚,党领导下的社会主义意识形态建设取得了扎实成效,意识形态领域某些方面的被动局面得到了根本扭转;但同时,我们党自身建设面临着"四大风险"和"四大考验",思想领导面临着敌对势力的渗透破坏、错误思潮的干扰冲击、多元观念的碰撞交锋、网络空间的纷繁杂乱。正反两方面的形势都迫切需要我们党牢牢掌握对意识形态工作的领导权。对此,习近平总书记在十八大以来多次提出意识形态领导权的问题,并在党的十九大报告中明确提出了"牢牢掌握意识形态工作领导权"的重要论述。这一重要论述深刻揭示出,我们党只有以更有力的领导、更有效的举措把意识形态工作领导权牢牢掌握在手中,才能全面洞悉国际国内形势的深刻变化、有效应对前进道路上的一系列风险挑战,才能更好巩固和发展社会主义意识形态,为夺取新时代中国特色社会主义伟大胜利、实现中华民族伟大复兴提供坚强思想保证和强大精神力量。

(二)切实抓紧意识形态工作管理权

与领导权相比,意识形态工作的管理权,就是侧重于实践运行和实施操作层面的组织活动。总体上看,应当包括对意识形态工作的计划安排进行组织实施、对意识形态活动的平台空间进行有效管控、对意识形态领域的相关资源进行整合调配等。具体可以分为三个方面:一是意识形态管理的实施主体,就是在意识形态工作中发

---

① 《邓小平文选》第3卷,人民出版社1993年版,第194页。

挥组织、协调、控制作用的一方。对于我们国家来说，由于我们是人民当家做主的社会主义国家，人民群众理所应当是国家意识形态管理的实施主体，那么中国共产党就是代表人民群众行使管理职权。二是意识形态管理的管控范围，包括政治法律思想、道德、宗教、哲学、文学艺术以及其他形而上学的社会意识，也包括对意识形态领域内各种资源、各个部门的具体管理活动。党管意识形态，落实到具体工作中就是我们党对意识形态各个领域、各个行业、各个部门的指导和管理。三是意识形态管理的工作目的，既然意识形态具有鲜明的政治性和阶级性，那么意识形态的管理便具有明确的目的性和指向性。一般而言，意识形态管理的目的离不开维护、巩固统治阶级的利益和地位，维护、巩固政党的权威、政权的稳定，等等。具体到中国和中国共产党而言，维护和实现最广大人民群众的根本利益是中国共产党一切工作的根本出发点和落脚点；就意识形态工作而言，坚持"两个巩固"是意识形态管理的根本目的，巩固并壮大主流意识形态是意识形态管理的直接目的，凝聚人心、振奋精神、激发力量是意识形态管理的主要目的，三者共同指向于中国共产党为人民谋幸福、为民族谋复兴的初心与使命，也共同统一于意识形态工作以人民为中心的根本导向。

抓紧抓好意识形态工作的管理权，一方面包含着管理行为的科学性、有效性，就是通过科学的筹划、严密的组织和精细的协调等，综合运用组织、指挥、控制、调整等管理手段，对意识形态领域内外资源进行有效管控，进而达到意识形态工作的任务设定和目标要求。另一方面也强化管理实施的正当性和权威性，也就是管理实施主体本身的代表性与先进性。可以说，这是获得和行使意识形态工作管理权的重要前提。中国共产党作为中国特色社会主义事业的领导核心，其所遵循的马克思主义和中国化马克思主义的指导思想具有思想理论上的先进性，其所代表的先进生产力的发展要求、先进文化的前进方向以及最广大人民群众的根本利益，具有政治上和时代上的先进性。因而，中国共产党作为意识形态工作的管理主体是具备了充分条件和过硬能力的。可以说，党对意识形态工作的管理权既是使命责任所系，也是人民利益所归。

需要指出的是，随着社会和时代的发展变化，影响意识形态管理的因素也变得多样而复杂，既有内部产生的新情况、新问题，也有外部出现的新风险和新挑战。因此，需要从组织实践层面、操作实施层面，牢牢把握意识形态工作的管理权。十八大以来，习近平总书记高度重视抓好意识形态工作的管理权，分别围绕宣传思想、新闻舆论、网络安全、哲学社会科学、文化艺术和高校思想政治等方面工作，提出了一系列新思想新论断，为全党领导和管理意识形态工作提供了非常明确的行动指南；同时，又在创新方法手段、明确使命责任、建强工作队伍等方面提出了一系列具体要求，有效促进了意识形态工作管理权的实施落地。

（三）不断增强意识形态工作的话语权

意识形态的阵地，从来都是你不来占领别人就会占领，而占领意识形态阵地往往都是从发言、发声开始。由此可见，意识形态阵地的争夺在一定程度上就是一种发言权和表达权的争夺，实质上就是意识形态话语权的争夺。从信息传播角度看，话语权就是掌握信息资源、解释信息内容、支配信息表达的权力。在意识形态领域内，话语权就是指意识形态的主导者依据自身立场和政治需要，以一定的表达方式将其意识形态的内容和意义传播于社会之中，以此占领人们的思想、确立自身的地位，并被社会公众所认可和听从。意识形态的话语权是抢占意识形态领域制高点、掌握意识形态斗争主动权的重要因素。那么，意识形态工作的话语权就应当包含着意识形态内容的影响力和感染力，意识形态表达的共鸣力和号召力，以及意识形态解释的穿透力和说服力。对于主流意识形态来说，这种话语权应当包含着向社会和民众表达思想、传播观念的主要渠道和主要方式，也包含着对其意义内容的解释说明具有很高的权威性和公信力，由此主流意识形态便能在与其他意识形态的对抗竞争中占据一定的优势和主导地位。

当代中国，主流意识形态是以马克思主义为指导的社会主义意识形态，我们党掌握意识形态的话语权，就是运用马克思主义的立场、观点和方法解释说明中国特色社会主义道路、理论、制度和文化，牢固确立马克思主义在意识形态领域的指导地位；就是立足人民立场和人民利益，坚持用马克思主义和中国化马克思主义武装全党、教育人民，从为了人民、服务人民出发阐释传播党的各项路线、方针和政策，从而在广大人民群众之中形成最广泛的思想共识和最高度的情感认同。然而，在国内外形势环境错综复杂的背景下，马克思主义话语表达在为主流意识形态呐喊发声的同时，意识形态领域内其他的一些负面"话语"也在争相聒噪，有的甚至在潜移默化中动摇思想、蛊惑人心。特别是在国际社会上，对中国经济社会发展为什么能取得优异成就、中国特色社会主义制度为什么具有优越性、中国共产党为什么能、马克思主义为什么行、中国特色社会主义为什么好等一些问题的阐释和宣介，我们还缺乏强有力的话语权，容易被一些别有用心的势力制造负面舆论。正如习近平总书记在哲学社会科学座谈会上所指出的："我们应该最有发言权，但实际上我国哲学社会科学在国际上的声音还比较小，还处于有理说不出、说了传不开的境地。"[①]

对此，党的十八大以来，习近平总书记非常注重通过增强话语表达和话语传播来推动话语体系建设，在哲学社会科学领域，要求积极构建中国特色社会主义话语体系，用马克思主义话语主导意识形态，用中国理论说明中国实践；在新闻舆论方面，强调坚持正确导向、突出守正创新，不断提高新闻舆论传播力、引导力、影响力、公信力；在文化艺术方面，要求立足中国现实，植根中国大地，从当代中国的伟大创造中发现创作的主题、捕捉创新的灵感，把当代中国发展进步和当代中国人精彩生活表现好展示好；在对外宣传方面，加强对外话语体系建设，用强有力的话语表达讲好中国

[①]《习近平谈治国理政》第 2 卷，外文出版社 2017 年版，第 346 页。

故事、传播好中国声音,目的就是不断加强党对意识形态工作话语权的把握和掌控。

综上所述,意识形态工作的领导权处于统摄地位,规定着意识形态工作的宏观导向和方向目标;意识形态工作的管理权是重要的桥梁纽带,运用可见、可操作的实践管控,达成意识形态工作的任务目标;意识形态工作的话语权是关键因素,通过理论说服和话语表达来增强意识形态的影响力。领导权、管理权和话语权,三者之间领导权是管理权和话语权的前提基础,管理权是领导权和话语权的实施保障,而话语权又是领导权和管理权的外在表现;三者之间,紧密相连、相辅相成、密切配合,共同统一于马克思主义对社会主义意识形态的指导,共同服务于广大人民群众的根本利益,也共同形成了党对意识形态工作的坚强领导。

二 积极构建意识形态工作的责任体系

党的意识形态工作事关全局、任务艰巨,担负或从事这项工作也就意味着责任重大。这份责任彰显着一种使命,更体现着一种担当。意识形态工作中各级领导、各个部门的责任担当,直接关系到意识形态工作的质量效益。对此,我们党通过增强责任意识、严格责任制度、扩大责任格局等,积极构建意识形态工作的责任体系。

(一) 对宣传思想工作部门提出"三守"的责任要求

宣传思想工作部门是意识形态工作的主力军,宣传思想工作者是意识形态阵地的守护者。宣传思想工作部门和工作者们,构成了意识形态工作整个操作运行系统的单元和骨架,是意识形态工作能够有效履行职责使命最为坚强、有力的骨干支撑,也是意识形态工作得以实现目标任务最为依赖、最为直接的力量保障。党的意识形态工作的方针政策、制度要求等是否能贯彻到底、落实到位、产生实效,离不开宣传思想工作部门明责履责,也离不开宣传思想工作者们的担责尽责。对此,习近平总书记专门对宣传思想部门提出了"三责"的要求,指出:"做好意识形态工作,宣传思想部门承担着十分重要的使命，必须守土有责、守土负责、守土尽责。"① 这是我们党从意识形态工作战略全局的高度，对于承担意识形态使命任务的工作部门和工作者们提出的光荣责任要求。

守土有责，就是要求意识形态工作部门知责明责。当前，国内外局势条件的复杂变化以及各种因素的相互作用，对意识形态工作提出了越来越高的要求。工作环境更加复杂、工作范围更加宽广、工作对象更加多样，随之而来的工作标准和工作要求也就越来越高。如何能够更好地紧贴形势任务、创新方式手段、增强工作实效，是意识形态工作部门履行职责任务过程中必须要面对和解决的现实课题。首先，应从整体上明晰职责。就是要求意识形态工作部门和工作者们深刻认识意识形态工作的极端重要性，充分把握意识形态斗争的尖锐性与复杂性，准确理解意识形态工作始终坚持的根本任务是什么、事关全局的战略任务是什么、新时代的使命任务是什么。唯有如此，才能从宏观上掌握好意识形态工作的战略格局。其次，还应明晰不同部门的不同侧重。新闻宣传部门侧重引导社会舆论，网络监管部门侧重净化网上环境，社科研究部门侧重阐释思想理论，文化艺术部门侧重先进文化建设，高校教育部门侧重青年思想工作，等等，只有做到各明其责、各司其职，才能有效提升意识形态工作的整体水平。

守土负责，就是要求意识形态工作部门履责担责。知责明责是为了更好地履责担责。意识形态工作领域广泛、部门众多，担负的工作各有不同，扛起的责任却同样重大。有一些领域和部门居于幕后、甘于无名，工作成绩不容易很快显现，靠点滴的量变和长期的积累，多数情况下是慢工出细活，日积月累才能形成水滴石穿的效果。这就需要在坐冷板凳、待清衙门的过程中强化"守土"意识，担当好、履行好自身的职责使命而不丝毫放松懈怠，认真做到积极履责而绝不敷衍塞责。还有一些领域和部门身处意识形态领域的风

---

① 《习近平关于社会主义文化建设论述摘编》，中央文献出版社 2017 年版，第 32 页。

口前沿，敏感性强、波动性大，经常面对斗争激烈、复杂形势，意识形态工作稍有不慎，就可能酿成大祸，形成无法挽回的后果，造成全局性、根本性影响。这同样需要突出"守土"意识，把肩负的工作职责当作意识形态斗争的阵地和防线，坚决做到敢于负责、勇于担责，坚持不懈、毫不动摇地守护好党和国家的意识形态安全。特别是对待大是大非和政治原则问题，更好发挥主动性、把握主动权、打好主动仗。

守土尽责，就是要求意识形态工作部门忠责落责。在茫茫社会中，人们的思想世界和精神世界几乎无所不包、无所不容，因而意识形态工作也是无时不有、无处不在。因此，对于包括意识形态的工作部门和工作者们来说，居其位定当司其职，尽其诚方能胜其任。在新的历史条件和社会环境下，意识形态工作的标准更高、难度更大，做好意识形态工作不仅要靠实实在在的行动，更要靠全心全意的尽责。这就需要意识形态工作部门和工作者们以自我驱动、自我加压的方式尽责落责，对党的意识形态工作无比忠诚、甘于奉献，对所担负的工作任务更进一步、更深一层，形成一种由内而外、由心至情、从思想到行动的使命感和责任心。只有各级意识形态工作部门和工作者们真正做到尽心尽力忠于职守、扎扎实实落实责任，才能确保意识形态的"城池"万无一失，确保思想文化的"阵地"牢不可破。

（二）树立全党动手、全党参与的"大宣传"工作理念

中国特色社会主义迈入新时代，党和国家的事业站在历史的新方位，社会主义现代化建设开启了新征程，"五大发展理念"牢固树立，"四个全面"战略布局深化推进，经济建设、政治建设、文化建设、社会建设以及生态文明建设五位一体、齐头并进，任何一方面的发展建设都紧密联系、深刻影响着其他方面，同时任何一方面也切实需要其他方面的相互协作、密切配合。党的意识形态工作，履行着围绕中心、服务大局的职责，担负着统一思想、凝聚力量的使命，始终与国家发展大局和经济社会建设紧密相连、交织共

融。一方面，中国特色社会主义的全面发展和社会主义现代化建设的加速推进，需要党的意识形态工作提供强有力的思想保障和精神支持；另一方面，随着形势任务的发展变化和风险挑战的日益增多，意识形态工作也逐渐显现与其他各方面工作关联衔接不够，在全系统、大领域中拓展延伸不足的局限，这在一定程度上制约了意识形态工作的功能体现和效应发挥。

意识形态工作的使命责任和现实任务已经延展到国家社会全面建设的各方面、各领域，而意识形态工作仍由宣传思想部门单抓单干，这显然与党和国家发展建设的大局不相适应。因此，习近平总书记特别提出了树立"大宣传"工作理念，"做好宣传思想工作仅靠宣传思想部门是不够的，必须全党动手"[1]，"要树立大宣传的工作理念，动员各条战线各个部门一起来做，把宣传思想工作同各个领域的行政管理、行业管理、社会管理更加紧密地结合起来"[2]。这些论述深刻揭示出意识形态工作是一项政治性强、涉及面广、影响力大的系统性工程，离不开统筹协作、多方联动，离不开共融互通、齐抓共管；特别是在履行重大使命任务、应对巨大风险挑战的过程中，只有形成全党上下齐心合力、各条战线积极参与的"大宣传"工作格局，才能把新时代的意识形态工作做得更好。

"大宣传"的工作理念，目的就是让意识形态工作跳出部门局限、打破领域壁垒，开拓出一种全方位、全系统、多角度、多层面的视野和格局，同时也对各级党组织和领导机关以更大的责任、更高的热情和更实的行动抓好意识形态工作提出了现实要求。对此，党中央大力推动建立健全系统化、高效化、全域化的"大宣传"工作格局，充分调动各方的积极性和参与度，让各方力量在意识形态工作中整合起来、凝聚起来；不断强化领导责任、坚持领导带

---

[1] 《习近平关于社会主义文化建设论述摘编》，中央文献出版社2017年版，第32—33页。

[2] 习近平：《胸怀大局把握大势着眼大事　努力把宣传思想工作做得更好》，《人民日报》2013年8月21日第1版。

头,构建意识形态工作上下动手、全党参与的责任体系。2015年10月中央办公厅颁发了《党委(党组)意识形态工作责任制实施办法》(以下简称《办法》),以党内法规的形式明确了各级党组织和领导干部的意识形态工作责任。《办法》规定,在组织和开展意识形态工作中,各级党委(党组)班子承担主体责任,党委(党组)书记承担第一责任,党委(党组)分管领导承担直接责任,班子其他成员承担"一岗双责",形成了层次分明、责任清晰、齐抓共管责任架构;在日常工作方面,《办法》还提出了"三纳入、四一同"的履责要求,将意识形态工作纳入重要议事日程,纳入党建工作责任制,纳入领导班子、领导干部目标管理,与经济建设、政治建设、文化建设、社会建设、生态文明建设和党的建设紧密结合,一同部署、一同落实、一同检查、一同考核;在职责履行方面,规范了分析研判、检查督导、统筹协调、阵地管理、网络安全等8项意识形态工作职责,并提出了明确的履职要求。此外,《办法》还明确了对斗争不力、错误导向、丧失阵地等10个方面的问责情形,对集体责任、个人责任、主要责任和重要责任等进行区分处置,形成了严格责任追究、倒逼责任落实的刚性利器。2019年6月,中共中央引发《中国共产党宣传工作条例》(以下简称《条例》),以党内主干性、基础性法规的形式,再次为意识形态工作构建"大宣传"的工作格局提供了制度遵循。《条例》从理论研究、舆论引导、新闻出版、精神文明、对外宣传、人才培养等多方面提出了明确具体的规划安排,确保宣传工作各领域、各部门能够明确工作职责、理顺工作流程、把握工作方式,有效促进"大宣传"工作格局的科学化、规范化发展;同时,《条例》还从机制保障、经费保障、表彰激励、调研舆情和信息化保障、法治保障、监督检查、责任追究等多个方面,提出了明确的责任要求,促进了党对意识形态工作的领导向各个方面、各个层级、各个领域延伸,为"大宣传"工作格局的落实提供了有力制度保障。总之,《办法》和《条例》的制定与实施,对于进一步深化落实"党管宣传、党管意识形态、党管媒体"的重要原则、对于加强和巩固党对意识形态工作的全面掌握和坚强领导、对于牢固树立全党参与、全党动手的"大宣传"工作格局都具有极为重大的现实意义。

三 重点抓好理念创新、手段创新、基层工作创新

新时代赋予了意识形态工作新的使命责任,但也提出了新的形势任务。面对层出不穷的新情况和新问题,想要抓好意识形态工作就必须紧跟时代步伐、坚持不懈创新。对此,习近平总书记郑重指出,"做好宣传思想工作,比以往任何时候都更加需要创新"[1],并明确了意识形态工作创新的重点,即理念创新、手段创新和基层工作创新,为新时代意识形态工作的创新发展指明了努力方向和现实路径。

(一)理念创新是先导

思想理念源于实践,而又反过来指导实践。人们在认识世界和改造世界的过程中,任何新实践都是在一定的新思想和新理念的指导下进行的。因而,只有根据时代、条件、环境等方面的发展情况,不断进行思想创新和理念更新,才能形成对新的社会实践的正确指导。长期以来,我们党运用马克思主义和中国化马克思主义的科学理论指导中国发展建设的实践,实际上就是坚持不懈地运用理念创新推动实践创新。中华人民共和国成立以后,面对与革命战争时期完全不同的环境和条件,毛泽东同志就曾指出:"我们已经进入社会主义时代,出现了一系列的新问题……不适应新的需要,写出新的著作,形成新的理论,也是不行的。"[2] 在新的历史条件下,面对如何科学运用马克思主义基本原理指导新时代中国实践的问题,习近平总书记同样强调指出:"要保持和发扬马克思主义政党

---

[1] 《习近平关于全面深化改革论述摘编》,中央文献出版社 2017 年版,第 84 页。

[2] 《毛泽东文集》第 8 卷,人民出版社 1999 年版,第 109 页。

与时俱进的理论品格，勇于推进实践基础上的理论创新。"①

只有立足正确的理念，工作才能不断发展进步。党的意识形态工作指向思维观念、面向精神思想，工作任务就是创造理念、传播理念，工作目的就是塑造理念、强化理念。可以说，意识形态工作本身就是一项思想性、理念性极强的工作。同时，从事和开展意识形态工作，把党的理念转换为人民群众的自觉意识，又是一项操作性和实践性的工作。当前，随着形势任务的发展变化，意识形态工作的环境、条件、对象和方式等也都发生着深刻变化，倘若仍用传统思维和陈旧理念指导工作，那么意识形态工作不但无法形成吸引力、影响力和感召力，无法适应时代发展和实践发展的需求，还有可能出现"适得其反""缘木求鱼"的负面效果。因此，必须紧密结合意识形态工作的新形势和新任务，针对思想文化领域的新情况和新变化，突破传统思维定式、打破陈旧理念束缚，坚持解放思想、与时俱进，用发展的眼光观察问题、用进步的思维思考问题，从理念到实践，切实弄清楚意识形态工作是什么、为什么、做什么、怎么做等一系列问题，以新的视角、新的方法、新的思维模式思考谋划意识形态工作，从而实现以思想认识的新飞跃促进工作实践的新开拓。

（二）手段创新是关键

方法和手段是任何一项工作能够付诸实践、落地见效的基本条件和现实途径，没有科学的方法和有效的有段，再好的计划方案也只能在图纸上发光而不能在实践中出彩。正如毛泽东同志所提出的著名的"过河"论断："我们不但要提出任务，而且要解决完成任务的方法问题。我们的任务是过河，但是没有桥或没有船就不能过。不解决桥或船的问题，过河就是一句空话。不解决方法问题，任务也只是瞎说一顿。"② 意识形态工作同样如此，面对"过河"

---

① 《习近平关于社会主义文化建设论述摘编》，中央文献出版社2017年版，第102页。

② 《毛泽东选集》第1卷，人民出版社1991年版，第139页。

的任务,过去的"桥和船"能过"河",但无法保证永远都奏效,"河"的情况和条件发生了变化,出现了过去没有遇到过的"风浪",那就必须创造出新的"船和桥",才能完成"过河"的任务。

近年来,个别传统意识形态的传播阵地所表现出的颓势,如报纸发行量的萎缩、电视收视率的降低、纸质出版行业的低迷,等等,很大程度上反映出了意识形态工作方法手段的陈旧与落后。人们获得信息的途径和渠道、接受信息的习惯和偏好都发生了变化,而传统媒体的传播方式和传播手段却没有及时跟进创新,直接导致了这些媒体传播力和影响力的降低,无法及时有效地把握社会大众的关注热点、引导人民群众舆论焦点。遇有一些时机和场合,个别媒体在舆论阵地上还存在"缺位""失声"的情况。特别是在网络空间,这种现象尤为突出。新媒体、新技术的迅猛发展,很快就显示了其传播优势和手段优势,将公众的注意力迅速吸引聚集,形成了一个庞大的网上舆论场。在网络舆论场上,以数字化和信息化为基础的新媒体个性化突出、表现形式多样、传播能力更强,与之相比,传统媒体不仅思想资源和舆论资源匮乏,也很难获得网络舆论的主导权与话语权。"不日新者必日退",积极探索有利于破解工作难题的新举措新办法,这既是新时代意识形态工作增强实效性的基本途径,也是迫切需要打开局面、抢占先机的现实课题。因此,必须牢牢抓住手段创新这一关键环节,着眼新形势、适应新任务、创造新手段,加快传统媒体和新兴媒体的融合发展,加快新技术、新手段的普及应用,以手段创新驱动媒体升级、以技术更新重构传播格局,这样才能让主流媒体重新焕发强大的优势和实力。

(三)基层工作创新是重心

正所谓"根深则叶茂,本固则枝荣"。意识形态工作发力于思想观念的上层建筑,然而最终还是必须落实到基层人民群众的日常生活和行为习惯之中。对于意识形态工作来说,基层虽然处于终端和末梢,看似远离"庙堂之高"、身处"江湖之远",但却是思想激荡的焦点和工作落实的重点,也是工作创新最宝贵的富矿和最重要的资源。早在苏区时，我们党所领导的红军就通过宣传标语、戏剧歌舞等形式，向基层群众介绍党的宗旨、传播革命思想，广泛教育群众、充分发动群众，建立了党与人民群众的血肉联系；即使在长征途中，红军仍然发挥着宣传队和播种机的作用，让革命的种子在中国广大基层的土壤里生根发芽。可以说，我们党能够赢得最广大人民群众的支持和拥护，与党的意识形态工作始终重视基层、牢牢抓住基层、注重在基层群众中扎实做好工作是分不开的。

对于党的意识形态工作来说，服务的目标对象在基层，工作的内容主体在基层，任务的落实收效靠基层，不重视基层、不关心基层、不抓住基层，意识形态工作就会流于无源之水和无本之木。即便是在意识形态工作的三个创新环节之间，理念创新和手段创新最终也都要落实到、体现到基层工作创新上，只有通过基层工作的实绩检验，才能判断意识形态工作的成果好坏、成绩优劣。因此，习近平总书记鲜明指出："把创新的重心放在基层一线，扎实做好抓基层、打基础的工作。"[①]

基层最贴近普通百姓，基层也最需要工作创新。身处基层的群众百姓们人数众多、情况各异，不同地方区域、不同年龄层次、不同文化背景人们理解能力、接受能力可能各不相同，党的政策主张从中央到地方再到每一个人的头脑和思想里，绝不能仅依靠单一的模式与传统的渠道。这就为基层的意识形态工作发挥主动性和创造性提供了广阔舞台和迫切要求，需要积极适应社会生活的发展变化和基层群众的真实需要，紧贴实际、紧贴一线、紧贴基层，不断挖掘和创造新的工作途径、工作模式和工作渠道，不断提高基层意识形态工作亲和力、吸引力和感染力。正如习近平总书记所指出的："我们要适应新形势下群众工作新特点新要求，深入做好组织群众、宣传群众、教育群众、服务群众工作。"[②] 只有把工作创新的

---

① 习近平：《胸怀大局把握大势着眼大事 努力把宣传思想工作做得更好》，《人民日报》2013年8月21日第1版。

② 《习近平谈治国理政》，外文出版社2014年版，第16页。

重心放在基层一线，扎实做好抓基层、打基础的工作，才能使党的意识形态工作真正在群众和百姓之中立起来、强起来。

四 精心打造意识形态工作的人才队伍

"致天下之治者在人才"，意识形态工作是做人的工作，但做好意识形态工作也离不开具体的人，更加依靠能力过硬、堪当重任的人才。从意识形态工作的创新到意识形态阵地的坚守，从方针政策的落实到目标任务的实现，哪一步骤、哪一环节都缺不了有用可靠的人才。打造一支高素质的人才队伍，是加强意识形态工作组织领导的关键环节。对此，习近平总书记特别指出："努力打造一支政治过硬、本领高强、求实创新、能打胜仗的宣传思想工作队伍。"① 这为大力推进新时代党的意识形态工作的人才队伍建设，明确了目标方向、提供了科学指引。

（一）政治过硬是人才队伍建设的根基命脉

意识形态工作从本质上说是政治工作，政治方向决定工作方向、政治立场决定工作立场，失掉正确的方向和立场，意识形态工作就可能背道而驰，甚至反戈相向。我们党的历史和实践已经反复证明：什么时候党能保持政治上的过硬，站稳坚定的政治立场、确立正确的政治路线，党的组织就会团结统一、充满活力，党的事业就会蓬勃发展、兴旺发达；反之，就会弊病丛生、人心涣散，产生错误思想和错误路线，招致党的事业的严重损失。由此可见，政治过硬，既是我们党保持先进性和纯洁性的根本优势，也是我们党能够历尽磨难而无往不胜的重要法宝。广大宣传干部是意识形态工作的骨干队伍和中坚力量，既是各项实际工作、具体任务的具体组织者和实施者，也是党的路线方针政策的贯彻者和落实者，他们的站位和立场直接决定了意识形态工作的方向和走向。因此，必须把政治标准作为衡量队伍建设的首要标准。在政治标准上，宣传干部不

---

① 习近平：《举旗帜聚民心育新人兴文化展形象　更好完成新形势下宣传思想工作使命任务》，《人民日报》2018年8月23日第1版。

能打丝毫折扣；在政治要求上，宣传干部也不能有丝毫变通，这便是政治过硬。

鲜明的政治属性是意识形态工作的重要特征，从事意识形态工作的人也必须锻造过硬的政治素养。正如习近平总书记对党校、干部学院、社会科学院等理论培训单位所提出的："必须把坚定理想信念、提高思想政治水平放在首位。"[1] 对于广大宣传干部来说，政治过硬，硬就硬在对党忠诚的政治品质，牢固树立"四个意识"，坚决做到"两个维护"，坚决做到政治上思想上行动上始终与党中央和习近平总书记保持高度一致；硬就硬在坚定正确的政治方向，高举中国特色社会主义伟大旗帜，始终坚持"四个自信"，为实现中华民族伟大复兴的中国梦而努力奋斗；硬就硬在旗帜鲜明的政治立场，坚持党性原则，坚持以人民为中心，全心全力为党和人民建功立业。只有政治过硬的宣传干部和骨干队伍，才能确保意识形态工作能够坚定方向立场、应对风险挑战。

（二）本领高强是人才队伍建设的能力支撑

"工欲善其事，必先利其器"，毛泽东同志曾指出，"政治路线确定之后，干部就是决定的因素"[2]，而干部在从事具体工作的过程中，高强的能力本领就是完成任务最锐利的武器。党的意识形态工作极端重要，而干好这项工作绝不是轻而易举的事。没有高超能力和过硬本领作为支撑，干部就会心有余而力不足，工作就会徒有意而事难成。因此，高强的本领才干和业务能力既是广大宣传干部体现价值的立身之本，更是干好工作的成事之要。习近平总书记曾指出："从总体上看，与今天我们党和国家事业发展的要求相比，我们的本领有适应的一面，也有不适应的一面。特别是随着形势和任务不断发展，我们适应的一面正在下降，

---

[1] 《习近平关于社会主义文化建设论述摘编》，中央文献出版社2017年版，第22页。

[2] 《毛泽东选集》第2卷，人民出版社1991年版，第526页。

不适应的一面正在上升。"①

党的意识形态工作，范围领域越来越宽、标准要求越来越高、专业分工也越来越细，思想理论工作、新闻舆论工作、文化艺术工作、政治教育工作，等等，每个领域有每个领域的现实任务，每项工作也有每项工作的专业要求，倘若宣传干部们能力短缺、本领恐慌，无法胜任职责，不仅会误事还极有可能坏事。习近平总书记指出："无论是干事创业还是攻坚克难，不仅需要宽肩膀，也需要铁肩膀；不仅需要政治过硬，也需要本领高强。"② 对于广大宣传干部来说，必须勤于学习、勇于实践，练就高强本领、精湛业务和过硬能力，特别是不断增强把握正确方向导向的能力，提升壮大主流思想文化的能力，强化意识形态阵地管理的能力、加强网上舆论宣传和斗争的能力、提高处理复杂问题和突发事件的能力等。只有真正做到本领高强、能力过硬，才能处理复杂问题、应对矛盾困难，才能将党的意识形态工作的决策意图落到实处、形成实效。

(三) 求实创新是人才队伍建设的素质保证

实事求是是党的思想路线的核心内容，也是做好一切工作的基本准则；开拓创新是继往开来的客观要求，也是时代赋予的历史使命。意识形态工作看似"软任务""出虚功"，但实则要靠"真功夫"和"硬实力"。

意识形态工作最需要"虚"功"实"做，因为意识形态工作是"在人们头脑中搞建设"的工程；也最需要持之以恒、真抓实干，因为只有经过潜移默化的影响和水滴石穿的积累，才能形成思想观念的转化和巩固。因此，宣传干部必须具备求真务实、真抓实干的工作作风，分析问题要紧密联系实际、制订计划要摸清真实情况、安排工作要针对现实需要，唯有如此才能形成推动工作管用、

---

① 习近平：《在中央党校建校80周年庆祝大会暨2013年春季学期开学典礼上的讲话》，《人民日报》2013年3月3日第1版。

② 《习近平关于"不忘初心、牢记使命"论述摘编》，党建读物出版社、中央文献出版社2019年版，第220页。

好用的真招实策。

意识形态工作也最需要推陈出新。因为人们的思想活动是动态的活动、精神世界也是多彩的世界，社会上的新技术、新事物、新情况等都会引发人们思想观念的变动变化；意识形态工作如果不更新、不创新，就很难跟上时代的步伐、呼应形势的需求。习近平总书记特别指出："宣传思想工作的社会条件已大不一样了，我们有些做法过去有效，现在未必有效；有些过去不合时宜，现在却势在必行；有些过去不可逾越，现在则需要突破。"[1] 因此，宣传干部必须具备开拓精神和创新品质，不墨守成规、不拘泥格套，善于在研究新情况中提出新思路、在解决新问题中拿出新举措，积极推动思维理念创新、方法手段创新、基层工作创新，在探索创新中让意识形态工作永远立于时代潮头。

（四）能打胜仗是人才队伍建设的目标要求

意识形态工作不仅包括随风入夜、润物无声，也包括刀光剑影、剑拔弩张。在正邪两种思想观念的冲突对抗中，意识形态领域就是一个短兵相接的战场，意识形态工作也避不开激烈尖锐的斗争。广大宣传干部作为意识形态工作的冲锋队和主力军，就是要做到能打仗、打胜仗，才能保卫国家意识形态"领土"的安全稳固。

能打胜仗，就是要敢于亮剑发声、批驳谬误。歪理不辩不明、谬误不批不清。在意识形态的战场上，面对非主流意识形态的渗透破坏，面对非马克思主义的干扰影响，面对各种错误思潮、错误观点、错误言论的冲击袭扰，需要广大宣传干部以笔当枪、亮剑直击，旗帜鲜明地抵制反对，毫不犹豫地批驳揭露，坚决让陋思谬误毫无生存之地。

能打胜仗，就是要勇于捍卫真理、坚守阵地。马克思主义的真理不捍卫就会遭到攻击，意识形态的阵地不坚守就会失守。因此，需要广大宣传干部争当真理的卫士，高举马克思主义伟大旗帜，用

---

[1] 《习近平关于全面深化改革论述摘编》，中央文献出版社2017年版，第84页。

马克思主义和习近平新时代中国特色社会主义思想武装头脑,用真理的光芒驱除黑暗、用真理的力量教育人民;需要广大宣传干部争当意识形态阵地的守护者,精武强能、披肝沥胆,牢牢占领思想理论阵地、新闻舆论阵地、网络空间阵地、文化文艺阵地等意识形态各方阵地;需要广大宣传干部与敌人斗争坚持寸土必争、寸土不让,守卫阵地坚持守土有责、守土负责、守土尽责,切实做到在意识形态工作中掌握主动权、打好主动仗。

能打胜仗,就是要做到敢于斗争、善于斗争。当今世界正处于百年未有之大变局,社会主义与资本主义两条道路、两种力量正面对抗、激烈交锋。在此背景下,意识形态领域的斗争形势更加趋于艰巨性、复杂性和长期性。这就需要广大宣传干部坚定斗争方向、磨砺斗争意志、增强斗争本领,增强忧患意识、保持战略定力,调动一切积极因素不断增强工作的科学性、主动性、预见性,确保在意识形态领域的激烈斗争中攻而克之、战而胜之。正如习近平总书记指出的:"要发扬斗争精神,敢于斗争、善于斗争,根据形势变化及时调整斗争策略,团结一切可以团结的力量,调动一切积极因素,不断夺取具有许多新的历史特点的伟大斗争新胜利。"[1]

此外,针对意识形态工作的业务特点和工作实践,习近平总书记还专门为意识形态战线提出了增强"四力"的要求,即脚力、眼力、脑力、笔力。其中,"脚力"强调的是践行群众路线的要求,号召广大宣传干部按照"三贴近"的要求,深入基层一线、深入广大群众,多跑腿多调研,扎实掌握情况、扎实开展工作;"眼力"强调的是洞察世事万物的眼光,要求广大宣传干部具备敏锐的眼光和开阔的眼界,善于观察、善于发现、善于鉴别,把生活中的真善美发掘出来,把社会上的假恶丑识别出来,更好地抑恶扬善、激浊扬清;"脑力"强调的是勤于分析思考的习惯,面对复杂形势善思善谋、对待烦琐问题多想多虑,通过更深入、更全面、更

---

[1] 习近平:《在全国抗击新冠肺炎疫情表彰大会上的讲话》,人民出版社 2020 年版,第 26 页。

透彻地分析思考,在工作中能拿出好主意、好办法;"笔力"强调的是善于传播表达的能力,要求文字和文艺工作者们文风更朴实、情感更真挚,创作出有筋骨、有品格、有温度的精品力作,让主流思想更加入脑入心,让主流声音更加悠远深沉。可以看出,无论是在宏观整体上的方向性要求,还是在业务实践层面的具体性指导,都显示了习近平总书记对意识形态工作队伍的热切关心和殷殷期望。

第五章 实践方略出新：加快推动新时代的意识形态工作不断强起来

理论创新引领实践创新，实践创新催发理论创新，理论创新与实践创新总是在相互促进、良性互动中不断向前发展。在我们党关于意识形态工作的理论创新中，不仅深刻阐释了新时代的意识形态工作"是什么、为什么"的基本问题，鲜明指出了新时代的意识形态工作"突出什么、解决什么"的重大问题，更为重要的还科学解答了新时代的意识形态工作"怎么办、怎么干"的实践课题，其核心指向就是加快推动新时代的意识形态工作不断强起来。正如习近平总书记所指出的，"坚持正确政治方向，在基础性、战略性工作上下功夫，在关键处、要害处下功夫，在工作质量和水平上下功夫，推动宣传思想工作不断强起来"[①]。其中，关于意识形态工作战略格局的新谋划和重点领域的新部署，就构成了我们党加快推进意识形态工作强起来的新的实践方略。

第一节 着眼意识形态工作的全局大势，进行战略格局的新谋划

新时代是国家和民族有所作为的大时代，在这样的形势下做好

[①] 习近平：《举旗帜聚民心育新人兴文化展形象 更好完成新形势下宣传思想工作使命任务》，《人民日报》2018年8月23日第1版。

意识形态工作也必然是一篇利国利民的大文章。对此，习近平总书记以高超的政治智慧和深远的战略眼光谋划部署新时代党的意识形态工作，构建出用习近平新时代中国特色社会主义思想武装头脑、用中国梦凝聚民心士气、用社会主义核心价值观培育社会风尚、用文化自信丰厚精神力量、用对外宣传塑造良好形象的意识形态工作的战略新格局。

一　坚持用习近平新时代中国特色社会主义思想武装全党、教育人民

指导思想既是一个政党的行动指南，也是一个国家发展建设的理论依据。对于意识形态工作来说，指导思想是整个观念体系的核心与灵魂，也是最具感召性、最有动员力的精神旗帜。十八大以来，党的最大理论创新和最新理论成果就是创立了习近平新时代中国特色社会主义思想。这一重大思想成果的诞生，进一步创新和充实了中国特色社会主义理论体系，进一步丰富和发展了 21 世纪当代中国的马克思主义，也为全党全国人民提供了强大有力的思想武器。

（一）这一重要思想实现了当代中国马克思主义的思想创新和理论飞跃

马克思和恩格斯曾深刻指出："一切划时代的体系的真正内容都是产生这些体系的时代的需要。"[①] 恩格斯在晚年也表示，马克思主义的理论是发展着的理论，绝不是机械的、重复的教条，而是在社会发展相互衔接的过程中不断被阐明和完善的理论。马克思和恩格斯的论述深刻揭示了马克思主义理论的鲜明特点，那就是开放性、包容性、发展性和创新性。同样，我们党从一开始接受马克思主义、确立为指导思想，并在指导中国革命、建设和改革的过程中充分发挥马克思主义独具特色的理论

[①] 马克思、恩格斯：《德意志意识形态》（节选本），人民出版社 2018 年版，第 91 页。

品格，将马克思主义与中国的国情实际相结合，创立并发展了中国化的马克思主义。

以毛泽东同志为核心的第一代领导集体，领导全党、全国人民在反抗外敌侵略、推翻剥削压迫、谋求民族解放的革命斗争中，科学运用马克思列宁主义详细考察中国实际，深刻分析中国的历史和社会状况，深入研究中国革命的规律和特点，创造形成了毛泽东思想；在独立自主、艰苦奋斗的社会主义革命和社会主义建设中，仍旧注重马克思列宁主义与中国实际的具体结合，提出了人民民主专政、社会主义改造等重要思想理论，丰富和发展了毛泽东思想。毛泽东同志及党中央学习、运用马克思主义，在革命和建设等实践中发展理论、检验理论，实现了马克思主义中国化的第一次理论飞跃。

以邓小平同志为核心的第二代领导集体，面对国家和民族发展的困境，把握时代脉搏、洞察历史趋势，团结带领全党全国人民灵活运用毛泽东思想，将马克思主义理论与时代特征、中国国情相结合，大力破除思想束缚和体制障碍，开启了改革开放的第二次革命，创立了邓小平理论，实现了马克思主义中国化的第二次理论飞跃，也构建了中国特色社会主义理论体系的基本框架。随后的江泽民同志和胡锦涛同志，牢牢把握世情国情党情的深刻变化，紧抓战略机遇和发展机遇，创立了"三个代表"重要思想和科学发展观，不断续写和完善着中国特色社会主义的科学理论。

可以说，我们党每一次重大的实践开拓都伴随着一次重大的理论探索，催发着一次重大的理论飞跃。党的十八大以来，以习近平同志为核心的党中央，面对错综复杂的外部环境，面对各种矛盾问题和风险考验，胸怀大局、把握大势、举旗定向、运筹帷幄，以巨大的政治胆识和强烈的使命担当，推进党和人民的事业发生了开创性、历史性的深刻变革，取得了极不平凡、前所未有的伟大成就，将中国特色社会主义带入到一个承前启后、继往开来的新时代。正是在这一重大历史进程中，创立形成了习近平新时代中国特色社会主义思想，实现了马克思主义中国化的又一次历史性飞跃。

习近平新时代中国特色社会主义思想，完整继承了马克思列宁主义、毛泽东思想以及中国特色社会主义理论的思想精髓，汇聚凝结了全党全国人民的集体智慧，科学回答了党和国家发展面临的一系列重大战略问题，系统总结了新的时代背景和世界格局下中国特色社会主义建设的实践经验，开拓了当代中国马克思主义的最新境界，也结出了马克思主义中国化的最新成果。

（二）这一重要思想构成了完备的理论体系，具有丰富的思想内涵

习近平新时代中国特色社会主义思想是在新发展和新实践中进行的思想创新和理论创建，形成了一个系统完整、逻辑严密的科学理论体系。在哲学意蕴方面，焕发着实事求是、一切从实际出发的哲理气息，继承了辩证唯物主义、历史唯物主义的哲学精髓，提升了当代中国马克思主义哲学的新高度；在世界观、方法论方面，灵活运用马克思主义立场、观点和方法，对照当代中国建设发展的时代课题给出了科学正确理论解答和实践路径，将理论与实践的真理性、科学性、逻辑性有机结合；在思维体系方面，运用并发展了马克思主义的科学思维，先后提出并阐述了包括战略思维、历史思维、辩证思维、创新思维、法治思维、底线思维在内的"六大思维"，体现了严整的思维逻辑体系；在理论品格方面，坚持创新性与继承性相统一、理论性与实践性相统一、党性与人民性相统一、历史性与时代性相统一，展现出了鲜明的理论特色和科学的辩证思维。

同时，这一思想又紧密结合当今的时代特征和中国的国情实际，牢牢把握中国特色社会主义建设最重要的本质和规律，提出了一系列新思想、新理论、新观点和新判断，构成了以"八个明确"和"十四个坚持"为核心内容的理论体系，具有十分丰富的科学意蕴和思想内涵。"八个明确"涵盖了新时代中国特色社会主义建设的总目标、总任务、总布局，明确了在新的历史条件下推进党和

国家事业的发展方向、发展方式和发展动力，阐明了社会主义现代化强国建设的战略布局、战略步骤、外部条件和政治保障等。"十四个坚持"从领导核心到依靠力量，从发展模式到发展理念，从政治制度到治国理政，从繁荣文化到改善民生，从生态和谐到国家安全，从军队建设到国防外交，从国际关系到党的建设等，囊括了改革发展稳定、内政外交国防、治党治国治军等各个方面，构成了新时代坚持和发展中国特色社会主义的基本理论、基本方略和基本路线，从理论创新和实践探索上提出了具体的战略部署和战略举措。可以说，习近平新时代中国特色社会主义思想所具备的完整理论体系和丰富思想内涵，本身就体现了这一理论创新成果的科学性和真理性，也为党和人民推进中国特色社会主义事业的实践发展、实践创新提供了最为全面、最为有用的思想指南和理论解答。

（三）这一重要思想形成了新时代新方位的指导思想和行动指南

恩格斯指出："一个民族想要站在科学的最高峰，就一刻也不能没有理论思维。"[①] 同样，一个政党、一个国家要想在历史时代的洪流中千帆竞发、勇立潮头，就一刻也离不开科学的指导思想。时代是思想之母、实践是理论之源，伟大的理论之所以具有强大的生命力和穿透力成为思想和行动的指南，正是因为它能够立足实践之基、回答时代之问。

长期以来，党的指导思想不断创新发展的过程，就是科学回答党和国家发展建设所面临的一系列重大时代课题和实践课题的过程。毛泽东思想在研究中国革命规律特点、探索社会主义革命和社会主义建设过程中，科学回答了"什么是革命、怎样进行革命，什么是社会主义制度、怎样建立社会主义制度"的重大课题；邓小平理论在引领党和国家实行改革开放、开辟中国特色社会主义道

---

① 《马克思恩格斯全集》第 20 卷，人民出版社 1971 年版，第 384 页。

路的过程中，主要回答了"什么是社会主义、怎样建设社会主义"的重大课题；"三个代表"重要思想，在抵御世纪之交风险考验，大力推进党的建设新的伟大工程中，创造性地回答了"建设一个什么样的党、怎样建党"的重大课题；科学发展观，从新世纪新阶段党和国家事业发展的大局出发，在全面总结国内外发展的经验教训基础上系统回答了"实现什么样的发展、为什么发展、怎样发展"的重大课题。

中国特色社会主义进入新时代，面对国际风云、世界格局的深刻变化，面对国家和社会深层次、根本性的调整变革，新的时代课题再一次摆到了全党和全国人民面前，那就是——在新的历史条件下坚持和发展什么样的中国特色社会主义？怎样坚持和发展中国特色社会主义？正是伴随着对这一时代课题的深入探索和理论思考，习近平新时代中国特色社会主义思想应运而生、脱胎而出。党的十九大，也正式将这一重大思想写入党章，确立为党长期坚持的指导思想。科学的理论是坚定正确方向的旗帜与灯塔，也是克服矛盾困难的强大精神武器。这一重要思想，为党和国家的事业擘画了壮丽宏伟的发展蓝图，为全党和全国人民指明了共同奋斗的梦想目标，也为社会主义现代化强国建设规划了总体布局、设计了实现路径。毫无疑问，这一重要思想能够担当起引领方向、武装头脑、推动发展的重任，也能够指引全党和全国人民迈进新时代、履行新使命、开启新征程。正因如此，这一重要思想也自然而然地成了新时代党的意识形态工作的核心指导思想和根本理论遵循，成为能够武装全党、教育人民的强大理论武器。

二 共筑共圆中国梦，形成凝聚人心的最大公约数

2012年11月，习近平总书记首次提出中国梦这一重大命题，他指出："每个人都有理想和追求，都有自己的梦想。现在，大家都在讨论中国梦，我认为，实现中华民族伟大复兴，就是中华民族

近代以来最伟大的梦想。"① 中国梦一经提出，很快引发了强烈的社会反响，人民群众广泛热议，迅速成为街头巷尾、妇孺皆知的"热词"。可以说，中国梦的重大命题释放了强大的号召力和感染力，将国家、民族和个人紧密联系成一个命运共同体，形成了社会主义意识形态凝聚人心的"最大公约数"。

（一）中国梦昭示着历史传承的共同夙愿

作为一个承载着五千多年文明发展史的东方大国，中国在人类文明发展史上的大多数时间，都是以傲人的姿态矗立于世界舞台，代表着先进繁荣和昌盛强大。从秦朝完成封建大一统，奠定中华帝国基本版图，到汉朝横扫匈奴、兵指西域，建立强大统一的封建帝国，迎来第一个强盛时期；唐朝的贞观之治、开元盛世，天下长安、万邦来朝，宋朝的文化鼎盛、经济繁荣、百姓富庶、社会安康，经济文化空前繁荣，国际影响空前巨大，都是当时世界上最富足、最强盛的国家；元朝的强势武功、开疆拓土，明朝的永乐盛世、远迈西洋，清朝的康雍乾三朝鼎盛，国力强大、人口众多、疆域辽阔，中国始终都是世界舞台上的东方巨人。这些都无不显示中国古代的封建王朝在世界范围内兴盛和强大。当然，这种兴盛强大是建立在剥削人民、压迫人民的封建帝王制度基础之上。封建制度和剥削阶级，终究不可避免被先进的生产力和生产关系扫进历史的"垃圾堆"，但老百姓们希望世间安定、日子富足的愿望始终是朴实而真挚的，而这一愿望也只有在强大而繁荣的国家背景下才能实现。

鸦片战争之后，西方列强打破国门、内忧外患纷纷而来，帝国主义侵略瓜分中国，签订丧权辱国条约割地赔款、屈辱求和，中国彻底沦为半殖民地半封建社会，中华民族也彻底失去旧日的辉煌，陷入了屈辱软弱、任人宰割的境地。也正是从那时起，中华民族和中国人民开始了探索救亡图存的道路、寻找立志图强的方法。太平

---

① 《习近平谈治国理政》，外文出版社2014年版，第36页。

天国、戊戌变法、辛亥革命，显示了近代中国的各个阶层都在为寻求出路、探寻办法而付出的种种努力。这些努力和尝试，虽然由于各种局限和落后都归于失败，但仍在民族和民众心中燃起了一颗希望的火种。从那时起，追求民族独立解放、探求国家繁荣复兴的梦想便开始在中国的大地上生根发芽。

正是在中国共产党成立后，中华民族终于找到了能够挽救国家危亡、改造中国社会的先进力量。经过28年的革命斗争，推翻了压迫侵略，终结了屈辱历史，实现了民族独立和人民解放，中国人民当家做主，中华民族从此站了起来；经过60多年的不懈建设，探索开拓了中国特色社会主义道路，特别是改革开放成功推动了社会主义生产力高速发展、物质生产极大丰富、综合国力不断提升、人民生活显著改善，中国人民和中华民族富裕起来。

十八大以来，历史的篇章开启了新时代，国家和民族站在了新的发展方位，中华民族更有实力、更有能力、也更有信心去实现伟大复兴的梦想。也正是基于此，习近平总书记提出了实现民族伟大复兴的中国梦，赋予了国家富强、民族振兴、人民幸福的新的时代内涵，并特别指出："中华民族历经磨难，自强不息，从未放弃对美好梦想的向往和追求。实现中华民族伟大复兴的中国梦是近代以来中华民族的夙愿。"[①] 可以说，实现中华民族伟大复兴的中国梦，贯穿了从历史到现今国家民族发展的不懈追求，凝结了近代以来中华民族的理想和夙愿，也承载着数代中国人的努力方向和奋斗目标，彰显出巨大的历史穿透力和深厚的历史感召力，无不焕发着每一个中国人的志气、激荡着每一个炎黄子孙的心灵。

(二) 中国梦凝聚着民心意志的高度共识

2013年3月19日，习近平总书记在接受金砖国家媒体联合采访时曾指出："实现中华民族伟大复兴的中国梦，是近代以来中华民族的夙愿。一八四〇年鸦片战争以后，中华民族蒙受了百年的外

[①]《习近平关于实现中华民族伟大复兴的中国梦论述摘编》，中央文献出版社2013年版，第6—7页。

族入侵和内部战争,中国人民遭遇了极大的灾难和痛苦,真正是苦难深重、命运多舛。中国人民发自内心地拥护实现中国梦,因为中国梦首先是十三亿中国人民的共同梦想。"① 以国家富强、民族振兴、人民幸福作为中国梦基本内涵,充分彰显了近代以来中国人民最伟大梦想的丰富意蕴,同时也高度凝聚了全民族、全社会的共同追求和最广泛、最牢固的思想共识。

第一,中国梦体现了共同的命运聚合。"中国梦是国家的、民族的,也是每一个中国人的。国家好,民族好,大家才会好。"② 国家的梦、民族的梦、每个人的梦,三者在前途命运上是高度统一于中国梦之中。首先,国家建设繁荣昌盛,人民群众的物质生活基础就会更加坚定,民族的自尊心、自信心和认同感就会倍加增强;其次,民族精神的自立自强,以及所生产高度的自豪感,也自然会带动全体人民的精神面貌高昂振奋,极大促进人民对国家的经济社会建设、综合国力发展等充满信心;最后,人民创造幸福生活,必须背靠着强大国家和强大民族,人民的不懈努力、辛勤劳动,也是国家富强、民族振兴最根本的依托。国家好、民族好,每个人才会好,每个人的前途命运与国家、民族的前途命运紧密相连,每个人的奋斗努力也必然会促进国家、民族的繁荣富强,这正是中国梦所蕴含的国家、民族与每个人的共同愿景展望和共同命运聚合。

第二,中国梦造就了共同的价值归旨。中华民族伟大复兴的中国梦无法自然达成也不能凭空实现,必须要依赖于一定的能动主体。国家、民族和个人,这三重主体的努力奋进共同支撑着中国梦的实现,共同组成了实现中国梦的能动主体。三者在实现中国梦的过程中,既着眼于国家和社会的高度进步与全面发展,也包含了全体人民和整个民族中各个群体、各个部分的共同富裕、共享成果,还充分体现了对每个人现实生活的真挚关切,形成了社会共同体之

---

① 《习近平关于实现中华民族伟大复兴的中国梦论述摘编》,中央文献出版社2013年版,第5页。

② 《习近平谈治国理政》,外文出版社2014年版,第49页。

中不同方面、不同层次利益价值的最佳连接点与契合点,无疑构成了中国梦最具代表性的价值主体。同时,中国梦的内涵既有国家宏观层面的发展方向和奋斗目标,又有民族整体层面的吸纳包容,还有具体到每个人的愿望追求,三个层面的价值目标环环相扣、层层递进、紧密相连,也形成了价值指向的集中统一。可以说,中国梦最大限度地达成了国家、民族、个人三者之间的价值整合与价值统一。

第三,中国梦形成了共同的话语表达。中国梦一经提出就迅速成为大街小巷、妇孺皆知的流行语、热门词,不单靠舆论媒体的宣传灌输,本身也能从话语表达的层面引发群众的共振与共鸣。从语义言说的表达上看,中国梦简练淳朴、通俗易懂,有利于不同教育程度、不同社会背景、各个年龄阶段人群的接受和理解,不仅方便记忆,也十分易于表达。从话语沟通的方式上看,中国梦没有陷入单纯的政治理论说教和意识形态宣传,而是采取一种更具亲和力与感染力的沟通方式,形成了一种能够消解阶层隔阂、拉近理论与现实距离的通约性的沟通方式。从内容传播的效果上看,中国梦这个词汇,既不是舶来品,也不是发明创造,源自于国家建设、民族发展和个人追求的高度概括,代表着人民内心的期望和愿景,意义内涵更接地气,话语本身也就更易于传播。总之,中国梦这个科学命题很好地表达出了全体人民共同的心声与呼唤。

第四,中国梦实现了共同的信仰感召。中国梦作为全体人民共同的夙愿与梦想,不仅反映的是一种价值追求,更体现的是一种理想和信念。首先,中国梦从现实发展层面出发昭示出一种目标式的、远景式的未来展望,能够在精神活动层面确立一种坚定性和持久性的信仰追求,形成了一种极具时代气息和中国特色的鲜明思想观念。其次,中国梦的提出,本身就包含着社会主义的共同理想和共产主义的远大理想,包含着实现每个人自由而全面发展的目标追求,是国家信仰与个人信念的有效整合。最后,中国梦也可以有效激发和巩固人们的爱国热情和民族情怀,可以将个人荣辱置于家国天下之中,将个人情感与国家情、民族情紧密相连,使内心的情感上升为理性的认知和信念的坚守。由此看来,中国梦也实现了国家信仰、民族信仰与个人信仰的有机融合与高度统一。

(三) 中国梦彰显了全民共举的中国特色

中国梦是中华民族万众一心的梦想,也是中国人民众志成城的追求。中国梦所表现出的强大的理念共识,不仅来源于思想的引力与信仰的张力,同时也离不开鲜明的特色和独特的标识。这种独有特色与标识就像是夜色中的明灯或大海中的灯塔,能让人们飞快发现、迅速聚集。在民族性与世界性的辩证统一之中,如果说在民族性之上建立世界性,是摸索一定的共性与规律;那么在世界性之中体现民族性,就一定是彰显其个性和特色。中国梦所形成的价值目标的统一、所塑造的精神信仰的牵引、所彰显的鲜明的本土特色和民族风格,始终激发着广大人民群众的思想共鸣与精神共振,也无时无刻不在发挥着强大的灯塔作用,把人民群众的思想和精神集结起来、汇聚起来。习近平总书记指出:"实现中国梦,必须走中国道路、弘扬中国精神、凝聚中国力量。"[1] 中国梦的特色和风格,正集中表现在支撑中国梦实现的这三大要素上。

中国道路是接通梦想终点的唯一道路。"中国特色社会主义道路,是实现我国社会主义现代化的必由之路,是创造人民美好生活的必由之路。"[2] 实现中国梦走旧路老路行不通,走歪路邪路更不行,唯一的选择和正确的方向就是中国特色社会主义道路。这既是近代以来中华民族寻求探索的历史选择,也是中华人民共和国成立以来特别是改革开放以来党和国家发展建设伟大实践的经验总结。在实现中国梦的过程中,中国道路是一条富裕发展的道路,成就了生活水平的显著提升和物质文化的极大丰富;是一条来之不易的道路,依靠党带领人民经过努力探索、付出巨大艰辛才走出来、闯出

---

[1] 《习近平总书记系列重要讲话读本》,人民出版社2016年版,第10页。
[2] 《习近平关于实现中华民族伟大复兴的中国梦论述摘编》,中央文献出版社2013年版,第22页。

来的道路；也是一条创新发展的道路，立足中国国情、顺应时代大势，创造性地开拓了中国式现代化的新模式和人类文明发展的新形态。由此，中国道路是历史的选择、实践的选择、时代的选择，也是全体中国人民的坚定选择，只有坚定不移地沿着中国道路奋勇前进，才能实现中华民族追梦圆梦的奋斗目标。

中国精神是激发民族进取的精神引擎。"实现中国梦必须弘扬中国精神。这就是以爱国主义为核心的民族精神，以改革创新为核心的时代精神。这种精神是凝心聚力的兴国之魂、强国之魂。"① 以爱国主义和改革创新为核心要素的中国精神是全社会和全民族所共同创立、共同崇尚的文化观念和价值理念，也是中华民族赖以生存发展、赖以传承延续的精神依托和文化血脉。在漫漫的历史长河中，中华民族之所以能够数度历经苦难而生生不息，靠的正是守望家国、自强不息的民族精神；中华人民共和国成立之后，当代中国人之所以能够在共产党的带领下开拓探索新的发展道路，靠的也正是与时俱进、改革创新的时代精神。在实现中国梦的进程中，以爱国主义为核心的民族精神和以改革创新为核心的时代精神依然发挥着动员人、团结人、鼓舞人的强大作用，能够动员全体中华儿女投入党和国家的伟大事业中，不断强化全体人民、各个民族团结凝聚的精神纽带，最大限度地激发广大人民群众的创造热情和进取动力，在伟大复兴道路上源源不断地催发出雄厚、磅礴的精神力量。

中国力量是人民追梦圆梦的巨大伟力。"我们要用十三亿中国人的智慧和力量，一代又一代中国人不懈努力，把我们的国家建设好，把我们的民族发展好。"② 历史是人民创造的，中国力量无疑是人民群众团结凝聚起来的磅礴力量。有梦想就有奋进的动力和拼搏的力量，中国梦包含着每一个人的梦想与追求，因而也形成了全

---

① 《习近平关于实现中华民族伟大复兴的中国梦论述摘编》，中央文献出版社2013年版，第35页。

② 《习近平关于实现中华民族伟大复兴的中国梦论述摘编》，中央文献出版社2013年版，第53页。

国各族人民力量汇合的聚点和焦点。人民群众的每一个人因追寻理想而不懈拼搏、因创造美好而付出努力，为实现共同梦想而奋斗的巨大力量汇聚到一起，就是足以创造历史、创造奇迹的物质力量和精神力量。汇聚中国力量，就是要汇聚广大工人、农民、知识分子以及社会各个阶层的智慧与力量，汇聚各个领域、各条战线、各行各业的智慧与力量，不断汇聚形成团结奋进的力量、改革攻坚的力量、开拓创新的力量。在实现中国梦的进程中，中国力量是中国全体人民精神意志集中爆发的惊天之力，是全国各族人民团结凝聚、万众一心的宏伟之力，也是实现民族伟大复兴的本源之力。

三 大力培育社会主义核心价值观，强基固本、凝魂聚气

习近平总书记指出："我们要从巩固全党全国各族人民团结奋斗的共同思想基础、巩固党的执政地位的战略高度，持续加强社会主义核心价值体系建设，把培育和弘扬社会主义核心价值观作为凝魂聚气、强基固本的基础工程，作为一项根本任务，切实抓紧抓好。"[①] 继党的十六届六中全会提出建设社会主义核心价值体系的战略任务之后，党的十八大正式提出了大力培育社会主义核心价值观的"三个倡导"（倡导富强、民主、文明、和谐，倡导自由、平等、公正、法治，倡导爱国、敬业、诚信、友善，积极培育和践行社会主义核心价值观）。随后，以习近平同志为核心的党中央便将培育和践行社会主义核心价值观，作为党的意识形态工作和社会主义意识形态建设的重要组成部分，在不同会议、不同场合多次围绕社会主义核心价值观的问题进行专门论述并提出明确要求，在全社会范围内积极树立培育和践行社会主义核心价值观的有力导向。

（一）社会主义核心价值观是意识形态教育引导的价值灵魂

价值观，简而言之就是人们作为一种价值主体，基于一定的思维或感受，对事物作出价值评判、实施价值衡量、进行价值比较的

---

① 《习近平关于社会主义文化建设论述摘编》，中央文献出版社 2017 年版，第 107 页。

思想观念，同时也是人们从事相关行动的依据和前提。核心价值观则是在众多价值观念中居于支配地位、发挥主导作用的价值观念。世界上的事物纷繁复杂，人们作出的价值判断也可能多种多样，但核心价值观能够将多种价值观念统摄、整合在一定的秩序范围内，尽量形成多数人能够接受、认同的认识区间，再通过影响、引导人们的社会行为，形成人们都能接受、遵守的道德准则及行为规范。由此可见，核心价值观对国家治理和社会管理具有非常重要的现实意义。

核心价值观可以看作是意识形态的思想浓缩和价值本质。对于意识形态来说，核心价值观是其整个观念系统的核心所在和本质体现，是对其内容表达的高度凝练和精准概括。在一个国家和社会之中，社会意识形态的整个思想系统和观念系统丰富多样、覆盖广泛，内容结构极其庞大和复杂，而核心价值观可以通过相对简洁的观念表达和较少的思想范畴，揭示出意识形态的精神实质和思想本质。同时，核心价值观一经形成，就会表现出对意识形态内容系统的规范与制约，迅速成为整个意识形态系统的核心灵魂和中流砥柱，在其运行过程中发挥出凝聚、引领和稳定等方面的作用，确保意识形态的健康有序发展。

社会主义核心价值观，毫无疑问就是社会主义意识形态的思想精华和价值灵魂。党中央将社会主义核心价值观的基本内容规定为"三个倡导"，并进一步归类划分为国家层面的价值目标、社会层面的价值引领和个人层面的价值取向。可以看出，在国家层面，体现出了经济建设（富强）、政治建设（民主）、文化建设（文明）和社会建设（和谐）的核心价值目标，与社会主义意识形态关于国家建设的价值指向高度一致；在社会层面，体现出了社会主义的最终目标（自由）、社会主义的价值追求（平等）、社会主义的内在要求（公正）和社会主义的制度保障（法治），这同样与社会主义意识形态关于中国特色社会主义发展的价值评判高度契合、无缝衔接；在个人层面，则体现了民族美德（爱国）、职业道德（敬业)、社会公德(诚信)和个人品德(友善)等方面的价值准则,与社会主义意识形态关于社会成员培养教育的目标要求也完全符合。由此看见,社会主义核心价值观用简练浓缩、简洁有力的"三个倡导"、12个词语,十分精准地体现了社会主义意识形态在国家建设、社会治理和个人培养三个层面的价值目标和价值导向,并将三个层面环环相扣、层层相连,形成了一个严密而统一的价值观念系统。

习近平总书记指出:"任何一个社会都存在多种多样的价值观念和价值取向,要把全社会意志和力量凝聚起来,必须有一套与经济基础和政治制度相适应,并能形成广泛社会共识的核心价值观。"① 在各方面条件已经具备的情况下,我们党和国家构建社会主义核心价值体系、凝练社会主义核心价值观,无疑反映出党的意识形态工作的理性自觉和内在提升。通过培育和践行社会主义核心价值观,有助于社会大众根植高尚的价值信念、确立正确的精神坐标,有助于社会主流意识形态的主体功能发挥和价值共识凝聚,也有助于政府引导、学校教育、家庭熏陶三者之间的融合统一与融会贯通。可以说,社会主义核心价值观为意识形态的教育引导工作,发挥出了牵"牛鼻子"和抓"主线索"的重要作用。

(二)社会主义核心价值观是涵养道德、教化行为的精神指南

一般来说,人们的价值观总是表现得相对稳定和持久,因而在一定时间、地点和条件之下,价值观能够影响人们在社会生活中的心理与行为。在价值观的众多思想意识之中,核心价值观又是居于主导地位、发挥统摄作用的价值理念,表现得更加系统化和显著化,因而就更容易在人们的思想和心灵深处打下烙印,成为规范、约束人们道德操守与行为准则的重要价值引导。社会主义核心价值观,承载着社会主义的精神本质和价值内核,延续着中华优秀传统文化的文化血脉和价值传统,也代表着人类社会的长远利益和发展

---

① 《习近平关于社会主义文化建设论述摘编》,中央文献出版社2017年版,第106页。

方向，无疑是当代中国社会进行道德教化与行为塑造最为有效的精神指南。

社会主义核心价值观的涵养，是源于历史，寓于时代。中华文明源远流长、绵延千年，其独有的文化特质和价值因子早已转化为优秀传统文化的基因代码，在代代传承中根植于华夏儿女的精神土壤、流淌于中华民族的精神血脉。中国传统文化的优秀成果和思想精华，比如"位卑未敢忘忧国"的爱国情怀、"夫子至诚，合乎天道"的诚信品质、"民亦劳止，汔可小康"的富强愿景等，都为社会主义核心价值观的形成和培育提供了丰厚的文化滋养。对此，习近平总书记也特别指出："中国传统文化博大精深，学习和掌握其中的各种思想精华，对树立正确的世界观、人生观、价值观很有益处。"① 此外，我们党领导人民在革命时期创造形成的红色革命文化，以及在后来建设和改革时期所形成的社会主义先进文化，也都是十分宝贵的精神财富，成了社会主义核心价值观的重要思想源泉。同时，培育和践行社会主义核心价值观作为新时代社会主义意识形态建设的重要战略举措，又表现出了鲜明的现实指向与时代特征，积极与时代精神和时代内涵相适应、与社会主义先进生产方式和生产关系相适应，在继承历史、包容世界的基础上实现创新超越。比如，从封建礼治到社会主义法治，从西式民主到社会主义民主，等等，都体现出了去粗存精的理论品质和与时俱进的时代特征。

社会主义核心价值观的地位，是文之核心、国之灵魂。首先，核心价值观是文化建设最为深层的内核，是文化软实力的核心内容。核心价值观的先进性，决定了文化发展的先进性。核心价值观是能够决定文化建设方向与性质的深层次要素和关键性环节，对文化立场、文化取向和文化选择等发挥着规范导向作用。在社会主义文化建设过程中，核心价值观决定了其社会主义和共产主义的发展

---

① 习近平：《在中央党校建校 80 周年庆祝大会暨 2013 年春季学期开学典礼上的讲话》，《人民日报》2013 年 3 月 3 日第 1 版。

方向，决定了其为人民服务的性质，也决定了其立德育人的标准和要求。其次，核心价值观对一个民族和国家来说也至关重要，是国家精神与民族精神的灵魂。核心价值观是民族得以团结凝聚、共同奋进的精神纽带，是国家思想统一、社会道德教化的共同基础。在国家治理和社会治理过程中，核心价值观可以有效整合社会意识，进而有效维护社会系统的平稳运转和社会秩序的正常规范，发挥着促进社会和谐、保障国家安定的积极作用。正如习近平总书记所指出的："如果没有共同的核心价值观，一个民族、一个国家就会魂无定所、行无依归。"①

社会主义核心价值观的作用，是内化于心、外化于行。意识形态教育的对象是人，核心价值观的培育践行主体也是人，现实中的人无疑是核心价值观的物质承载者和观念实践者。一种核心价值观能够真正树立起来，最根本就是在社会成员的精神思想层面，树立起一种精神依托和道德支柱，使核心价值观所代表的价值理念内化为信仰信念和理想追求。同时，培育和树立核心价值观的有力体现，也一定是反映在社会实践和日程行为之中，使其所倡导的价值操守、道德准则和品行要求等转换为社会成员的生活实践与行为习惯。因而，社会主义核心价值观最为突出的，就是培育和践行这两个方面。培育就是内化于心的过程，将爱国主义教育、理想信念教育、"四德"教育等作为重点，注重提升人们的道德追求和精神境界；践行就是外化于行的过程，强调文化熏陶、实践养成和制度保障等，目的是使核心价值观的价值导向成为人们生活交往与社会实践中的行为自觉。

（三）社会主义核心价值观是导向突出、特色鲜明的思想观念

作为社会主义意识形态的核心观点和内核表达，社会主义核心价值观充分体现了社会主义核心价值体系的根本性质与基本特征，深刻反映了社会主义意识形态的精神内涵与实践要求，也真正实现

---

① 《习近平关于社会主义文化建设论述摘编》，中央文献出版社2017年版，第124页。

了从中华传统美德到当代社会风尚的继承与发扬。由于与社会主义意识形态和中华优秀传统文化密切联系、息息相关，社会主义核心价值观本身也是一种导向突出、特色鲜明的思想观念，主要表现在以下几个方面。

一是把握政治方向，突出人民观点。一方面，社会核心价值观作为社会主义意识形态的内核表达，蕴含着特有的政治属性与政治基因。比如，其主要内容所表达和折射出的爱国主义、集体主义、平等观念、奉献精神等，都属于社会主义的基本观点和主张，为核心价值观的培育、践行铺陈了姓"社"而不姓"资"的底色，确保了核心价值观的正确方向和根本性质。另一方面，社会主义核心价值观作为人民群众的价值依托，也内嵌着人民的特性。比如，其所倡导的"富强"是立足于全体人民的共同富裕，所倡导的"民主"是社会主义民主、人民当家做主，所倡导的"自由"是着眼于每一个人的自由全面发展，无论是价值原则、价值目标还是价值评判，都归旨于最广大的人民群众这个价值取向。

二是焕发理论光彩，彰显实践特色。一方面，社会主义核心价值观作为主流意识形态的理论精要和思想精华，立足于马克思主义的立场、观点和方法，总结当代中国社会发展实践经验，凝结全社会的价值共识，从社会主义意识形态的观念系统中提炼概括而出，并且形成了三个层次的内在统一、层层递进的系统构建，表现出了十分活跃的理论张力和非常严密的逻辑契合。另一方面，社会主义核心价值观对准当代中国社会的现实需要，着眼中国特色社会主义的火热实践，紧贴伟大复兴中国梦的百年目标，聚焦全面建成小康社会的现实任务，与"四个全面"战略布局和"五位一体"总体布局高度符合，也与中国特色社会主义的国家建设、社会发展、个人成长的价值目标高度一致，表达出了清晰明确的实践标准与现实要求。

三是形成思想共识，发挥统摄作用。一方面，作为先进社会思想和鲜明时代精神的总体概况，社会主义核心价值观表达了社会主义意识形态的精神实质和普遍要求，体现了从国家到个人、从整体到局部、从思想到行为的价值引导，涵盖了广大人民群众的共同愿望和现实需求，形成了最普遍、最广泛的思想共识。另一方面，社会主义核心价值观又以其观念的科学性、先进性，展现出社会主义意识形态最精华、最核心、最纯粹的部分，犹如一盏航灯和一面旗帜，对整个社会思想和社会观念的运动发展形成统领，对社会思想文化的发展方向、进步趋势形成主导，时时发挥着统领作用和导向功能。

  四是继承优秀传统，善于开拓创新。一方面，社会主义核心价值观根植于中华民族的文化源流和精神血脉，根植于中华民族共同的精神家园，充分保留优秀传统文化的精华部分，完整继承红色革命文化、社会主义先进文化的宝贵财富，在历史传承和文化传承中有效增强了人民群众的归属感与认同感，充分体现了"不忘本来才能开辟未来，善于继承才能更好创新"[①]的特点。同时，又在继承中华优秀传统文化精髓的基础上进行创新性发展，吸收借鉴世界优秀思想文化成果并进行创造性转化，特别是在层次划分和话语表达方面，体现了理论形态与生活形态的有机结合，体现了传承、吸收、借鉴、创造的解释链条，表现出十分鲜明的时代特征与创新特性。

  2013年12月23日，中共中央办公厅印发了《关于培育和践行社会主义核心价值观的意见》（以下简称《意见》），从推进党和国家伟大事业、实现民族复兴伟大梦想的高度，阐述了培育和践行社会主义核心价值观的重大意义，明确了对社会主义意识形态建设和党的意识形态工作的重大促进作用。《意见》提出，将社会主义核心价值观的培育和践行融入国民教育全过程，把青少年作为重点教育对象，把校园作为重点教育阵地，把老师作为重点教育力量，坚持从小抓起、从学习抓起，努力为社会主义事业

[①]《习近平关于社会主义文化建设论述摘编》，中央文献出版社2017年版，第140页。

培养思想过硬、品德高尚的接班人。《意见》明确,将社会主义核心价值观的培育和践行贯彻到经济发展实践与社会治理之中,注重市场经济的经济行为与社会主义的价值导向有机统一,注重法治环境建设与营造价值导向相互促进,着力在社会经济活动和治理实践中彰显社会主流价值。此外,《意见》还对围绕社会主义核心价值观的宣传教育、实践活动和组织领导等提出了一系列明确要求,为全社会的培育和践行活动提供了科学指导与有力遵循。可以说,《意见》的印发与实施极大促进了全社会培育和践行社会主义核心价值观活动的科学化、制度化发展,正在一步步努力做到"通过教育引导、舆论宣传、文化熏陶、实践养成、制度保障等,使社会主义核心价值观内化为人们的精神追求,外化为人们的自觉行动"[①]。

四 坚定文化自信,激发深厚广泛的精神力量

意识形态和文化都是人们在社会生产和生活的实践中所形成的社会意识的一部分,既是对社会存在的反映,同时也发挥着能动性的反作用。意识形态作为文化的内核,规定着文化的性质与方向;文化作为意识形态一般性、现象性的表征,又具有更加深厚、更加悠远的感召力量。从意识形态建设到文化建设,是为了给国家、民族的精神信仰、理想信念提供一个更为坚实而深厚的文化支撑和文化底蕴。2014年2月,在中央政治局第十三次集体学习时,习近平总书记首次提出了文化自信的重大命题:"要讲清楚中华优秀传统文化的历史渊源、发展脉络、基本走向,讲清楚中华文化的独特创造、价值理念、鲜明特色,增强文化自信和价值观自信。"[②] 之后,又将文化自信与道路自信、理论自信、制度自信并列,形成了"四个自信","坚持不忘初心、继续前进,就要坚持中国特色社会

[①] 《习近平关于社会主义文化建设论述摘编》,中央文献出版社2017年版,第108页。

[②] 《习近平谈治国理政》,外文出版社2014年版,第164页。

主义道路自信、理论自信、制度自信、文化自信"①,并进一步指出:"坚定中国特色社会主义道路自信、理论自信、制度自信,说到底是要坚定文化自信。"对于党和国家来说,文化自信的提出完成了"四个自信"的有机整体,开启了文化兴邦、文化强国的战略征程;对于党的意识形态工作来说,文化自信的提出不仅有效增强了社会主义意识形态的凝聚力和引领力,同时也不断激发着、凝聚着全民族和全社会更加深厚、更加广泛的精神力量。

(一) 从"三个自信"到"四个自信",形成更加基础、广泛、深厚的信心力量

国家意识,指的是生活在同一个国家内的居民,在长期的居住生活、工作劳动、社会交往过程中所形成的对整个国家理性上的认知、情感上的认同和心理上的依赖,它建立在国民个体对国家整体历史、文化、风土、国情等方面的理解和认知之上,也体现为一种国家主人翁的意识,以及对国家的亲近感与归属感。国家意识,从理论层面看是一种政治意识,有政治、政权的参与,也受主流意识形态的影响;从思想精神层面看,也是一种文化意识,是文化的浸润力和感召力在公民的国家观念上的体现。从个人主观感受的角度,国家意识可以被描述为一种对国家的历史传承、现实状况以及未来发展的自信心与自豪感。

党的十八大明确提出了"三个自信",即道路自信、理论自信和制度自信。道路自信,是坚持和发展中国特色社会主义道路的自觉性与坚定性,是对经济建设、政治建设、文化建设、社会建设和生态文明建设"五位一体"发展道路的高度自信;理论自信,是对党的指导思想、党的先进理论的坚持与坚守,表现为对马克思主义和中国化马克思主义的高度自信,对中国特色社会主义理论体系,特别是习近平新时代中国特色社会主义思想的高度自信;制度自信,是对我们党在推进社会主义建设的实践探索、实践创新过程

---

① 《习近平关于社会主义文化建设论述摘编》,中央文献出版社 2017 年版,第 12 页。

中所形成的一整套制度体系、治理体系的坚持与坚守，是对我们党坚持和完善中国特色社会主义制度的高度自信。这三个自信，发源于中国特色社会主义的科学性、先进性和真理性，以思想的引力和理论的张力将全党全国人民凝聚在中国特色社会主义的伟大旗帜下，使广大民众从思想观念上、心理感情上确立和巩固了对中国特色社会主义的信心信念；这三个自信，也充分表达出广大人民群众对中国这一社会主义国家的道路选择、理论创新和制度建设所表现出的充分赞同、高度认可和完全信任，对中国共产党领导下国家的繁荣建设、社会的进步发展充满了美好希望和坚定信心。

继"三个自信"之后，2016年7月1日，习近平总书记在庆祝中国共产党成立95周年大会的讲话中，首次将文化自信与"三个自信"并列提出，形成了"四个自信"的完整范畴，将文化自信视为道路自信、理论自信和制度自信的基础与底蕴，又进一步阐述了文化自信所具有的基础性、广泛性和深沉性。按照马克思主义唯物史观中经济基础与上层建筑的辩证关系，从"三个自信"到"四个自信"的丰富拓展，道路自信来自于人民群众对物质生活改善提高的满意与认同，制度自信来自于人民群众对国家治理有序、社会和谐稳定的满意与认同，理论自信来自于人民群众对马克思主义科学性、真理性和中国化马克思主义时代性、先进性的肯定与认同。那么文化自信，则可以看作是人民群众对本民族、本国家的文化内涵、文化价值等方面的充分接受与高度肯定，对文化的发源脉络、形成积累具有强烈的优越感和自豪感，对文化的未来发展充满了希望和信心。

思想理论和精神文化同属于观念意识形态的组成部分，思想理论具有较高抽象性和系统性，更多地作用于人们的逻辑思维和理性思维，而精神文化是发源于人们的社会实践和日常生活，能够对情感、心理层面能产生更加直接的作用力。在源远流长的历史长河中，中华民族创造了辉煌灿烂的优秀传统文化，也在中国革命、建设、改革的伟大实践过程中，孕育出了革命文化和社会主义先进文化,这些都是树立文化自信、增强"四个自信"的丰厚资源。正如习近平总书记所指出的:"文化自信,是更基础、更广泛、更深厚的自信,是更基本、更深沉、更持久的力量。"其中,基础性、广泛性和深厚性,表达了文化自信的鲜明特质。文化自信的基础性在于文化为国家和民族铺陈了一层历史传承的底蕴,结成了一条血脉相连的纽带,其他三个自信都是建立在思想文化的基础之上,缺乏文化的基底支撑,道路、理论和制度的自信就很难牢固确立。文化自信的广泛性在于文化可以覆盖渗入于社会生活的一切活动、一切领域之中,文化感染无处不在、文化熏陶无时不有,道路、制度、理论的各个方面都可以被文化海纳百川、兼收并蓄,文化可以包围、簇拥着其他三个自信。文化自信的深厚性在于其既有悠久历史的传承又有现实时代的呼应,一旦内化于心就可以形成较深层的影响和较长久的稳定,可以为其他三个自信长久深远、持之以恒提供精神保障。由此可见,从"三个自信"到"四个自信",正是有了文化自信的增强加持,中国特色社会主义的自信才会变得更加深厚悠远、更加广泛扎实。

(二)文化自信的三大来源,彰显了丰富的文化内涵和深刻的价值意蕴

依据习近平总书记的重要论述,文化自信有三大来源:一是中华民族源远流长、博大精深、光辉璀璨的优秀传统文化;二是近代以来党团结带领人民在抗击侵略、谋求独立、争取解放的伟大斗争中所形成的,以崇高革命精神和优良革命传统为代表的革命文化;三是党领导人民开展社会主义建设、进行改革开放特别是推进中国特色社会主义建设过程中所形成的社会主义先进文化。

"中华民族有着深厚文化传统,形成了富有特色的思想体系,体现了中国人几千年来积累的知识智慧和理性思辨。这是我国的独特优势。"[①] 中国人民至今都代代继承、始终保持着很多优秀的传

[①] 《习近平关于社会主义文化建设论述摘编》,中央文献出版社2017年版,第83页。

统美德，比如勤劳善良、忠厚仁爱、平和包容等，无不蕴含体现着优秀传统文化的精神基因。优秀传统文化，以其悠久的历史传承、丰厚的文化底蕴、深远的影响程度，形成了中华民族文化自信的历史渊源和精神根基，也彰显了民族和国家自强、自信的独特优势。"革命传统教育要从娃娃抓起，既注重知识灌输，又加强情感培育，使红色基因渗进血液、浸入心扉。"① 从井冈山精神到延安精神、从苏区精神到长征精神、从西柏坡精神到上甘岭精神，这些革命精神传统始终都是我们党的宝贵精神财富。红色的革命文化，它所包含的红色精神信仰、优良革命传统和高尚民族气节，构成了文化自信的气魄豪情和精神支撑，也形成了社会主义意识形态的鲜明政治底色。"弘扬社会主义先进文化，深化文化体制改革，推动社会主义文化大发展大繁荣，增强全民族文化创造活力，让一切文化创造源泉充分涌流。"社会主义先进文化是中国共产党团结带领人民在推进建设和改革事业中所取得的优秀文明成果，是具有丰富思想内涵和鲜明时代特色的文化精髓。社会主义先进文化，所表现出的是与时俱进的时代特征和继往开来的文化品质，与社会主义的火热实践关联最紧，在人民的现实生活中嵌入最深，极大地丰富了文化自信的科学性、民族性和大众性。可见，文化自信这三个方面的来源，是从历史到时代、从革命到建设、从传统到创新等多个维度，共同构成了文化自信的丰富内涵和精神实质。

同时，这三大来源也体现出了文化自信所具有的独特价值意蕴。一是深厚的历史渊源。中华传统文化流传数千年，是一代代中华儿女创造、积累和传承的文化根脉，也是中华民族薪火相传、生生不息的精神链条。文化自信根植于中华优秀传统文化的精神血脉，充分展现了中华民族独特的文化传统和厚重的历史底蕴。二是鲜明的价值立场。优秀的传统文化是广大劳动人民创造的，红色的革命文化和先进的社会主义文化更是党团结带领人民群众在革命、

---

① 《习近平关于青少年和共青团工作论述摘编》，中央文献出版社2017年版，第36页。

建设和改革的社会实践中所创造的。人民是文化的创造者、传播者，同时也是文化自信的承载者、体现者。因而，社会主义文化自信的坚定价值立场就是来自于人民、服务于人民。三是突出的创新特征。文化自信能够持久长远，还在于它能够随着时代的发展变化不断进行丰富创新。每个时代的主题和特征不同，文化主旋律也不尽相同，文化自信能够保持持久的生命力，正是来自于与时俱进的开拓创新，来自于从本来到未来的进步发展。四是开放的包容品质。自信的表现就在于不惧比较、兼收并蓄。在当前世界各民族文化交流交融越发频繁、越发密切的情况下，先进文化的发展离不开对世界优秀文明成果的借鉴吸收，文化自信的姿态也少不了海纳百川的包容胸襟。正是这种能够跨越时间与空间的包容态度促进了中华文化不断丰富与发展，可以说文化包容本身就是一种自信表现。

（三）坚定文化自信，大力助推社会主义意识形态建设发展

文化与意识形态同属社会意识的范畴，二者既有区别，又有联系。从涵盖范围看，文化包含意识形态，文化的范围大于意识形态。大致来说，人类文明发展和社会实践的精神形态都可以被称为文化，大到哲学、宗教，小到心理、情感都可以有文化的印记；而意识形态则是趋向于系统化、理论化的思想观念，在整个上层建筑中处于较高层次的社会意识。从功能作用看，文化与意识心态是相互交叉、彼此联系的。文化具有意识形态性，意识形态作为文化的内核规约着文化的内容表达和价值取向，特别是决定着文化的阶级立场；同时，意识形态又具有文化性，意识形态能以文化的形式进行传播扩散，也能发挥出文化所具有的各种功能和特性。鉴于文化与意识形态的密切关系，一般而言，文化的发展和意识形态的发展也总是协调统一的。首先，它们是同源同向的。二者都是社会实践的产物和社会存在的反映，在相同的物质条件、相同的经济基础和相同的时代背景之下，反映着相同的客观存在、表达着相同的内容实质，在发展方向和演化规律等方面也是相同和相通的。其次，它们又是同性同质的。在一定的社会形态和社会制度的条件下，同一

经济基础之上的文化与意识形态又总是代表着相同的阶级立场和政治属性，反映着一定阶级群体在政治、经济、社会等各方面的权益诉求和发展需要，并通过顺应国情实际、呼应民心民意等形式，形成社会主流的思想观念和政治共识。对此，毛泽东同志曾指出："一定的文化（当作观念形态的文化）是一定社会的政治和经济的反映，又给予伟大影响和作用于一定社会的政治和经济；而经济是基础，政治则是经济的集中的表现。这是我们对于文化和政治、经济的关系及政治和经济的关系的基本观点。那末，一定形态的政治和经济是首先决定那一定形态的文化的；然后，那一定形态的文化又才给予影响和作用于一定形态的政治和经济。"①

习近平总书记指出："没有高度的文化自信，没有文化的繁荣兴盛，就没有中华民族伟大复兴。"② 走在民族复兴的征程中，推进文化建设，坚定文化自信，对于提升社会主义意识形态的凝聚力和引领力、增强社会主义意识形态的整合力和向心力，具有极大的促进作用。首先，坚定文化自信，有助于夯实社会主义意识形态的根基底蕴。任何意识形态都不是凭空而来，而是建立在一定思想文化的基础之上。中华优秀传统文化源远流长、博大精深，为人类文明进步做出了重要贡献，也为中华民族构筑了共同的精神基因与文化血脉。自信于优秀传统文化的浸润与滋养，就是丰厚社会主义意识形态的历史渊源与文化根基。其次，坚定文化自信，有助于把握社会主义意识形态的方向性质。从文化与意识形态的同宗、同性、同质出发，推进文化建设可以搭建意识形态传播渗透的有效载体，增进主流意识形态的人文熏陶和精神感染。自信于革命文化和社会主义先进文化，就是不断强化社会主义意识形态为人民服务、为社会主义服务的立场和方向。最后，坚定文化自信，有助于彰显社会主义意识形态的优势特色。意识形态领域不仅有建设，更加有斗

---

① 《毛泽东选集》第 2 卷，人民出版社 1991 年版，第 663—664 页。
② 《习近平新时代中国特色社会主义思想学习纲要》，学习出版社、人民出版社 2019 年版，第 138 页。

争。当今世界，社会主义与资本主义在意识形态领域依然斗争激烈，对外宣介、对外传播的文化交流，正是介绍和展示社会主义优越性、先进性的最好渠道。自信于中华文化的软实力，不断增强中华文化的国际传播力和文化感召力，势必能够帮助世界更好地读懂中国、了解社会主义。

五 讲好中国故事，传播好中国声音，更好展示真实立体全面的中国

习近平总书记指出："要精心做好对外宣传工作，创新对外宣传方式，着力打造融通中外的新概念新范畴新表述，讲好中国故事，传播好中国声音。"[①] 对外宣传工作，不仅是外交活动的有力补充，也是意识形态工作的组成部分。加强对外宣传工作，可以清晰地向国际社会介绍本国的国情风貌、时事政策、方针立场、对外原则等，可以增进国际社会对本国的认知和了解，也可以提升本国的国际影响和国家形象；同时，积极有效的正面宣传还可以与外部一些歪曲真相、颠倒黑白、丑化、妖魔化等负面信息形成对冲，清除国际舆论的不良影响，营造对外交往的良好氛围。

（一）中国故事和中国声音，应对国际舆论格局

在一个国家和社会的共同体内部，意识形态的功能作用指向于国家社会内部的整合思想、稳定秩序和凝神聚气等；但当一个国家与其他国家进行交流交往时，这个国家的外交政策、外交理念等也不可避免地显示意识形态的色彩与印记，具体体现在文化外交或对外宣传的工作之中，这也是意识形态对国家政治上层建筑产生影响的一个重要体现。

随着中国改革开放的步伐不断加大，经济社会始终保持快速发展，中国与国际社会的交流交往也越来越密切。中国日益吸引着世界的关注，国际社会同样希望更充分、更全面地了解中国。但却必

---

① 《习近平治国理政》第 1 卷，外文出版社 2018 年版，第 156 页。

须要面对的是，国际舆论的格局仍然是"西强东弱"，我们所掌握的国际话语权、解释权十分有限，我们媒体的对外传播力、国际影响力也不够强大，直接导致了一些富有中国特色的制度、政策、理念等还处于"被解释"的状态，一些国际场合、对外交流的形象面貌还处在"被塑造"的境地；加之一些别有用心的势力故意进行污名化、妖魔化的宣传，很容易在国际社会上产生误解和偏见。正是在这样的形势背景下，党的十八大以来，习近平总书记和党中央将对外宣传工作摆上重要位置，在不同场合多次作出重要论述，提出了一系列新思想、新观点，形成了以"讲好中国故事，传播好中国声音"为主要标志的外宣工作的创新理论。

（二）中国故事和中国声音，塑造崭新大国形象

一般而言，党的创新理论的重要思想、重要观点都具有明显的意识形态属性。在新时代习近平外交思想中，人类命运共同体思想和"大国形象"理念便充分展示出了国家领导人外交思想的意识形态维度。人类命运共同体作为新时代习近平外交思想中的一个重点和亮点，蕴含了中华优秀传统文化的哲学魅力，比如"协和万邦""大同世界"等古代智慧；彰显了对马克思主义人类共同体思想的继承和创新，比如强调人类社会整体地、高度地自由和发展；与之匹配的"一带一路"的合作倡议也照耀着丝路精神、共享共赢的人文光辉；还有从中国梦到世界梦的衔接呼应也内含着中国与世界命运相连、同舟共济的国际观和发展观。可以说，人类命运共同体思想以及其所蕴含的意识形态因素很好地呼应了全人类普遍的价值追求和发展理念，为当今世界经济增长低迷、社会发展乏力等衰落态势提供了一个破解难题的思路和共享共赢的方案，有力促进了中国外交影响力和文化影响力的不断提升。特别是2020年席卷全球的新冠肺炎疫情，威胁着世界各国人民的身体健康和生命安全，已经成为全人类面临的共同挑战，这再次证明了全世界五大洲、四大洋的人类是休戚与共的命运共同体，也再次证明中国提倡人类命运共同体的时代价值和世界意义。

2013年12月30日，中央政治局围绕提高国家软实力的问题组织了第十二次集体学习，习近平总书记指出："要注重塑造我国的国家形象，重点展示中国历史底蕴深厚、各民族多元一体、文化多样和谐的文明大国形象，政治清明、经济发展、文化繁荣、社会稳定、人民团结、山河秀美的东方大国形象，坚持和平发展、促进共同发展、维护国际公平正义、为人类作出贡献的负责任大国形象，对外更加开放、更加具有亲和力、充满希望、充满活力的社会主义大国形象。"[①] 由文明大国、东方大国、负责任大国和社会主义大国组成的"大国形象"理念，无疑是党的意识形态工作进行对外宣传和国际传播的重要主题，其目的正是通过"软实力"的影响和文化外交的方式，积极抵制西方敌对势力"污名化""妖魔化"中国的险恶企图，主动化解国际社会中一些国家对中国的曲解与误读。与之相匹配，提高国际话语权、加强国际传播能力建设，讲好中国故事、传播好中国声音，用中国理论阐释中国实践，用中国故事塑造中国形象等，也有效发挥出了引导国际社会正确看待中国的崛起与发展、积极维护国际社会和平稳定环境的重要作用。

（三）中国故事和中国声音，突出表达中国特色

讲好中国故事，中国最有发言权；传播好中国声音，特色最具吸引力。中国特色理应成为外宣工作的重点和亮点。中国的特色，包含着制度和理论的独特。中国的理论，遵循和继承了马克思主义的科学真理，并在实践发展的良性互动中不断丰富发展了中国化、时代化、大众化的先进理论；中国的制度，坚守着社会主义的基础与底色，在社会建设的实践探索中持续形成和完善着中国特色社会主义制度。中国的特色，包含着道路和模式的独特。中国的道路是在特殊的历史命运下选择最适合本国的发展道路，中国的模式是在特殊的基本国情中制定最适合本民族的发展模式。中国的特色，也

[①] 《习近平关于社会主义文化建设论述摘编》，中央文献出版社2017年版，第202页。

包含着文化家园的独特。优秀传统文化、红色革命文化、社会主义先进文化,构成了中华民族最深沉的精神追求、最丰厚的文化滋养和最突出的文化优势。中国的特色,还体现在中国共产的领导。作为民族和人民的先锋队、作为国家和事业的领导核心,中国共产党始终牢记初心使命、始终坚定理想信念、始终践行根本宗旨,表现出了强大生命力、凝聚力和战斗力。这些都是讲述中国故事、传播中国声音,最精彩的主题和最生动的内容。

2013年8月,习近平总书记在全国宣传思想工作会议上指出:"宣传阐释中国特色,要讲清楚每个国家和民族的历史传统、文化积淀、基本国情不同,其发展道路必然有着自己的特色;讲清楚中华文化积淀着中华民族最深沉的精神追求,是中华民族生生不息、发展壮大的丰厚滋养;讲清楚中华优秀传统文化是中华民族的突出优势,是我们最深厚的文化软实力;讲清楚中国特色社会主义植根于中华文化沃土、反映中国人民意愿、适应中国和时代发展进步要求,有着深厚历史渊源和广泛现实基础。"① 从发展道路到民族精神,从中华文化到时代进步,可以看出这"四个讲清楚"深刻揭示了党的外宣工作的客观规律和科学思路,就是要以独特的话语体系、创新的传播方式、系统的工作谋划将中华传统、中国优势、中国特色等全面呈现出来,就是要将外宣工作塑造中国形象、扩大中国影响、引导国际舆论的功能和价值充分发挥出来。

(四)中国故事和中国声音,立足国际传播能力

讲好中国故事,传播好中国声音,不仅要"有理说得出",还要"说了传得开",这就对外宣工作的国际传播能力提供了更高要求。习近平总书记指出:"下大气力加强国际传播能力建设,加快提升中国话语的国际影响力,让全世界都能听到并听清中国声音。"② "要深刻认识新形势下加强和改进国际传播工作的重要性和

---

① 《习近平治国理政》第1卷,外文出版社2018年版,第155—156页。
② 《习近平关于社会主义文化建设论述摘编》,中央文献出版社2017年版,第212页。

必要性，下大气力加强国际传播能力建设，形成同我国综合国力和国际地位相匹配的国际话语权。"①

面对我国经济实力、综合国力不断增强，但国际传播能力不相匹配的现实状况，面对中国日益走近世界舞台中央，国际社会高度重视、热切关注的客观实际，如何能宣传好、介绍好真实、立体、全面的中国？如何能全方位、多角度、立体化地向国际社会和外国民众展示中国？习近平总书记给出了科学解答："必须加强顶层设计和研究布局，构建具有鲜明中国特色的战略传播体系，着力提高国际传播影响力、中华文化感召力、中国形象亲和力、中国话语说服力、国际舆论引导力。"② 用构建"战略传播体系"、努力提升"五力"的要求，为加强国际传播能力建设描绘现实的努力方向。国际传播影响力就是追求从"讲好故事"到形成影响，通过扎实有效的传播宣介，不断激发国际社会更多的情感共鸣和价值认同；中华文化感召力，就是大力推动中华优秀传统文化、当代中国先进文化"走出去"，用中华文化的独特美丽吸引、感染国外民众；中国形象亲和力，就是积极塑造"可信、可爱、可敬"的中国形象，让当代中国的形象在世界舞台上更加闪亮；中国话语说服力，就是用更加亲善的语言、更加真诚的态度、更加客观的事实，讲述中国故事、传播中国声音，以最为合适的形式和载体推送给国外受众，让他们听得懂、听得进；国际舆论引导力，就是深刻把握国际舆论斗争规律、积极搭建舆论宣传平台、主动引导攻击舆论转向，持续提高和改善中国媒体在国际舆论场的公信力与影响力。总之，加强和提升国际传播能力建设，就是要依托新时代中国发展的生动实践，善于运用动人的话语、感人的事例，宣传介绍中国主张、中国方案、中国精神、中国智慧，说明阐述中国的文明观、发展观、生

---

① 习近平：《加强和改进国际传播工作，展示真实立体全面的中国》，《人民日报》2021 年 6 月 2 日第 1 版。

② 习近平：《加强和改进国际传播工作，展示真实立体全面的中国》，《人民日报》2021 年 6 月 2 日第 1 版。

态观以及全球治理观等,充分说明中国的发展与实践本身就是为应对全球事务承担更大责任、为解决人类问题贡献更多智慧。

(五)中国故事和中国声音,依托对外话语体系

做好对外宣传工作、创新对外宣传方式,离不开积极有效的对外话语表达。只有掌握了恰当的表达方式、准确的表达内容、科学的表达规律,才能在讲述中国故事、传播中国声音时让国际社会听得进、听得懂、听得服气。习近平总书记指出:"要精心构建对外话语体系,增强对外话语的创造力、感召力、公信力。"毫无疑问,这三个"力",明确了构建对外话语体系的重要目标。增强"创造力",就是能紧跟国际形势变化将"本土"的思想理念转化成国际的"通用语言",在紧随信息发展、时代进步的同时,推动话语体系进行再生性创造和迭代性演进。增强"感召力",就是善于把握对外话语表达的特点规律,运用科学的方法策略,采取合理的方法手段,在讲故事、传声音的过程中将枯燥内容演绎得更加生动、将单一方式转换得更加丰富,让话语表达更加具有亲和力与吸引力。增强"公信力",就是以真实可靠为基础、以客观准确为依据,不断增强良好的公信度和信誉度,用数据和事实讲好中国故事,最大限度地争取和说服国际社会的公众,不断提高话语表达的权威性。

对外话语体系是否能建设成功、发挥作用,关键在于国外受众是否愿意听、是否听得懂,是否能够形成良性互动和情感共鸣。对此习近平总书记指出:"加强话语体系建设,着力打造融通中外的新概念新范畴新表述,讲好中国故事,传播好中国声音,增强在国际上的话语权。"[①] 这一重要论述鲜明提出了"融通中外"的创新理念,就是创新发展对外宣传传播的概念范畴和表述方式,既要符合中国国情、彰显中国特色,又要与国外的语言体系、思维习惯相对接,易于国际社会理解和接受。通过打造融通中外的新概念新范

---

① 《习近平关于全面深化改革论述摘编》,中央文献出版社2017年版,第85页。

畴新表述，不仅有利于中国与世界更好地沟通交流，也有利于国际社会更加真实、客观地认识和理解中国，有益于促进中国故事与中国声音的对外传播。

（六）中国故事和中国声音，注重阐释中国实践

理论来源于实践，更要说明好、解读好实践。中国故事是中国实践的一种简朴化、通俗化的理论表达，也是中国发展的一种生动化、形象化言语诉说。事实上，解释好、说明好当代中国的社会发展实践，就是对中国特色社会主义最有力的宣介。在当前的现实中，很多西方理论对中国的歪曲解读，很多西方学者对中国的错误判断，不管有意还是无意，都对中国发展与中国实践的真实状况有所遮蔽。既然国际社会欠缺了解真实的中国、外国民众热切关注当代的中国，就更要用中国故事说明中国实践、用中国声音阐释中国发展的大好时机。

用中国故事和中国声音说明中国实践，就要阐释好中国道路如何而来、中国模式如何能行；阐释好中国共产党为什么受到人民拥戴、中国特色社会主义制度为什么取得成功；阐释好合作共赢理念、和平发展理念、独立自主原则等外交原则的实践依据；讲清楚人类命运共同体、新型大国关系、"一带一路"等外交政策的实践价值。这些中国社会发展的生动实践最应当通过讲好中国故事、传播好中国声音被更深入、更全面、更真实地说明和解读。比如，这次新冠肺炎疫情不分种族、没有国界，是全人类共同面对的挑战。而在最先遭遇疫情冲击的情况下，中国政府坚持人民至上、生命至上，迅速打响疫情防控的总体战、阻击战，短时间内迅速遏制疫情蔓延、恢复生产生活；中国人民风雨同舟、守望相助，自觉服从防控需要、主动投入防控斗争，全力构筑起众志成城的坚固防线；中国的医护工作者舍生忘死、逆行出征，毅然决然地奋战在抗疫斗争第一线，守护着人民群众的生命健康；中国制度在突如其来的危机灾害面前，焕发出超强的组织动员能力、统筹协调能力、贯彻执行能力，发挥出集中力量办大事、办难事、办急事的独特优势，有力

体现了国家制度和治理体系的优越性。此外，中国在巩固好自身防控成果的同时还积极为全球抗疫贡献力量，派出医疗团队、提供抗疫物资、援助新冠疫苗、参与国际防治，等等，生动诠释了构建人类命运共同体的大国担当。对此，习近平总书记指出："我们改进和加强对外宣传，运用多种形式在国际舆论场及时发声，讲好中国抗疫故事。"① 在新冠疫情背景下，讲好中国抗击疫情、呵护人民的故事，讲好中国谋世界大同、担天下道义的故事，无疑是为世界读懂新时代的中国作出了最生动的阐释。

第二节 立足意识形态工作关键要害，作出重点领域的新部署

新时代党的意识形态工作是一盘纵横交错、千头万绪的大棋局，下好这盘大棋需要各条战线的群策群力，也需要各个领域的共谋共举，尤其是意识形态的重要阵地和重点领域，更是被赋予了关键使命和重大责任。党的十八大以来，以习近平同志为核心的党中央围绕做好党的新闻舆论工作、网络意识形态管控、哲学社会科学工作、青年思想政治教育和文化文艺工作等提出了一系列新观点新论断，作出了一系列新安排新部署，形成了对新时代意识形态工作重要阵地、重点领域的精心布局与战略部署。

一 加强党的新闻舆论工作，在守正创新中开拓格局

新闻舆论工作是始终处在意识形态领域最前沿的一项重要工作，不仅能够反映民意、凝聚人心，而且可以整合思想、引导舆论，在整个意识形态领域发挥着巨大作用，历来受到我们党以及历届领导的高度重视。习近平总书记也非常关心和重视党的新闻舆论

---

① 习近平：《在统筹推进新冠肺炎疫情防控和经济社会发展工作部署会议上的讲话》，人民出版社2020年版，第8页。

工作，从政治局集体学习到深改组重要指示，从致新华社、《人民日报》贺信到会见记协理事会代表，多次就做好党的新闻舆论工作发表了重要讲话、提出了重要论述。特别是2016年2月19日，习近平总书记专门主持召开了党的新闻舆论工作座谈会，围绕新闻舆论工作的意义作用、基本原则和职能任务等方面提出了一系列新思想、新观点、新论述。这一系列讲话和论断既丰富发展了党的意识形态工作的思想理论，也为新时代做好党的新闻舆论工作指明了发展方向、提供了重要遵循。

（一）新闻舆论工作具有鲜明的意识形态属性，必须从大局全局上高度重视

从社会学的角度看，新闻活动与人类社会的历史相伴相生，从人类社会建立开始，便有相应的新闻活动随之发生。马克思主义新闻观认为，新闻是对客观事实的及时报道和反映。由此，新闻首先应具有真实性，能够尽可能真实准确、客观公正地对被报道的客体作出反应；其次应具有及时性，能够在尽可能短的时间内将信息传播到受众；最后还应具有简明性，能够用简洁明了的内容与形式，尽可能将最主要、最关键的信息表达出来。这是从新闻的规律特点出发，所罗列的新闻舆论工作的一般属性。同时，新闻也是一种特殊的观念产物。马克思主义唯物论认为，观念是人们头脑中对客观存在物的反应，意识、思维、观点、看法等都属于观念类的产物，而新闻的特殊性在于它所产生的观念并不是客观事物直接作用于人脑而产生的，而是一般经由报社、杂志社等特定的机构即新闻机构，将客观事实的信息经过收集、整理后，再发送、传递到人脑中才反映出来的。在这一过程中，新闻机构便成了人们与客观世界之间获取信息、产生观念的一个重要媒介和中转。在新闻报道中，一般的客观事实本身可能并没有价值特征或政治倾向，但某些新闻机构在对事实进行选择、提炼和加工的过程中，有机会将自身的政治观点或价值观念寓于其中，从而形成一种"着色"后的"无形的意见"。受众在获取新闻信息的过程中，自然而然地也就接受了新

闻媒体的观点或意见，从而形成了对受众不易察觉、潜移默化的影响。这便是为什么同一个事件，不同新闻媒体站在不同立场对事实进行取舍、信息进行加工后的报道效果会截然不同。个别无良的西方媒体，长期在新闻报道中歪曲事实、抱有偏见，甚至不惜编造谎言、虚假报道，为的就是制造舆论、操控舆论，诱导外国民众形成错误认识。既然新闻报道和新闻机构能够形成观念影响、产生舆论导向，那么新闻机构也自然成了意识形态的重要部门，新闻舆论工作本身也就具备了强烈的意识形态属性。

新闻舆论工作具有意识形态属性的重要表现就是其政治性和阶级性。对此，毛泽东同志就指出："在阶级消灭之前，不管通讯社或报纸的新闻，都有阶级性。"① 西方新闻观刻意强调新闻的客观性、真实性，极力否认其意识形态属性，就是想掩盖新闻舆论工作的政治性和阶级性。而事实上，西方媒体的每一篇新闻报道却都打满了利益集团的标记和利益斗争的印记。2016年，在特朗普代表共和党参加美国总统大选期间，多数被民主党控制的美国主流媒体，大肆攻击、唱衰特朗普，甚至还通过编造假新闻、假数据、爆"黑料"等手段打压特朗普的势头，特朗普不得不通过社交媒体向选民传播信息，才最终赢得大选。这便是西方媒体赤裸裸地将政治目的和集团利益凌驾于客观事实之上的鲜活案例。而马克思主义的新闻观，则是在强调新闻舆论客观性、真实性的同时，公开承认其所具备政治性与阶级性。早在马克思和恩格斯创办报刊期间，他们就认为报刊的使命是压迫阶级的"揭露者"，是拥护"人民精神"的"喉舌"，"报刊是历史的人民精神的英勇喉舌和它的公开形式"。② 列宁也认为，党的报刊要充当工人阶级的"宣传员"和"鼓动员"。

正是由于新闻舆论工作的意识形态属性以及鲜明的政治性和阶级性，我们党历来都高度重视这项工作，无论革命战争年代还是建

---

① 《毛泽东新闻工作文选》，新华出版社1983年版，第191页。
② 《马克思恩格斯全集》第1卷，人民出版社1995年版，第155页。

设改革时期,都将新闻舆论工作作为打击敌人、鼓舞士气、教育人民的有力武器。党的十八大以来,习近平总书记多次强调了新闻舆论工作的重要性,并特别指出:"党的新闻舆论工作是党的一项重要工作,是治国理政、定国安邦的大事"①"做好党的新闻舆论工作,事关旗帜和道路,事关贯彻落实党的理论和路线方针政策,事关顺利推进党和国家各项事业,事关全党全国各族人民凝聚力和向心力,事关党和国家前途命运。"②这"一项工作""两方面大事"和"五个事关"重要论述充分彰显出新时代党的新闻舆论工作重要地位和关键作用,也突出显示我们党对新闻舆论工作定位的新判断和工作规律的新认知。其中,"一项重要工作"表达了新闻舆论工作具有重要性、关键性等特征,在党的各项工作中处于重要地位。"两方面大事"表达出新闻舆工作作为发展"推进器"、民意"晴雨表"和社会"黏合剂"等,在国家治理、社会稳定、人心向背等方面能够发挥重大作用,堪称经国之大业、贯道之大器。"五个事关",事关旗帜和道路是新闻舆论工作政治性与方向性的集中体现,在此与意识形态工作的地位作用一脉相承;事关贯彻落实党的理论和路线方针政策,表达出新闻舆论工作担当党和人民的耳目喉舌、担当联系人民群众的桥梁纽带的重要职责,有助于打通党和国家大政方针传递的人民群众的"最后一公里",从而促进党的理论和政策最广泛地被人民群众了解、最迅速地在基层一线落地;事关顺利推进党和国家各项事业,表达出新闻舆工作可以报道反映人民群众的奋斗精神和创业热情,可以充分动员广大干部群众智慧力量,投身于实现民族复兴的伟大梦想和建设社会主义现代化强国的伟大事业,为推动党和国家事业发展作出贡献;事关全党全国各族人民凝聚力和向心力,表达出新闻舆论工作具有统一思想、整合观念的重要功能,能够发挥鼓舞人心、凝聚力量的重大作用,在新的

---

① 《习近平谈治国理政》第 2 卷,外文出版社 2017 年版,第 331 页。
② 《习近平关于社会主义文化建设论述摘编》,中央文献出版社 2017 年版,第 37—38 页。

历史条件下能够把全党全国各族人民团结好、凝聚好；事关党和国家前途命运，则是从意识形态安全和舆论斗争的角度看待党的新闻舆论工作，按照守土有责、守土负责、守土尽责的要求，坚守意识形态和思想舆论的阵地，才能确保国家的意识形态安全和政治安全。总之，这些重要论述鲜明表达出新闻舆论工作所具备的一些根本性、全局性、战略性等重要特征，也充分体现出新闻舆论工作在党的整个意识形态工作中的重要地位作用。

（二）新闻舆论工作处在意识形态领域的最前沿，必须始终坚持"党媒姓党"

新闻舆论工作具有鲜明的意识形态属性，同时与其他意识形态工作相比，也表现出了十分明显的不可比拟性和无可替代性。这是因为，一方面新闻舆论具有动态性和时效性。新闻媒体为人们提供信息产品和观念产品把握着"短、平、快"的规律，对国家的大事要事、社会的热点焦点始终保持着高频率、快速度的信息更新和消息递送，在整个社会舆论的范围内，新闻舆论始终处在最跳跃、最敏感的位置，最容易引起人们的关注，也最容易形成舆论的聚点。另一方面新闻舆论还具有很强的辐射力和覆盖度。新闻舆论的性质和特点决定了它对高度传播力的要求。一般来说，新闻舆论都与宽广的传播渠道、先进的传播技术相配合，一则消息一经发布很快就会产生较大的辐射效应和覆盖效果，尽可能在大范围的群体和受众中产生影响、发挥作用。因而，在意识形态的整合和导向方面，新闻舆论能够延展至大规模的群体，产生集群式的价值导向和包围式的观念渗透。上述两个方面，直接决定了新闻舆论工作将始终处于意识形态领域的最活跃的部位和最动态的前沿。特别是当今时代，网络媒体成为新闻舆论的重要媒体阵地之后，闪电式的传播速度、全球性的扩散范围、海量般的信息容量，更是把新闻舆论工作推上了意识形态领域的风口浪尖。

既然新闻舆论工作从来都处于意识形态领域的前沿领域和敏感部位，那么领导好新闻工作、掌握好新闻舆论也就成了加强国家治理的不二选择。中华人民共和国成立后不久,毛泽东同志在与党报负责同志的谈话中就提出:"写文章尤其是社论,一定要从政治上总揽全局,紧密结合政治形势。这就是政治家办报。"① 改革开放后,邓小平同志在分析全党全国的形势任务时,也强调:"党报党刊一定要无条件地宣传党的主张……要合乎党的原则,遵守党的决定。"② 从"政治家办报"到"合乎党的原则",无不充分强调了党对新闻舆论工作的掌握和领导,也形成了党的新闻舆论工作的一条基本原则。十八大以后,面对意识形态领域的深刻变化和新闻舆论工作新的形势任务,习近平总书记首次对党的新闻舆论工作提出了"党媒姓党"的要求,并专门阐述了"党媒姓党"的深刻内涵,"党和政府主办的媒体是党和政府的宣传阵地,必须姓党。党的新闻舆论媒体的所有工作,都要体现党的意志、反映党的主张,维护党中央权威、维护党的团结,做到爱党、护党、为党;都要增强看齐意识,在思想上政治上行动上同党中央保持高度一致;都要坚持党性和人民性相统一,把党的理论和路线方针政策变成人民群众的自觉行动,及时把人民群众创造的经验和面临的实际情况反映出来,丰富人民精神世界,增强人民精神力量"③。

可以看出,作为具有鲜明意识形态属性的新闻舆论工作,"党媒姓党"已经成为其根本性、原则性的政治要求。首先,是坚定的党性原则。就是始终站稳政治立场、坚定政治方向,时时处处按党性原则办事,积极体现党的意志、反映党的主张,坚决维护党中央权威和党的团结,坚决做到爱党、护党、为党,坚决与违背党性原则的言行特别是错误舆论作斗争。其次,是高度的看齐意识。就是坚持以马克思列宁主义和中国化马克思主义理论为指导,经常性、主动性地向党中央看齐、向党的理论和路线方针政策看齐,在

---

① 吴冷西:《忆毛主席——我亲身经历的若干重大历史事件片断》,新华出版社1995年版,第40页。
② 《邓小平论新闻宣传》,新华出版社1998年版,第19页。
③ 《习近平谈治国理政》第2卷,外文出版社2017年版,第332页。

思想上政治上行动上同党中央保持高度一致，积极维护以习近平同志为核心的党中央的领导地位，切实做到爱党、在党言党、在党为党。最后，是深厚的人民情怀。就是坚持以人民为中心，贴近实际、贴近群众、贴近生活，体现人民的热切需求，反映百姓的真情呼声，激发最广大人民群众的创造力量，始终与人民同甘苦、共患难、齐爱憎。最重要的是，正确处理好党性和人民性关系，把党性寓于人民性之中，将人民性融入党性之内，真正做到党性与人民性的高度一致、高度统一。总之，"党媒姓党"的原则要求，突出了核心和关键、抓住了精髓和实质，无疑是新时代党的新闻舆论工作的根本遵循。

（三）新闻舆论工作紧贴时代脉搏，必须着力提高针对性和实效性

新闻舆论工作是一项昭示着纪实性与时代性的工作，触摸时代脉搏、记录时代风云、见证时代变迁。马克思在评价哲学的价值时曾指出："任何真正的哲学都是自己时代的精神上的精华。"[①] 在他看来，只有能洞察时代气象、破解时代课题的哲学，才算是真正的哲学。同样，新闻舆论工作作为意识形态最前沿、反映社会最敏感的工作，也必须紧紧跟随时代的步伐、站在时代的潮头。时代的发展变化是由生产力和生产关系的矛盾运动所推动的，而经济基础对上层建筑的决定作用，决定了人们的思想观念也会随着时代发展而变迁。对于新闻舆论工作来说，传播对象的知识结构、认知模式等发生了变化，新闻传播、舆论向导的思路和理念也就随之改变；社会的组织形态、人类的科学技术等产生了进步，新闻媒体的传播技术和传播渠道也必须随之进步。

当前，中国正处在经济社会快速发展、社会结构深刻变化的重要时期，人们的思想理念、价值观念和行为模式等也在发生着深刻变化。正是因为着眼于新时代的新的特征和变化，习近平总书记对

[①] 《马克思恩格斯全集》第1卷，人民出版社1995年版，第220页。

党的新闻舆论工作提出了一系列新指示和新要求。在职责任务方面，提出了"48个字"的总要求："在新的时代条件下，党的新闻舆论工作的职责和使命是：高举旗帜、引领导向，围绕中心、服务大局，团结人民、鼓舞士气，成风化人、凝心聚力，澄清谬误、明辨是非，联接中外、沟通世界。"① 高举旗帜、引领导向，就是要求新闻舆论工作始终坚持坚定的政治方向和正确的舆论导向，不断巩固马克思主义在意识形态领域的指导地位，把广大党员干部和人民群众共同凝聚在中国特色社会主义的伟大旗帜之下，引导民心意志和社会舆论始终沿着正确的方向前进；围绕中心、服务大局，就是做到胸怀大局、把握大势、着眼大事，宣传好、贯彻好党的路线方针政策，为中国特色社会主义伟大事业做出积极贡献；团结人民、鼓舞士气，就是以正面宣传为主，坚持团结稳定鼓劲，充分激发全社会团结奋进、开拓进取的强大精神力量，不断增强全国各族人民凝聚力和向心力；成风化人、凝心聚力，就是大力弘扬主旋律、传播正能量，把服务人民群众同教育熏陶引导结合起来、把满足精神需求同提高文化素养结合起来，充分发挥新闻舆论教育人、激励人、鼓舞人的积极作用；澄清谬误、明辨是非，就是巩固和壮大主流思想舆论，敢于亮剑发声、勇于舆论斗争，带头批驳错误观点、抵御错误思潮，积极帮助广大干部群众澄清模糊认识、廓清思想迷雾；联接中外、沟通世界，就是大力加强国际传播能力和对外话语体系建设，搭建好展示中国、连接世界的桥梁纽带，讲好中国故事、传播好中国声音、阐释好中国特色，引导国际社会和国外民众更加真实全面客观地看待认识中国、了解中国。可以说，这"48个字"的总要求是用提纲挈领、言简意赅的表达，提炼概括了新时代新闻舆论工作的重要职能和时代责任，既与党的意识形态工作的使命任务一脉相承，又彰显了新闻舆论工作独特的规律与特点。在努力方向方面，习近平总书记对新闻舆论工作提出了"四

---

① 《习近平关于社会主义文化建设论述摘编》，中央文献出版社2017年版，第40页。

个力"的目标要求:"尊重新闻传播规律,创新方法手段,切实提高党的新闻舆论传播力、引导力、影响力、公信力。"[1] 传播力,就是积极更新思维理念、丰富形式内容、创新方法手段,推动各类媒体融合发展,打造信息渠道多元化、传播业态多样化,不断提升新闻舆论的传播广度和传播效果。引导力,就是从党和国家的工作大局出发、从人民群众的关注点出发,科学设置议题,积极正向引导,形成有利于团结稳定、社会和谐的舆论导向。影响力,就是拓展舆论空间,抢占舆论高地,进一步巩固提升主流新闻媒体的知名度和权威性,在全社会乃至国际社会引起广泛关注、产生良好反响。公信力,就是坚持真实性、客观性、准确性的原则,把握"时度效"的要求,增强吸引力和感染力,将党和国家工作大政方针和人民群众意愿诉求有机结合,充分赢得人民群众最广泛的支持和最深厚的信赖。在创新发展方面,习近平总书记则提出了顺应形势发展、推动工作创新的要求,"随着形势发展,党的新闻舆论工作必须创新理念、内容、体裁、形式、方法、手段、业态、体制、机制,增强针对性和实效性"[2],为党的新闻舆论工作在新形势、新条件下能够适应时代特征、构建传播优势提供了科学解答。总之,习近平总书记关于党的新闻舆论工作的新观点新论述,内涵丰富、富有创见,深刻回答了新形势下新闻舆论工作长远发展的一系列重大问题,既是对马克思主义新闻观的继承发展,也是对新时代意识形态工作理论的丰富创新。

二 加强网络意识形态工作,营造风清气正的网络空间

随着技术的发展和时代的进步,互联网在人们社会生活中嵌入得越来越紧张、融入得越来越深,愈发成为意识形态工作的一个重点领域。对此,习近平总书记提出了一个重要论断,"掌控网络意

---

[1] 《习近平谈治国理政》第2卷,外文出版社2017年版,第331页。
[2] 《习近平谈治国理政》第2卷,外文出版社2017年版,第333页。

识形态主导权,就是守护国家的主权和政权"①,并阐述了"网络空间是亿万民众共同的精神家园"②,"培育积极健康、向上向善的网络文化"③,"为广大网民特别是青少年营造一个风清气正的网络空间"④ 等重要观点,从而吹响了新时代网络意识形态工作的奋进号角。

(一) 网络空间已成为意识形态斗争的主战场,必须做到顶得住、打得赢

如果说在互联网产生之前,西方国家要想颠覆一个国家的政权需要投入大量的资源、进行长期的准备、历经复杂的过程,那么在互联网产生之后,通过高效快捷的网络扩散负面言论,通过匿名隐蔽的网络传播反动信息,利用互联网实施意识形态的渗透颠覆活动,对他们来说就显得尤为"轻松"加"方便"了。2010年底,发生在突尼斯的"茉莉花革命",起因正是由于美国网站维基解密,披露了大量描述时任总统本·阿里所谓"独裁"和"暴政"的资料;进而被幕后推手在网络上广泛传播和扩散,推特、脸谱等美国社交媒体纷纷群发、转载,迅速引发成为社会的热点和焦点,激起了突尼斯国内的民怨沸腾、反对声四起。最终,由一名青年的自焚事件点燃而彻底爆发了。"茉莉花革命"的起因,反映了意识形态领域斗争的尖锐性与复杂性,也显示了维护网络意识形态安全的重要性和必要性。

前些年,就有西方的媒体和政要就宣称:"过去百战百胜的中

---

① 《习近平关于社会主义文化建设论述摘编》,中央文献出版社2017年版,第36页。
② 《习近平关于社会主义文化建设论述摘编》,中央文献出版社2017年版,第50页。
③ 《习近平关于青少年和共青团工作论述摘编》,中央文献出版社2017年版,第36页。
④ 《习近平关于社会主义文化建设论述摘编》,中央文献出版社2017年版,第50页。

国,将在未来网络大战中败北"①,"社会主义国家投入西方怀抱,将从互联网开始"②。一直以来,西方反华势力始终没有放弃利用网络"扳倒中国"。他们有的通过网络发布负面报道,以西方制度模式和价值标准解读中国的方针政策,歪曲真相、横加指责;有的抓住民族宗教问题、民主人权问题等,无端攻击、干涉内政;有的通过炮制谣言、编造事实等,直接否认党的领导、颠覆社会主义制度;还有的借助影视、游戏、歌曲等文化产品暗中进行价值观传递和输出,用自由主义、个人主义、金钱主义等,消解民众特别是青年群体的理想信念与价值观念。与此同时,互联网在中国社会的发展进程中,网络环境的虚拟性、网络空间的开放性、网络监管的宽容性等,也在一定程度上助长了各种负面信息、错误思想的滋生蔓延。历史虚无主义、新自由主义、"普世价值"等错误思潮在网上蔓延激荡、攻城略地;负面思想、负面情绪、负面言论等也在网上随意发表、恣意流传;还有一些所谓"意见领袖"和"公知""大V"等故意在网上恶搞、嘲弄党的制度政策以期"博眼球""涨粉丝",等等,都时刻干扰和影响着民众的精神与思想,也对主流意识形态形成了严重冲击。这些都对我国的意识形态安全构成了严重威胁,正如习近平总书记所指出的:"网络意识形态安全风险问题值得高度重视。网络已是当前意识形态斗争的最前沿。"③

21世纪是争夺制网权的时代,没有网络安全就没有国家安全,网络意识形态安全越来越成为国家意识形态安全的重要组成。对此,习近平总书记紧密结合形势发展,作出了网络空间已经成为意识形态斗争主战场的深刻判断,"互联网已经成为舆论斗争的主战场。有同志讲,互联网是我们面临的'最大变量',搞不好会成为

---

① 倪思洁:《未来网络:大国博弈新赛场》,《中国科学报》2014年6月20日第4版。

② 桑林峰:《网络主权彰显国家主权》,《解放军报》2015年5月20日第6版。

③ 《习近平关于社会主义文化建设论述摘编》,中央文献出版社2017年版,第36页。

我们的'心头之患'"。① 面对严峻的斗争形势，习近平总书记向全党发出严肃告诫："过不了互联网这一关，就过不了长期执政这一关"②，"能否顶得住、打得赢，直接关系我国意识形态安全和政权安全。"③ 在国际上，以美国为首的西方国家长期把持着互联网络的技术信息规则和舆论话语霸权，肆无忌惮地对他国进行文化渗透和舆论打压，从西亚北非的"颜色革命"到斯诺登的"棱镜门"，无不显示互联网空间的险象环生。在国内，网络技术的发展使新兴媒体成为主要传播渠道和信息载体，迅速消解了传统媒体的优势，也极大增加了舆论引导和信息管控的难度。网络上有时出现的所谓"意见领袖""大V""公知"故意发表、传播负面信息，抹黑政府、攻击体制等就是显著表现。在时间上，网络空间的舆论斗争早已超出了特定时间、特定节点的时间范畴，可以因时而变、随时而动任意展开舆论攻势，从而形成了一种持续性和随机性的非传统安全威胁。在空间上，网络信息传输的辐射性、宽广度可以迅速突破地域空间的舆论场，舆论传播从传统媒体拓展到网络空间，极易形成全空间、全场域的渗透影响，不仅提升了舆情监管的困难度，也增大了舆论斗争的复杂性。面对这些严峻挑战，网络意识形态工作必须要守好思想舆论阵地、守好意识形态防线，坚决遏制有害信息在互联网上传播扩散，严密防范网上的攻击渗透行为；同时还要积极主动开展网络舆论斗争，科学分析规律特色、正确运用战略战术，打击、战胜网络上的一切错误思想和不轨行为。由此可见，在网络空间这个主战场上党的意识形态工作必须打好主动仗、守好主阵地，唯有顶得住、打得赢，才能有效维护好党和国家的政治安全和政权安全。

---

① 《习近平关于社会主义文化建设论述摘编》，中央文献出版社2017年版，第28页。

② 《习近平关于社会主义文化建设论述摘编》，中央文献出版社2017年版，第42页。

③ 《习近平关于社会主义文化建设论述摘编》，中央文献出版社2017年版，第29页。

（二）网络空间是思想文化的舆论场，需要传播正能量、构筑"同心圆"

意识形态工作归根结底是做人的工作，人在哪里意识形态工作的重点就在哪里。随着互联网在我国的广泛普及和迅速发展，工作、生活的信息化、网络化日益成为社会意识形态演变中的显著特征。越来越多的群众在网上获取信息、在网上交流沟通、在网上办公娱乐，网络生活化、生活网络化，网络镜像越来越成为人们的思想写照和社会的现实写照，网络生态和网络环境也时刻对人们的思维方式、价值观念甚至行为模式等产生着重要影响。正是在这一过程中，社会的思想舆论领域逐渐出现了两个并不完全重叠的舆论空间，一个是传统主流媒体构建的网下舆论空间，包括电视、广播、报刊、书籍等，这些主流媒体是有专门机构、专门人员负责管理的，意识形态的主导权、管理权、话语权基本稳固，思想舆论的引导管控也相对容易。另一个是互联网上的舆论空间，这个空间具有方便快捷、开放互动、虚拟隐蔽等特点，在这样的网络空间中各种思想文化交流碰撞、各类信息资讯汇聚集散、不同意见诉求发声表达，加之网络舆情发酵快、传播广、势头猛，一旦疏于管理很容易就会变得乌烟瘴气、生态恶化。因而，网络空间的意识形态不仅成了最活跃的"动量"，同时也是成了最不确定的"变量"。

近些年，传统舆论空间与网络舆论空间逐步融合趋同，一方面，网络技术、新兴媒体迅猛发展，把大众的眼球、耳朵甚至思想都吸引到了网络空间，人们的社会交往、日常生活越来越模糊了网上和网下的界限，网络舆论场极大地渗入了传统舆论场之中；另一方面，传统主流媒体也加大了与网络新媒体的融合，通过创办网站、开通公众号、搭建新媒体平台等，不断增大主流意识形态在网络舆论空间的参与度和影响度。应该说，传统媒体特别是主流媒体进入网络舆论场，对于网络空间的激浊扬清和生态净化具有很大的促进作用。但需要注意的是，网上舆论环境依然复杂多变，个别极端偏激的情绪表达容易激化网上舆论，一些网络水军追名逐利容易扰乱网络传播秩序,还有一些网站媒体为吸引流量发布违规内容等也极大地增加了网络舆论管控的难度。习近平总书记在全国宣传思想工作会议上曾提出过思想舆论领域"三个地带"的论断,"第一个是红色地带,主要是主流媒体和网上正面力量构成的,这是我们的主阵地,一定要守住,决不能丢了。第二个是黑色地带,主要是网上和社会上一些负面言论构成的,还包括各种敌对势力制造的舆论,这不是主流,但其影响不可低估。第三个是灰色地带,处于红色地带和黑色地带之间"①。在网络空间的舆论场中同样存在着红色、黑色和灰色地带,而且情况更为复杂,在网络空间的虚拟和伪装下,黑色和灰色地带的藏污纳垢往往呈现出纵横交错、真假难辨的状态。

如何能在嘈杂纷乱、动态多变的网络空间中,避免主流舆论被弱化、被稀释?如何能在一些非主流舆论甚至负面舆论酝酿发展、开始蔓延时,保持主流舆论的正确导向?如何能在网络负面舆论和主流意识形态形成激烈对冲时,打好主动仗、守好主阵地?面对这一系列重大现实问题,习近平总书记提出了"正能量"和"同心圆"的观点:"加强网络内容建设,做强网上正面宣传,培育积极健康、向上向善的网络文化,用社会主义核心价值观和人类优秀文明成果滋养人心、滋养社会,做到正能量充沛、主旋律高昂,为广大网民特别是青少年营造一个风清气正的网络空间"②,"凝聚共识工作不容易做,大家要共同努力。为了实现我们的目标,网上网下要形成同心圆。"③ 可以看出,"正能量"强调的是在内容建设方面,让正能量和主旋律方面的内容成为网络空间的主色调,用红色地带浸染灰色地带、压缩黑色地带;"同心圆"着眼于用共同

---

① 《习近平关于社会主义文化建设论述摘编》,中央文献出版社2017年版,第30页。

② 习近平:《在网络安全和信息化工作座谈会上的讲话》,《人民日报》2016年4月26日第2版。

③ 习近平:《在网络安全和信息化工作座谈会上的讲话》,《人民日报》2016年4月26日第2版。

的理念凝聚人心、用共同的目标激发动力、用共同的价值观增进共识,大力激发网上网下为实现民族复兴梦想而奋斗的共同精神力量。在互联网这个舆论大场中,什么时候达到了正能量丰厚充沛、同心圆扩大稳固,什么时候就真正营造出了清朗健康的网络空间。

(三)网络空间是民众共同的精神家园,需要加强建设治理、形成良好氛围

白天工作上班在网上,晚上休闲娱乐在上网,这几乎成了大多数人日常生活的真实写照。中国的网民数量非常庞大,增长量也非常迅速。据《中国互联网络发展状况统计报告》最新的数据显示:截至2021年6月,我国的网民规模已达10.11亿,其中手机网民数量更是达到了10.07亿,占到网民比例的99.6%。当今中国,已有超数十亿用户接入互联网,形成了全球最大规模、最具活力的网络数字社会。

网络空间本质上是虚拟空间,因为上面运行的全部都是数据、代码和符号;但网络空间又深深融入现实社会、嵌入日常生活,人们的诉求情绪可以在网上表达,思想观念可以在网上反映、价值追求也可以在网上循迹。正如习近平总书记所指出的:"网络空间是亿万民众共同的精神家园。"[①] 然而,在之前相当一段时间内,随着网络的规模体量迅速膨胀、结构组成日趋庞杂,在技术条件尚不成熟、监管手段尚不完善的情况下,网络空间的内容和形态都呈现一种"野蛮生长"和"肆意发展"的状态。恐怖、色情、暴力、虚假、谩骂、攻击等不良信息和有害信息在网络上随意传播、到处流散,干扰着人们的视听观瞻、影响着人们的情绪心理。特别是针对青少年群体,互联网的影响越来越大。据《青少年蓝皮书:中国未成年人互联网运用报告(2020)》调查显示,我国未成年人的互联网普及率已达到99.2%,且首次触网年龄呈不断降低的趋势。

[①] 《习近平关于社会主义文化建设论述摘编》,中央文献出版社2017年版,第50页。

花样翻新的网络文化、浪潮汹涌的网络信息、精彩纷呈的网络游戏等，都会对青少年产生巨大诱惑，如果其中混杂着恐怖、色情、暴力等不良信息，就会对青少年及孩子们的身心健康造成严重的污染、损害网络生态空间兼具开放性与动态性，与社会生态和自然生态相比更容易受到污染，缺乏有效治理就容易生态恶化、乌烟瘴气。污浊不堪的网络空间，绝不是美好的精神家园，也不符合人民群众的切身利益，谁都不愿生活在一个充满虚假、欺诈、谩骂的网络空间。现实社会需要和谐有序，网络世界同样需要惠风和畅。对此，习近平总书记指出："互联网不是法外之地"[①]，"依法加强网络空间治理，加强网络内容建设，做强网上正面宣传……为广大网民特别是青少年营造一个风清气正的网络空间。"[②] 这是本着对社会和人民负责的态度，为加强网络空间综合治理提出了明确要求，也为营造良好网络环境指出了工作目标。近几年，国家相继出台了《中华人民共和国网络安全法》《互联网信息搜索服务管理规定》《移动互联网应用程序信息服务管理规定》等一系列制度法规，为网络空间的健康、文明、有序发展构建了日渐完善的法治体系，也提供了坚强的制度保障。

三 加强哲学社会科学工作，彰显中国特色、中国风格、中国气派

哲学社会科学工作是意识形态工作的重要组成部分。在马克思和恩格斯看来，宗教的、道德的、哲学的观念形式都属于意识形态的上层建筑，因而哲学社会科学工作也具有了鲜明的意识形态属性，成了意识形态工作的重点领域。2016年5月17日，习近平总书记专门主持召开了哲学社会科学工作座谈会，提出了加快构建中

[①] 《习近平关于社会主义文化建设论述摘编》，中央文献出版社2017年版，第50页。

[②] 《习近平关于社会主义文化建设论述摘编》，中央文献出版社2017年版，第50页。

国特色哲学社会科学的时代课题,为新时代的哲学社会科学工作描绘了清晰的发展蓝图。

(一)坚持和发展中国特色社会主义,哲学社会科学地位重要、大有可为

哲学社会科学是以客观世界和人类社会历史为主要研究对象的人文科学,是人们认识和把握自然发展规律、社会发展规律和思维发展规律的理论体系,也是人们认识世界和改造世界的重要思想理论工具。在探索人类历史发展基本规律、揭示社会演变进步根本动因的过程中,哲学社会科学逐渐演变成最为抽象、最为严密的理论形态,但同时又是最基本、最总体的认识观念,在整个意识形态领域和思想观念的上层建筑中发挥着较为基础的指导作用。马克思和恩格斯所创立的马克思主义理论,正是运用辩证唯物主义和历史唯物主义的哲学的认识论和方法论,才发现了生产力决定生产关系以及二者的矛盾运动推动社会发展的客观规律,从而实现了在批判旧世界中发现新世界的伟大超越。

在社会历史的发展进程中,哲学社会科学是推动历史变革、引领社会进步的重要理论先导。自从文明诞生以来,人类社会的每一次历史性的变革进步和社会形态的演化变迁就总离不开伟大哲学家、思想家所提出的先进理论和先进思想。比如,思想启蒙运动所提倡的自由平等、天赋人权等思想,为法国大革命奠定了思想基础、提供了理论准备;再比如马克思主义的诞生,使人类社会找到了从资本主义社会向社会主义社会跃升的理论钥匙,使社会主义的革命运动从自发转向自觉……这些都体现了先进思想对社会进步的引领作用。正是这些走在时代前列的新思想、新认知,充当了社会发展与历史变革的理论先导。

在人类发展的历史进程中,哲学社会科学还是推动文明进步的重要力量。人类文明的发展进步离不开文学艺术、科学技术、文化知识等方面的丰富和积累,但最能代表思想精华、最能体现观念进步的则是优秀的哲学思想和社会科学的重要理论。哲学作为文化的

活的"灵魂",对人的自身发展具有方向性和指导性的重要作用,其所包含的伦理学、宗教学、逻辑学、美学等,对于人们正确处理人与自然、社会的关系、规范伦理道德、提升境界修为等,都具有很强的指导和促进作用。马克思曾指出:"人民最精致、最珍贵和看不见的精髓都集中在哲学思想里。"[①] 在马克思看来,哲学社会科学的进步正是推动人类文明进步的思想源泉,也是支撑人类文明发展的重要支柱。

进入中国特色社会主义新时代,更加需要哲学社会科学在国家建设和社会发展中发挥作用。如何更好地坚持和发展中国特色社会主义？如何回答好时代之问、实践之问？习近平总书记对哲学社会科学提出了"五个面对""五个迫切"的重大课题,即"面对社会思想的新形势,价值多元、观念碰撞,实现意识形态的'两个巩固',迫切需要哲学社会科学更好发挥作用；面对经济发展新常态和国际环境新局势,更新发展理念、转变发展方式,迫切需要哲学社会科学更好发挥作用；面对改革进入攻坚期、深水区,矛盾问题呈现、风险挑战增多,提高改革决策水平和国家治理水平,迫切需要哲学社会科学更好发挥作用；面对思想文化的交融交锋,建设文化强国、提升文化软实力,迫切需要哲学社会科学更好发挥作用；面对从严治党的新阶段,有效应对风险考验,提升领导水平和执政水平,迫切需要哲学社会科学更好发挥作用"[②]。可以看出,新时代的形势任务对哲学社会科学的创新发展提出了新的现实要求,一系列重大的理论问题和时代课题需要哲学社会科学提供思想支持,一系列现实的矛盾困难和风险挑战需要哲学社会科学提供破解方法,经济社会发展、治党治国治军、改革发展稳定等一系列实践创新也都需要思想理论的发展创新。总之,中国特色社会主义进入新时代,踏上建设社会主义现代化强国的新征程,聚焦中华民族伟大

[①] 《马克思恩格斯全集》第1卷,人民出版社1956年版,第120页。
[②] 《习近平关于社会主义文化建设论述摘编》,中央文献出版社2017年版,第71—72页。

复兴的新目标，哲学社会科学必须担当作为，也应该大有可为。

（二）始终坚持马克思主义的指导，是中国特色哲学社会科学的根本标志

哲学社会科学是研究人类思想活动和社会活动的科学，是归属于意识形态上层建筑的观念形态，也是最具思想性、学理性的理论体系。特定的哲学社会科学是由特定的社会经济基础所决定的，也是特定社会政治经济的集中体现，具有鲜明的政治属性和阶级属性，必然要为该社会的政治和经济提供服务。自从原始社会末期以来，历经奴隶社会、封建社会和资本主义社会至今，人类社会仍处于阶级社会。尽管在我国范围内剥削阶级已经被消灭，但世界范围内两条道路、两种制度、两大阶级的对立斗争却依然存在，这就决定了社会主义与资本主义的哲学社会科学是具有截然不同的政治倾向和意识形态倾向的。社会主义中国的哲学社会科学，是具有社会主义方向和性质的理论学术，也是从属于、服务于社会主义主流意识形态的观念体系，那么就一定具有区别于资本主义的差异与特性。

中国特色哲学社会科学，特就特在坚持以马克思主义为指导。马克思主义是迄今为止人类文明所孕育出的最先进的思想理论，具有无与伦比的科学性与真理性，既是观察社会、改造自然最理想的认识工具，也是哲学社会科学学术研究最锐利的思想武器；马克思主义也作为兼具发展性与开放性的理论体系，源自于实践而又应用于实践，随着社会实践的发展而不断丰富和完善，具有旺盛的理论活力和强大的生命力，能为社会进步、人类发展提供最正确的思想引领，也能为哲学社会科学学术研究提供最科学的理论指南。十月革命一声炮响，给中国送来了马列主义。马克思主义冲破了近代以来救国救民曲折探索的重重迷雾，毫无疑问地成了中华民族的历史必然选择；也在中华人民共和国成立以来发展建设、改革图强的进程中，不断与中国国情实际紧密结合，在推进社会主义现代化进程中，发展理论创新推动实践创新，是中国人民实现复兴梦想的必然

要求。马克思列宁主义成了中国共产党和社会主义中国的精神旗帜,也毫无疑问地成了中国哲学社会科学的指导思想,并贯穿于、体现于其学术发展的方方面面。中国的哲学社会科学,从本质上说是属于无产阶级和广大人民群众的理论学术,从使命上说是为人民民主专政和社会主义建设而服务的理论学术,从发展上说是在中国特色社会主义实践中不断创新进步的理论学术。因而,坚持以马克思主义为指导,就是中国哲学社会科学最根本的原则和最核心的方针。

关于如何牢牢坚持马克思主义在哲学社会科学的指导地位,习近平总书记从三个方面给出了解答,"首先要解决真懂真信的问题"[①],"核心要解决好为什么人的问题"[②],"最终要落实到怎么用上来"[③]。解决真懂真信的问题,就是将马克思主义寓于学术之中、融入学理之中,转化为清醒的理论自觉和坚定的政治信念,将坚定正确的政治方向和学术导向贯穿于一切学术活动之中;解决为什么人的问题,就是始终坚持以人民为中心,为人民搞科研、为人民做学问,将为人民服务作为哲学社会科学的使命所在和价值体现;落实到怎么用上来,就是深入掌握马克思主义基本原理,灵活运用贯穿其中的立场、观点和方法,积极弘扬理论联系实际的作风和学风,树立强烈的问题意识和问题导向,以党和人民关注的重大理论问题和现实问题为主攻方向,大力推进马克思主义中国化时代化大众化,持续发展 21 世纪马克思主义和当代中国马克思主义。

(三)把握规律特点、突出体系建设,加快构建中国特色哲学社会科学

马克思曾指出:"哲学不仅从内部即就其内容来说,而且从外

[①] 《习近平关于社会主义文化建设论述摘编》,中央文献出版社 2017 年版,第 77 页。

[②] 《习近平关于社会主义文化建设论述摘编》,中央文献出版社 2017 年版,第 77 页。

[③] 《习近平关于社会主义文化建设论述摘编》,中央文献出版社 2017 年版,第 78 页。

部即就其表现来说,都要和自己时代的现实世界接触并相互作用。"① 历史和实践也已充分证明,社会历史的发展与哲学社会科学的进步总是同频共振的,每一次社会历史的大变革时代,都是哲学社会科学的大发展、大繁荣时代。如今,中国特色社会主义进入新时代,国家的建设发展进入了新的历史方位,社会主要矛盾出现了新转化,中国特色社会主义实践发生了新变化,当今中国正在经历着广泛而深刻的社会变革。这既为哲学社会科学推进理论创造、开展学术研究提供了难得契机,也为繁荣发展哲学社会科学提供了广阔舞台。由此,习近平总书记适时提出了加快构建中国特色哲学社会科学的时代课题,"要按照立足中国、借鉴国外,挖掘历史、把握当代,关怀人类、面向未来的思路,着力构建中国特色哲学社会科学,在指导思想、学科体系、学术体系、话语体系等方面充分体现中国特色、中国风格、中国气派"②。

总要求是构建中国特色、中国风格、中国气派的哲学社会科学。首先,是坚持用马克思主义观察时代、解读时代,坚持用习近平新时代中国特色社会主义思想指导哲学社会科学研究,不断推动为人民立言、为时代立传的高水平学术研究成果;其次,是立足中国实践、把握时代脉搏,从当代中国的伟大社会发展和历史变革中发现新问题、提出新观点,主动研究、回答新时代的重大理论和现实问题,构建有学理性的新观点、新理论;最后,是积极用中国理论解读中国发展、阐释中国实践,促进中国话语、中国表达的大众化和国际化,形成具有中国立场、中国智慧、中国价值的理念、主张和方案。

总思路是加强学科体系建设、学术体系建设和话语体系建设。首先,是充分发挥马克思主义基础学科的支撑引领作用,巩固具有重要理论价值的基础学科,发展具有重大现实意义的新兴学科,形成基础学科扎实稳固、新兴学科创新发展、重点学科优势突出的学

---

① 《马克思恩格斯全集》第 1 卷,人民出版社 1956 年版,第 121 页。
② 《习近平关于社会主义文化建设论述摘编》,中央文献出版社 2017 年版,第 81 页。

科布局，构建具有中国特色和普遍意义的学科体系；其次，是以马克思主义指导学术研究和学术创新，融通马克思主义理论、优秀传统文化和世界哲学社会科学资源，着眼新时代的新实践考察新情况、研究新问题、提出新观点、阐发新理论，形成具有中国特质的学术理论和学术体系；最后，是坚定继承马克思主义已被历史和实践检验的原质性话语，紧密结合当代中国实际创造发展马克思主义中国化、时代性话语，立足中国实践、中国道路和中国经验，提炼概括具有国际影响力的新概念、新范畴和新表述，不断丰富和发展中国特色哲学社会科学话语体系。

总特点是继承性与民族性、原创性和时代性、系统性及专业性。坚持继承性与民族性，就是坚持不忘本来、吸收外来、面向未来的原则，挖掘提取中华优秀传统文化的精神养料，吸收借鉴世界文明思想理论的先进成分，着眼新时代新方位的时代特点，构建更加符合当代中国实际、符合当今世界形势的哲学社会科学。坚持原创性与时代性，就是树立解放思想、实事求是、与时俱进、开拓创新的理念，坚持将马克思主义基本原理与中国具体实际相结合，推进主体性、原创性学术研究，形成自身的特色与优势，坚持将中国经济社会发展趋势与国际社会发展大势相结合，立足中国、放眼世界回答新时代的新课题、解决新实践中的新问题，推动当代中国马克思主义的时代化发展。坚持系统性与专业性，就是按照强化顶层设计、统筹协调推进的方式，积极构建能够涵盖传统、新兴、交叉、冷门等诸多学科门类的研究系统，形成全方位、全领域、全要素的哲学社会科学体系，立足中国实际、瞄准世界前沿，围绕中国学派和中国理论精心打造研究高地和学术优势，不断提高学术研究的专业能力和领先水平。

四　加强青年思想政治教育工作，培养新时代社会主义建设者和接班人

青年人是祖国的未来、民族的希望，也是民族复兴伟业和社会

主义现代化事业的坚强后备军。从意识形态工作的角度看，青年人也是思想最为活跃的群体和意识形态教育引导最需要关注的群体。因此，习近平总书记始终高度重视青年人的思想政治教育工作，2018年在同团中央领导班子集体谈话时特别指出："正确的理想、坚定的信念必须从青年抓起……一个人在青年时代确立的正确的理想、坚定的信念对自己成长和人生奋斗具有重要意义。"[1] 2019年，在学校思想政治理论课教师座谈会上又特别强调："在大中小学循序渐进、螺旋上升地开设思想政治理论课非常必要，是培养一代又一代社会主义建设者和接班人的重要保障。"[2] 从习近平总书记的重要论述可以看出，要把青年人培养成为新时代中国特色社会主义的合格建设者和可靠接班人，首先就要抓好青年人的思想政治教育工作。

（一）加强理想信念教育，为青年人校准人生航标

理想是指引人生方向的航标，信念是保持奋进力量的支柱。作为国家和民族的未来，青年兴则国家兴、青年强则国家强。"青少年阶段是人生的'拔节孕穗期'，最需要精心引导和栽培。"[3] 因此，只有帮助和引导青年人树立远大的理想与坚定的信念，他们才能把握好人生的"总开关"，从而认清前进方向、应对时代挑战，为实现国家富强、民族复兴提供源源不断的强大力量。

然而长期以来，思想文化的相互激荡、价值观念的多元多样、社会环境的喧嚣浮躁等都对青年人培养和树立坚定正确的理想信念形成了冲击、产生了影响；加之青年人精力旺盛、思想活跃，自我取向和逆反心理明显，也给思想政治教育带来了较大的困难与挑战。正如习近平总书记所指出的："广大青年一定要坚定理想信

---

[1] 《习近平关于青少年和共青团工作论述摘编》，中央文献出版社2017年版，第63页。

[2] 习近平：《用新时代中国特色社会主义思想铸魂育人　贯彻党的教育方针落实立德树人根本任务》，《人民日报》2019年3月19日第1版。

[3] 习近平：《用新时代中国特色社会主义思想铸魂育人　贯彻党的教育方针落实立德树人根本任务》，《人民日报》2019年3月19日第1版。

念。'功崇惟志，业广惟勤。'理想指引人生方向，信念决定事业成败。没有理想信念，就会导致精神上'缺钙'。"① 青年人的精神状态和奋斗姿态很大程度上决定着整个国家与民族未来兴衰，因而培养坚定的理想信念必须成为青年思想政治教育的核心与灵魂。

习近平总书记积极号召广大青年人树立远大的理想和坚定的信念，在心中牢牢扎根并为之奋斗终生。对于如何确立理想信念，习近平总书记提出了"三个建立在"的科学论断："建立在对科学理论的理性认同上，建立在对历史规律的正确认识上，建立在对基本国情的准确把握上。"② 建立在对科学理论的理性认同上，就是坚定马克思主义的信仰，用科学理论武装头脑，学习马克思主义基本原理，掌握马克思主义立场、观点、方法，增强对中国特色社会主义理论的学习、理解和认同，牢固确立信仰信念的思想基础；建立在对历史规律的正确认识上，就是坚定"四个自信"，准确把握人类社会历史发展的客观规律，充分认清党的领导、社会主义道路的选择、社会制度的确立的历史必然性，充分认清科学理论、先进历史文化发展的优越性与进步性，不断增强为中国特色社会主义事业而奋斗的信心与信念；建立在对基本国情的准确把握上，就是坚定中国梦的奋斗目标，充分认清党和国家所处的历史方位和青年一代应当肩负的时代使命，深刻把握青年一代在国家发展、社会进步所能作用的发挥和体现的价值，积极确立追求实现中国梦和青年梦的契合统一与美好愿景，将青年人的远大理想和国家民族的伟大梦想紧密联系在一起，在追梦圆梦中坚定理想信念。

（二）加强社会主义核心价值观教育，为青年人扣好"第一粒扣子"

青年时期，正是人生成长的重要期和关键期，也是一个人树立正确的世界观、价值观和人生观的形成期与塑造期。世界观、价值

---

① 《习近平谈治国理政》，外文出版社2014年版，第50页。
② 《习近平关于青少年和共青团工作论述摘编》，中央文献出版社2017年版，第21页。

观和人生观作为人们思想观念和行为模式的总的指导准则,可以渗透到日常生活的点滴角落,也反映在人们的言行举止和生活方式之中。一般而言,"三观"正则品行正,"三观"不正则品行不端;而"三观"之中的价值观,作为承上启下的思维观念,既能映射人们认识理解世界的思想活动,又能引导人们社会活动的行为动机,具有十分显著的社会性与导向性。特别是核心价值观,在整个价值体系中居于统摄地位、发挥主导作用,直接规约和影响着人们的价值取向、价值判断和价值追求等,是整个价值观系统中最本质、最重要、最内核的部分,更是青年人价值观念培养塑造和思想政治教育的关键与重点。

然而,价值观的养成绝非一日之功,也无法一蹴而就,需要经过一个由浅入深、由近及远的过程,才能把价值系统相应的准则、要求转化为人们自觉奉行的信念理念和日常生活的行为习惯。关于青年的价值观培养,习近平总书记认为,"青年的价值取向决定了未来整个社会的价值取向,而青年又处在价值观形成和确立的时期,抓好这一时期的价值观养成十分重要"[1],认为青年人的价值观培育"就像穿衣服扣扣子一样,如果第一粒扣子扣错了,其余的扣子都会扣错。人生的扣子从一开始就要扣好"[2]。基于这一认识,习近平总书记号召广大青年人从当下做起、从自身做起,积极培育和践行社会主义核心价值观,向广大青年人提出了"勤学、修德、明辨、笃实"的努力方向。勤学,就是通过勤于学习、敏于求知,不断增长知识学问,为树立核心价值观奠定知识基础;修德,就是通过加强道德修养和道德实践,明大德、守公德、严私德,在树立核心价值观中提升道德修养;明辨,就是通过明辨是非曲直、区分善恶美丑,在纷繁复杂的事物中作出正确判断和正确选

---

[1] 习近平:《青年要自觉践行社会主义核心价值观——在北京大学师生座谈会上的讲话》,人民出版社2014年版,第9页。
[2] 《习近平关于青少年和共青团工作论述摘编》,中央文献出版社2017年版,第25页。

择，增强树立核心价值观的思想定力；笃实，就是通过踏实做人、扎实做事，在求真务实、知行合一中将社会主义核心价值观外化于行。

同时，习近平总书记还注重通过加强思想道德建设来涵养青年人的核心价值观，提出了从道德认知，到道德养成，再到道德实践的道德培养体系。道德认知，就是建立正确的道德认知，教育青年人坚持马克思主义道德观和社会主义道德观，自觉树立追求高尚的道德理想；道德养成，就是培养自觉的道德养成，激发青年人不断追求美好崇高的道德境界，努力养成自觉、自愿的道德责任和道德情感；道德实践，就是推行积极的道德实践，引导青年人按照道德规范和标准为人、做事，在行为实践中构建讲道德、尊道德、守道德的社会生活。此外，习近平总书记还要求高校将培育社会主义核心价值观贯穿教学工作的全过程，与师生的教育和学习紧密结合起来，用核心价值观引领知识教育和师德建设，培养教育广大师生成为社会主义核心价值观的坚定信仰者、积极传播者和模范践行者。由此可见，习近平总书记始终将社会主义核心价值观培育视为青年思想政治教育的重中之重，希望广大青年通过培育和践行能够把社会主义核心价值观内化于心、外化于行，在身体力行、坚守践行的过程中为祖国和人民建功立业，也为人生描绘精彩篇章。

（三）加强党史国史教育，引导青年人知史爱党、知史爱国

一个人如果失去记忆就会迷失自我，就会丢掉责任、忘记使命；一个国家和民族如果丧失历史，同样会斩断精神血脉、抹掉共同记忆，从而失去现实和未来的依托。青年人象征着明日和未来，但青年人面对现实世界的纷乱复杂、面对时代大潮的激荡涌流，倘若缺乏培养和塑造正确的历史观与历史意识，就容易形成模糊的甚至错误的历史认知。对此，习近平总书记明确指出，思想政治教育要有历史视野，其中"有5000多年世界社会主义史，要有中国人民近代以来170多年斗争史，要有中国共产党近100年的奋斗史，要有中华人民共和国70年的发展史，要有改革开放40多年的实践

史，要有新时代中国特色社会主义取得的历史性成就、发生的历史性变革，通过生动、深入、具体的纵横比较，把一些道理讲明白、讲清楚"①。

历史是一面镜子，学习历史可以鉴得失、知兴替，从而更好地看清世界、感悟社会、认识自己；历史也是一位智者，学习历史可以通古今、养智慧，从而更好地认识过去、把握当下、面向未来。对于青年人来说，只有了解过去才能更好地开创未来，只有认真学习历史才能做到分辨是非、认清善恶，只有树立正确的历史观和历史意识，才能更好地把握民族的命运。历经数千年的中华文明史，能够教育广大青年人温故而知新、慎思而明辨，能够引导青年人了解历史的治乱兴替、感悟人生的得失成败，从而帮助青年人了解中国悠久历史与优秀传统文化的血脉联系，感知优秀传统文化的源远流长和博大精深，用中华优秀传统文化滋润心灵、涵养精神，增强文化自觉、激发民族自信。风云激荡的社会主义发展史，能够让广大青年人了解马克思主义的诞生与发展，了解世界社会主义运动的高涨与低落，了解社会主义和资本主义两条道路、两种制度对抗斗争的缘由与本质，了解人类社会历史发展的客观规律和未来走向，从而牢固树立马克思主义唯物史观，有效抵制历史虚无主义的错误思潮。走过光辉历程的百年党史，能够告诉广大青年人近代中国的屈辱悲惨、中华民族的水深火热和中国人民的救亡图存的曲折探索，告诉青年人历史和时代对中国共产党的选择，中国共产党如何带领人民奋起抵抗、不屈不挠、争取独立、获得解放，让青年人深刻感受革命历史的艰难困苦、革命传统的光荣闪耀和革命精神的浩然长存，将优良传统、红色基因注入青年人血脉代代相传。励精图治的新中国史，能够帮助广大青年人充分了解党和人民在一穷二白、百废待兴基础上为恢复国民经济、开展社会建设所作出的积极探索和不懈努力，充分了解党和人民描绘过渡时期的路线蓝图，推

---

① 习近平：《思政课是落实立德树人根本任务的关键课程》，人民出版社 2020 年版，第 15 页。

进社会主义改造，建立社会主义制度，奠定国家工业体系和国民经济体系的巨大成就，从而增强爱党、爱国、爱社会主义的自觉与自信。波澜壮阔的改革开放史，能够让广大青年人认识中国特色社会主义道路的探索与形成，明晰中国特色社会主义制度的建立和完善，了解中国特色社会主义理论体系的创立和丰富，感知社会主义先进文化的繁荣与发展，在把握历史轨迹和沧桑巨变中增强"四个自信"，在展望未来、面对新时代和新征程时激发奋进力量。总之，在青年人的思想政治教育中，加强以党史国史为重点的历史教育，可以进一步增强广大青年人对中国共产党的信赖、对中国特色社会主义事业的信念。

2020年6月27日，在给复旦大学《共产党宣言》展示馆党员志愿服务队全体队员回信中，习近平总书记对青年人学习"四史"提出了殷切期望，"希望广大党员特别是青年党员认真学习马克思主义理论，结合学习党史、新中国史、改革开放史、社会主义发展史，在学思践悟中坚定理想信念，在奋发有为中践行初心使命"①。2021年5月，结合庆祝中国共产党成立100周年的党史学习教育活动，中共中央办公厅又引发了《关于在全社会开展党史、新中国史、改革开放史、社会主义发展史宣传教育的通知》，明确指出通过"四史"学习引导广大人民群众特别是青少年弄清楚中国共产党为什么能、马克思主义为什么行、中国特色社会主义为什么好等基本道理，加深对党的历史的理解和把握，加深对党的理论的理解和认识；特别强调突出青少年群体，把握青少年群体的特点和习惯，组织好青少年学习教育，厚植爱党爱国爱社会主义的情感，让红色基因、革命薪火代代传承。可以看出，以党史国史为重点历史教育正是青年人思想政治教育最好的教科书和营养剂。

---

① 习近平：《思践悟中坚定理想信念，在奋发有为中践行初心使命》，《人民日报》2020年7月1日第1版。

五　加强党和人民的文艺工作，筑就新时代的文艺高峰

文艺是时代前进的号角，也是民族精神的火炬。十八大以来，习近平总书记非常重视文艺工作，在 2014 年 10 月 15 日的文艺工作座谈会上，他明确指出："文艺事业是党和人民的重要事业，文艺战线是党和人民的重要战线。"① 在 2019 年的全国政协会议上，习近平总书记又亲切看望了文艺界、社科界委员，并特别强调："一个国家、一个民族不能没有灵魂。文化文艺工作、哲学社会科学工作就属于培根铸魂的工作，在党和国家全局工作中居于十分重要的地位，在新时代坚持和发展中国特色社会主义中具有十分重要的作用。"② 此外，还提出了文艺工作服务人民大众、弘扬中国精神、创作精品力作等一系列新观点新论断，为新时代文艺工作的繁荣发展指明了方向，也为广大文艺工作者的奋发努力提供了遵循。

（一）人民的文艺，本质在于服务人民群众

人民群众是人类历史的创造者，是社会活动的实践者，也是一切物质财富和精神财富的生产者，这是马克思主义唯物史观的基本观点。社会主义文艺作为源于社会生活而高于社会生活的精神文化产品，同样印刻了鲜明的人民属性。

1841 年，刚刚获得博士学位的马克思，在看到普鲁士书报检查制度的专制性时，就提出了报刊出版物应当代表人民的观点，他指出"人民历来就是什么样的作者'够资格'和什么样的作者'不够资格'的唯一判断者"③。马克思在这里明确指出了人民是精神文化产品的唯一价值评判者的重要观点。列宁在论述文学艺术问题时，更是在无产阶级的社会主义实践中直接表达了艺术属于人民

---

① 习近平：《在文艺工作座谈会上的讲话》，《人民日报》2015 年 10 月 15 日第 2 版。
② 习近平：《坚定文化自信把握时代脉搏聆听时代声音　坚持以精品奉献人民用明德引领风尚》，《人民日报》2019 年 3 月 5 日第 1 版。
③ 《马克思恩格斯全集》第 1 卷，人民出版社 1995 年版，第 195—196 页。

的观点,并要求无产阶级的艺术"必须深深地扎根于广大劳动群众中间……必须从群众的感情、思想和愿望方面把他们团结起来并使他们得到提高"[①]。毛泽东同志在延安文艺座谈会上,首先就强调了立场的问题,明确革命的文艺工作始终"站在无产阶级的和人民大众的立场"[②],要为工人、农民、人民武装队伍以及城市小资产阶级劳动群众和知识分子"这四种人"服务。邓小平同志,在1979年第四次文代会上的祝词中,同样强调了文艺的人民属性,指出了文艺工作者与人民的关系,"人民需要艺术,艺术更需要人民"[③],"人民是文艺工作者的母亲。一切进步文艺工作者的艺术生命,就在于他们同人民之间的血肉联系"[④],并在此基础上形成了党的文艺工作"为人民服务,为社会主义服务"的"二为"方针。可见,人民创造文艺、文艺服务人民,这既是马克思主义文艺理论的鲜明观点,也是我们党领导文艺工作的根本立场。

对于新时代的文艺工作,习近平总书记首要关注的就是方向与立场问题。在多次重要讲话中,习近平总书记反复强调并深刻论述了这一问题:明确了社会主义文艺的人民属性问题,"社会主义文艺,从本质上讲,就是人民的文艺"[⑤]"社会主义文艺是人民的文艺,必须坚持以人民为中心的创作导向"[⑥],为社会主义文艺浓墨重彩地印刻了"人民"二字,牢牢锁定了新时代文艺工作核心与灵魂;强调了文艺工作必须扎根人民的问题,"人民需要艺术,艺

[①] 《列宁论文学与艺术》,人民文学出版社1983年版,第435页。
[②] 《毛泽东选集》第3卷,人民出版社1991年版,第848页。
[③] 《邓小平文选》第2卷,人民出版社1994年版,第211页。
[④] 《邓小平文选》第2卷,人民出版社1994年版,第211页。
[⑤] 习近平:《在文艺工作座谈会上的讲话》,《人民日报》2015年10月15日第2版。
[⑥] 习近平:《决胜全面建成小康社会夺取新时代中国特色社会主义伟大胜利——在中国共产党第十九次全国代表大会上的报告》,人民出版社2017年版,第43页。

术更需要人民"①"人民是文艺创作的源头活水"②"只有永远同人民在一起,艺术之树才能常青"③,从人民群众的现实生活和精神需要出发看待文艺,为文艺工作特别是文艺创作提出了一条根本方法;指出了文艺工作服务人民的问题,"把人民作为文艺审美的鉴赏家和评判者,把为人民服务作为文艺工作者的天职"④"坚持服务人民,用积极的文艺歌颂人民"⑤,突显了以人民为中心、人民至上的真挚情怀,坚持把人民摆在文艺工作的最高位置。可以看出,这一系列重要论述突出强调了文艺工作的人民立场,鲜明指出了文艺创作的人民导向,也系统阐释了文艺服务人民的宗旨使命,既是对新时代的文化文艺工作提出的根本性原则与指针,也是对马克思主义文艺理论和党的文艺理论的继承与发展。

(二)社会的文艺,核心就是弘扬中国精神

文艺源自于社会生活,也反映着社会现实。作为承载和表达社会思想和社会精神的重要载体,文艺作品以及各类精神产品都发源于人民群众从事物质生产和社会生活的实践活动,同时也反映着、表达着该历史时代、社会层面以及阶级群体的思想观念和价值理念,并以浸润心灵、教化群众的方式发挥着社会意识形态的重要作用。从一定程度上说,文艺最为重要的社会价值和社会效益就是以文载道、以文化人,追求真善美、弘扬正气,习近平总书记对此有着深刻认识:"文艺是铸造灵魂的工程,承担着以文化人、以文育人的职责,应该用独到的思想启迪、润物无声的艺术熏陶启迪人的

---

① 习近平:《在中国文联十大、中国作协九大开幕式上的讲话》,《人民日报》2016年12月1日第1版。

② 习近平:《在文艺工作座谈会上的讲话》,《人民日报》2015年10月15日第2版。

③ 习近平:《在中国文联十大、中国作协九大开幕式上的讲话》,《人民日报》2016年12月1日第1版。

④ 习近平:《在文艺工作座谈会上的讲话》,《人民日报》2015年10月15日第2版。

⑤ 习近平:《在中国文联十大、中国作协九大开幕式上的讲话》,《人民日报》2016年12月1日第1版。

心灵，传递向善向上的价值观。"①

事实上，每一个时期的文艺作品都书写和展现着那个时代的群众生活与社会风貌，同时也积极倡导和发扬着崇高的社会风尚与精神品质。在革命战争时期，有《黄河大合唱》《红军长征记》等反映"延安精神""长征精神"的优秀文艺作品，深切鼓舞着广大党员干部及人民群众的革命精神与昂扬斗志；在社会主义建设时期，有《霓虹灯下的哨兵》《雷锋的故事》等反映"艰苦奋斗精神""雷锋精神"的优秀文艺作品，在全社会倡导艰苦创业、无私奉献的优良精神品质；在改革开放初期，有《在希望的田野上》《平凡的世界》等反映"小岗精神"和改革精神的优秀文艺作品，充分体现出求真务实、敢闯敢试、开放包容的社会风貌；到了21世纪前后，也有《生命之舟》《福娃的故事》等反映"抗洪精神""奥运精神"的优秀文艺作品，有力展现了中国人民众志成城、团结协作、创新超越的社会主义优越性。可以看出，不同历史时期的不同优秀作品都是既来自于对时代的感知、对现实的洞察，也反映出对价值的追问和对人性的关照等，描绘着不同时代背景、不同社会条件下人们的精神风貌和社会的发展变化，善于从人民群众最真实的社会生活出发发现崇高、讴歌伟大，积极用理性之光、正义之光、善良之光照亮心灵、鼓舞精神，忠实发挥着文艺的教化、涵养功能。

相比于其他形式的意识形态工作，文艺具有形象具体、感性动情、潜移默化等特点，更能够提供精神上的满足和审美上的快适，因而与人们的情感和心理贴得最紧密，也更容易直抵人心、叩击灵魂。改革开放以来，在多样思想对冲碰撞、多种观念相互渗透、多元文化交融交锋的过程中，社会思想和社会意识领域也出现了一些突出问题，比如精神迷茫、信仰缺失、价值错位、道德失范，等等，不仅为社会主义精神文明建设提出了日益严峻的挑战，也对社

---

① 习近平：《在中国文联十大、中国作协九大开幕式上的讲话》，《人民日报》2016年12月1日第1版。

会主义文艺发挥教化社会、涵养人心的意识形态功能提出了十分迫切的需要。进入新时代，内强素质的要求没有减弱，外树形象的任务又接踵而来。对此，习近平总书记由对文艺工作提出了"弘扬中国精神"的新课题，将"中国精神"称为社会主义文艺的灵魂，并要求文艺工作和文艺作品要"书写和记录人民的伟大实践、时代的进步要求，彰显信仰之美、崇高之美，弘扬中国精神、凝聚中国力量，鼓舞全国各族人民朝气蓬勃迈向未来"①。一方面，将社会主义核心价值观作为当代文艺创作的精神内核，突出爱国主义的创作主旋律，把握真善美的价值传递和价值导向，继承弘扬中华传统文化的基因和血脉，培养、塑造人民群众见贤思齐、崇德向善的良好风貌；另一方面，面向国际交流交往、跟随世界进步潮流，充分挖掘中华文化精髓、真实反映中国发展现状、积极传播当代中国价值观念，用文学艺术的手法讲述中国故事、描绘中国形象，真正展示好中华民族的精神特质和当代中国人民特有的精神追求。

（三）时代的文艺，价值当在创造精品力作

文艺凝聚着时代的精华，也是最能展示时代风貌的窗口。"一个时代有一个时代的文艺，一个时代有一个时代的精神。任何一个时代的经典文艺作品，都是那个时代社会生活和精神的写照，都具有那个时代的烙印和特征。"② 优秀的文艺作品可以成为时代与社会的缩影，也能以文学或艺术的形式追随时代的发展、记录时代的变迁、反映时代的景象。人们通过一些优秀的文艺作品，也可以从某一角度、某一侧面认识现实世界、感受时代脉搏。

中华人民共和国成立以来，从"双百（百花齐放、百家争鸣）"方针到"二为（为人民服务、为社会主义服务）"方向，从精神文明到先进文化，党和人民文艺工作迎来了一波又一波的繁荣

---

① 习近平：《在文艺工作座谈会上的讲话》，《人民日报》2015年10月15日第2版。

② 习近平：《在中国文联十大、中国作协九大开幕式上的讲话》，《人民日报》2016年12月1日第1版。

发展，涌现出一大批优秀的文艺作品。比如电影《英雄儿女》，话剧《霓虹灯下的哨兵》、小说《平凡的世界》、歌曲《春天的故事》等具有代表性的文艺作品，深受广大人民群众的追捧与喜爱，不仅深刻反映着时代的变迁和社会的发展，也真实代表着那一时期文艺创作的经典与水准。然而，必须面对的是，由于市场因素、多元文化等干扰，也出现了一些糟劣的文艺残次品：有的思想空洞、价值虚无，有的浮躁市侩、低级媚俗，有的杜撰演绎、歪曲历史，有的粗制滥造、敷衍应付，有的猎奇求异、嘲弄恶搞，有的抄袭模仿、跟风雷同……凡此种种都对文艺创作造成了影响和损害。

　　是否有优秀的文艺作品，始终是衡量一个时期、一个时代文艺成就的重要标尺。因此，习近平总书记为新时代的文艺工作和文艺工作者们提出了，"书写伟大时代、推出精品力作"的要求："把提高质量作为文艺作品的生命线，用心用情用功抒写伟大时代，不断推出讴歌党、讴歌祖国、讴歌人民、讴歌英雄的精品力作，书写中华民族新史诗。"① 同时，围绕如何创作精品力作，在内容、形式、创作、效果等多个方面都作出了深入而细致的阐述。在内容上做到"有筋骨、有道德、有温度"②，即优秀的文艺作品不仅是有血有肉的丰满作品，还应该有崇高的精神格调和理想追求，有正确的价值引导和清晰的道德判断，应当充满高尚的人文情怀和真善美的情感传播；在形式上做到"不拘于一格、不形于一态、不定于一尊"③，就是针对人民精神需求多层次、多样化、多方面的特点，要求文艺创作不能拘于定式、守于常度，而应当既有阳春白雪又有下里巴人、既弘扬主旋律又满足多样性；在创作上做到"思想精

---

　　① 习近平：《举旗帜聚民心育新人兴文化展形象　更好完成新形势下宣传思想工作使命任务》，《人民日报》2018 年 8 月 23 日第 1 版。
　　② 习近平：《在文艺工作座谈会上的讲话》，《人民日报》2015 年 10 月 15 日第 2 版。
　　③ 习近平：《在文艺工作座谈会上的讲话》，《人民日报》2015 年 10 月 15 日第 2 版。

深、艺术精湛、制作精良"①，就是指思想性与艺术性相结合、高质量与高技艺相统一，既有独特的思想创意、丰富的思想内涵，又有高超的艺术手法和艺术水准，既能力戒浮躁、精磨细打，又能一丝不苟、精益求精；在效果上做到深入人民精神世界、触及人的灵魂、引起人民思想共鸣，就是指文艺作品应当善于倾听人民的心声、善于触摸人们的灵魂，在心心相印、共振共鸣中完成感染和熏陶。总之，就是希望新时代的文艺工作和文艺工作者们能够扎根人民、深植时代，立时代之潮头、发时代之先声，把握时代脉搏，承担时代使命，创作出能够反映时代的精神和特质优秀作品，创作出能够经得起历史和人民检验的优秀作品。

---

① 习近平：《在文艺工作座谈会上的讲话》，《人民日报》2015年10月15日第2版。

第六章　新时代意识形态工作的理论创新彰显出鲜明特征和重大价值

党的十八大以来，意识形态工作的一系列新思想、新理论是站在党和国家事业发展全局的高度，准确把握了新时代的新特征与新变化，精准判定了意识形态领域的新形势与新动向，科学回答了新的历史条件下党的意识形态工作的一系列全局性、方向性、根本性的重大问题，社会意识形态领域也从一度出现的被动局面彻底转变为昂扬向上的良好态势。可以说，我们党的意识形态工作，从理论创新到实践检验都彰显出了十分鲜明的特征和特别重大的价值。

第一节　意识形态工作的理论创新具备鲜明特征

理论总是随着时代进步和实践发展而不断创新，新的理论不仅会闪烁着思想的光辉，也会在研究问题、指导实践的过程中彰显出一些鲜明的特征。特别是随着时间和实践的积累，新的理论大厦根基不断夯实、内涵不断丰富，这种特征便更加熠熠生辉。科学梳理、系统总结这些鲜明特征，有助于深化理解和把握新时代的意识形态工作。

一 注重强基固本，坚持政治性与人民性相统一

毛泽东同志曾指出："政治工作是一切经济工作的生命线。"①这一论述深刻揭示了具有鲜明政治属性的意识形态工作的关键所在。意识形态具有政治属性的重要根源就是社会阶级的存在，按照马克思主义意识形态理论的科学观点分析，只要阶级社会和阶级对立依然存在，社会意识形态的阶级性和政治性就会永远存在。就是说，某种意识形态一定是代表某个阶级利益、维护某个阶级统治的思想观念，因而这种意识形态就会带有鲜明的政治倾向和政治目的。这种倾向性和目的性会贯穿于意识形态所代表的阶级从产生到发展，再到消亡的始终，也会体现在这个阶级所有社会实践活动的各个方面。意识形态能够发挥一些经济功能、文化功能和社会功能，但所有这些功能都会紧紧围绕着更为基础的政治功能，意识形态的功能发挥正是其政治性与阶级性的有效体现。

社会主义意识形态是一种优秀而进步的意识形态，同样与生俱来就携带着明显的阶级性与政治性。自从列宁将马克思主义确定为无产阶级唯一的意识形态，社会主义意识形态便从根源上明确了自身的阶级属性和政治属性，那就是自始至终代表着、维护着广大无产阶级和劳动人民的根本利益。因此，鲜明的人民属性便是社会主义意识形态政治性与阶级性的有机统一。关于对政治和阶级的认识，中国共产党从高举马克思主义伟大旗帜的第一天起，就有了充分的肯定和坚定的信念。在我们党的首个历史性文件——《中国共产党第一个纲领》中就明确规定了："革命军队必须与无产阶级一起推翻资本家阶级的政权，必须援助工人阶级，直到社会阶级区分消除的时候；承认无产阶级专政，直至阶级斗争结束，即直到消灭社会的阶级区分。"② 由此开始，党的各项工作和建设就锚定了

---

① 《毛泽东文集》第 6 卷，人民出版社 1999 年版，第 449 页。
② 《中国共产党第一个纲领》第 1 册，中共中央党校出版社 1982 年版，第 5 页。

十分明确的政治立场和阶级立场，其中必然包括党的意识形态工作。无论是在革命、建设、改革的各个时期，党的意识形态工作都始终围绕党的中心工作、服务党和国家的大局，而党的中心与大局又始终着眼于实现好、维护好、发展好最广大人民的根本利益，聚焦于为中国人民谋幸福、为中华民族谋复兴。在新时代意识形态工作的理论创新中，习近平总书记第一次明确了社会主义意识形态的政治性与人民性之间的坚强纽带，那就是党性。党性与人民性之间，是高度一致、高度统一的，党性寓于人民性之中，人民性融入党性之内，两者无法脱离，也无法分割。党性与政治性之间，党是意识形态工作的领导者、组织者和实施者，党的方向和目标决定了意识形态工作的方向与目标，党的使命和任务也决定了意识形态工作的使命与任务，意识形态工作的性质体现就是党的性质体现。由此，党性和人民性便实现了对社会主义意识形态政治性和阶级性的继承与超越。这既是指导新时代意识形态工作的一个最为首要的核心观点，也是新时代意识形态工作能够发挥打基础、固根本、聚民心作用的关键所在。意识形态工作的理论创新，正是在坚持政治性与人民性的有机统一中不断强基固本。

首先，强调马克思主义的指导地位。习近平总书记始终强调要牢牢坚持马克思主义在意识形态领域的指导地位，并告诫背离或放弃了马克思主义就会迷失方向立场、丢掉灵魂本色。在2013年的宣传思想工作会议上，将其摆在"两个巩固"根本任务的首位，在2014年的文艺工作座谈会上，强调牢固树立马克思主义文艺观；在2016年的新闻舆论工作座谈会上，强调坚持马克思主义新闻观；在同年5月的哲学社会科学工作座谈会上，强调坚持以马克思主义为指导是当代中国哲学社会科学区别于其他哲学社会科学的根本标志；在2018年的宣传思想工作会议上，又再次强调了高举马克思主义伟大旗帜的使命任务；2019年，党的十九届四中全会审议通过的《中共中央关于坚持和完善中国特色社会主义制度、推进国家治理体系和治理能力现代化若干重大问题的决定》，明确提出坚持马克思主义在意识形态领域指导地位的根本制度,并将其列为社会主义先进文化制度建设的首要内容。可以说,突出马克思主义的坚强指导地位,贯穿了意识形态工作理论创新的始终。

其次,强调巩固全国人民的思想基础。始终把形成和巩固全国人民团结凝聚的共同思想基础,作为意识形态工作发挥关键作用、体现重要价值的关键所在。在新时代意识形态工作的理论创新中,注重以习近平新时代中国特色社会主义思想武装头脑、教育人民,凝聚人民群众的思想共识;注重通过培育和践行社会主义核心价值观,树立价值导向、营造社会风气,引导人民群众的价值取向;注重用中国梦包容民族梦、行业梦和每个人的梦,形成共同目标愿景,擘画人民群众的奋斗目标;注重用"文化自信"激发全民族更深层、更基本、更悠远的精神力量,构筑人民群众的精神高地。可以说,意识形态工作从多层次、多角度、多方位地筑牢了全国人民共同的思想基础,从而筑牢了意识形态的思想根基。

最后,明确了人民群众的中心地位。"以人民为中心"是习近平新时代中国特色社会主义思想的鲜明特征,同时也是意识形态工作思想理论的核心内容。"依靠谁、为了谁"是我们党推动革命建设、开展治国理政的原则性、根本性的重大问题,同样也是意识形态工作的一个核心问题。对此,习近平总书记明确提出了牢固确立"以人民为中心"的工作导向,对新闻舆论工作提出了"团结人民"的职责任务,对哲学社科工作提出了"为人民做学问"的指示要求,对文艺工作提出了"人民的需要是文艺存在的根本价值所在"评判标准,对网络意识形态工作提出了为人民群众"营造一个风清气正的网络空间"任务目标。可以说,习近平总书记的这些思想理论,正是在深刻回答"依靠谁、为了谁"的过程中,将人民群众摆在了党的意识形态工作的中心地位。

二 突出举旗亮剑,坚持建设性与批判性相统一

自从人类社会进入阶级社会至今,任何一个社会阶段中的社会

意识形态大致都可以分为主流与非主流的意识形态、占统治地位和反对阶级的意识形态，这是由阶级社会的阶级对立所决定的，也是社会发展矛盾运动的客观必然。因而，任何一种意识形态从诞生之日便面临着两种命运：一方面，面临整个社会意识形态的多元复杂，努力占据和掌握更多、更优秀的思想资源，不断扩张和增强其影响范围和影响效果，从而能更好地维护、保障自身所代表的经济基础和利益阶级，这是意识形态具有建设性的表现；另一方面，面临敌对意识形态的冲击和挑战，积极开展思想领域的对抗和交锋，用思想斗争、舆论斗争的形式深刻批判揭露敌对意识形态的缺陷谬误，更好地展现自身思想理论的先进性与正确性，从而让更多的人能够接受认同，这是意识形态具有批判性的表现。

当代中国，社会主义意识形态是主流意识形态，随着马克思主义指导思想的确立，已经在社会思想领域占据了主导地位，但社会的发展和时代的变化依然提出了不少现实性的挑战和课题。比如，在思想文化大交融背景下如何坚持"一元"主导与"多样"并存，网络信息时代如何在网络空间巩固壮大主流思想的主导地位，等等，面对这些新情况、新问题，社会主义意识形态都需要大力推动建设发展，才能不断形成强大的凝聚力和引领力。同时，社会主义意识形态也始终面临着资产阶级意识形态以及各类非马克思主义意识形态的冲击和袭扰，思想干扰、价值输出、文化渗透等试图动摇、削弱主流思想的地位，社会主义意识形态唯有捍卫真理、批驳谬误，才能帮助更多的人划清是非界限、澄清模糊认识。

形势决定任务，问题也是导向。意识形态领域并非始终阳光普照、风平浪静，也会出现波诡云谲、暗流险滩。对此，习近平总书记有着深刻的把握和清晰的洞察，在多次重要讲话中都深刻剖析了意识形态领域的严峻形势。在意识形态渗透破坏方面，强调当今世界社会主义和资本主义两条道路、两种制度的较量仍未停止，西方敌对势力始终不遗余力、苦心孤诣，意识形态领域的斗争也始终激烈、复杂。在社会风气、价值观念引导培育方面，指出虽整体向上向好但仍存在一些现实问题，比如某些人价值观念缺失，缺乏国家观念、集体观念、家庭观念，不分是非善恶、不辨美丑香臭，仍然是社会上出现种种问题的病根。在网络空间净化治理方面，认为一方面通过制度建设和法治手段加强管控，另一方面坚决打击利用网络传播极端宗教思想、蛊惑民族分裂情绪、策动恐怖暴力行为等危害国家政治安全的情形，坚决制止利用网络传播色情信息、进行诽谤诈骗等违法犯罪活动。

正是基于对形势任务的清醒认识和科学判断，习近平总书记提出了"以立为本、破立并举"的工作原则。坚持以立为本，就是突出社会主义意识形态的建设性，牢牢巩固主流思想的主导地位，大力高扬主旋律、传播正能量，发挥意识形态凝聚人心、鼓舞士气、振奋精神的积极作用。这与当前党和国家的工作大局、民族复兴的发展大势是完全相符的，必须作为意识形态工作的主要目标和中心任务。强调破立并举，一方面要破除妨碍工作创新发展的体制机制障碍、破除影响分析判断的思想观念束缚，向内做革新式的改进；另一方面也要破除敌对意识形态的攻击和颠覆、破除各种错误思想观念的迷惑和干扰、破除各类新情况新问题带来的风险挑战，对外做批判式的斗争。正是在此基础上，习近平总书记进一步阐述了"正面宣传与舆论斗争相结合"的工作策略，告诫广大意识形态工作部门和宣传干部，一方面，强化阵地意识，积极抢占意识形态阵地，大张旗鼓、理直气壮、旗帜鲜明地坚持马克思主义、坚持党性原则，巩固拓展红色地带、争取转化灰色地带、打击消灭黑色地带；另一方面，做到勇于发声、敢于亮剑，面对企图搞乱党心民心、破坏国家政治安全、政权安全的思想渗透，面对恶意攻击社会主义制度、攻击党的领导、歪曲历史、造谣生事的错误言论，面对各种错误思潮、错误观点、各类杂音噪音的影响干扰，必须挺身而出、敢于亮剑，打头阵、当先锋，有理有利有节地开展理论批判和舆论斗争，帮助广大人民群众划清是非界限、澄清模糊认识。

这样的工作原则与工作策略，充分体现了"立"与"破"的辩证统一,"立"是"破"的前提和基础,立得更强才能破得更好,"破"实质上也是为了"立"扫除了困难与障碍,形成独树一帜、首屈一指的效果,"立"所代表的建设性与"破"所体现的批判性完美统一于意识形态工作的理论与实践之中。近些年来,随着党的意识形态工作的创新发展和实践探索,破立并举、举旗亮剑早已成为广大意识形态工作部门和工作者的自觉意识和普遍共识,也成了新时代意识形态工作的一个鲜明特征。

三　把握守正创新,坚持继承性与发展性相统一

任何一种理论的科学性和真理性来源于对社会实践的深刻解读,来源于对客观规律的精准把握,同时也离不开对已有理论的吸收和继承。按照马克思主义意识形态的基本理论,一定的意识形态总是立于一定的经济基础,并由该经济基础所决定的。经济基础会随着社会生产力与生产关系的矛盾运动而不断发展变化,因而处于上层建筑的意识形态也会随之动态地发展变化。意识形态的发展变化离不开两个方面的重要组成:一是对原有思想材料的继承和保留,这部分思想材料包含着对该意识形态政治属性、阶级属性的确定,也包含着该意识形态的指导思想、根本任务、中心目标等关键性的思想内容;放弃这部分思想材料,意识形态的发展变化就可能面临迷失方向、丧失立场的危险。二是对新式思想材料的加工和生产,这部分思想材料体现了该意识形态与时俱进的时代性和进步性,体现了对社会实践发展变化的及时反映和深刻把握;缺乏这部分思想材料,意识形态的发展变化则可能陷入封闭僵化的境地,发生主导地位动摇的危险。因此,任何一个意识形态的发展变化都应该是继承性与发展性的有机统一。

当代中国,社会主义意识形态的建设发展同样遵循着这一重要原则。继承性就是保持马克思主义的本质属性,保持社会主义的发展方向,保持为无产阶级和广大人民群众服务的根本职责,这是社会主义意识形态之所以姓"社"而不姓"资"的实质所在、根本

所在；发展性就是注入创新思想和时代元素，吸收借鉴当今世界优秀文明成果，提炼总结当代中国社会发展实践的规律与经验，这是社会主义意识形态能够引领思想文化、保持生机活力的重要所在、关键所在。具体到意识形态工作的理论创新，一方面继承马克思主义科学理论、延续我们党历来意识形态工作理论、吸收优秀传统文化思想精华，这是坚守正道、抓住根本、夯实基础的关键之举；另一方面立足社会实际、把握时代脉搏，不断推进创新发展，这是革故鼎新、与时俱进、激发活力的突破之策。这两方面的有力举措生动诠释了继承性与创新性的有机统一。

首先，在继承马克思主义经典理论基础上进行丰富创新。意识形态工作的理论创新，深刻认识上层建筑对经济基础的反作用，把握意识形态工作围绕中心、服务大局的基本职责，明确统一思想、凝聚力量的中心环节；突出强调马克思主义理论的人民观点，为意识形态工作确立"以人民为中心"的工作导向；深刻把握实践性这一马克思主义理论区别于其他理论的显著特征，坚持问题思维和实践准则考察意识形态工作；从马克思主义的开放性、发展性出发，促进意识形态工作的思维理念创新、思路方法创新、实践路径创新等等，这些都闪烁着马克思主义科学理论的思想光辉。

其次，在继承党的思想理论基础上进行丰富创新。意识形态工作的理论创新，吸收借鉴毛泽东同志关于无产阶级和资产阶级之间斗争的重要思想，告诫了意识形态领域两条道路、两种制度之间竞争较量的复杂性、长期性和尖锐性；继承邓小平同志培养有理想、有道德、有文化、有纪律的"四有新人"思想，提出培养担当民族复兴大任的时代新人观点；继承江泽民同志推进社会主义精神文明及弘扬主旋律的"四个大力提倡"思想，制定了"两个巩固"的根本任务和高瞻远瞩的战略任务；继承胡锦涛同志推动社会主义先进文化大发展大繁荣的思想，擘画了坚定文化自信，提高文化软实力、增强文化影响力等建设文化强国的重要战略，这些都充分体现了我们党关于意识形态工作理论的一脉相承和继承发展。

最后，在批判吸收中华优秀传统文化基础上进行丰富创新。意识形态工作的理论创新，从"老有所终，壮有所用，幼有所长，鳏寡孤独废疾者，皆有所养"的"大同"思想到国家富强、民族振兴、人民幸福的中国梦；从"智者求同，愚者求异""大邦者下流"的古代智慧到"讲好中国故事、传播好中国声音"的外宣理念；从"贵和尚中、善解能容、厚德载物、和而不同"的宽容品格到中华文化包容开放、自信坚定的心态；从"先天下之忧而忧，后天下之乐而乐""位卑未敢忘忧国"理想抱负到爱国主义、集体主义的价值导向，等等，这些都镌刻着优秀传统文化的精神印记和当今中国社会发展的时代印记。

四　强化求真务实，坚持真理性与价值性相统一

时代是思想之母，实践是理论之源。实事求是、理论联系实际是马克思主义最根本的理论品格，也是中国共产党在百年历程中一往无前、取得胜利的重要思想路线和制胜法宝。意识形态作为一种观念形态，其所具有的抽象性、系统性等本身就与思想理论有着密切而天然的联系，而居于意识形态核心地位的指导思想、政治方针等，也正是以一种理论形态呈现。可以说，意识形态的核心部分就是最具政治性、思想性和理论性的观念集合。但意识形态绝不可能凭空产生的，也绝不可能是某些思想家或理论家在头脑中编造、杜撰而来，一定是源于社会生活的现实基础和社会活动的实践基础，是一种产生于社会实践而又与社会实践相适应的思想观念形态。意识形态本身兼具了理论性与实践性的双重特征，那么意识形态工作的思想理论就可以看作是其指导思想和政治方针的理论延伸，是能够辅佐意识形态发挥功能作用、实现既定目标的认识论、方法论和实践论。从实践中来进行理论创造，到实践中去进行思想指导，意识形态必定遵循着实事求是、理论联系实际的根本思想路线和工作路线。

意识形态工作的理论创新表现出坚持真理、求真务实的科学态

度，最显著的就是实现了真理性与价值性的有机统一。一般来说，真理是外界事物及客观规律在人脑中的正确反映，是主观对客观的正确认识以及对客观事物运动规律的正确把握。真理性便至少包含着真实性、客观性。价值一般是指由于客体能够满足主体的需要，而被主体赋予正面的意义，反映了人们对客观事物的一种分析与评判。价值性就表达了一种有用性、需要性。从真理性与价值性的角度看，社会主义意识形态与资本主义意识形态存在着本质上的区别：一是社会主义意识形态是对外部世界作出客观、真实、正确的反应，而资本主义意识形态是虚伪性、迷惑性、欺骗性的观念；二是社会主义意识形态是为了服务社会主义发展建设、满足人民群众现实需求和精神需要而存在，而资本主义意识形态是为了维护资产阶级的统治地位、剥削压迫广大劳动人们而存在的。用辩证唯物主义和历史唯物主义的眼光来判断，社会主义意识形态站在了真理性和价值性的制高点，那么其意识形态工作的思想理论在创新发展的过程中，直接指导和切实推动着社会主义意识形态的长远建设，必然包含着真理性与价值性的有机统一，也实现了合规律性与合目的性的高度统一。

意识形态工作的理论创新具有符合客观规律的真理性。意识形态工作与时代发展、社会实践紧密相连，其的思想理论的每一步创新都是与时代的进步发展紧密相连、与中国社会的具体实际紧密相连的。革命战争时期，中国革命进程中的经验与教训酝酿了马克思主义科学理论同中国具体实际相结合，碰撞出了星星之火可以燎原、农村包围城市的思想火花；改革开放之前，拨乱反正的迫切任务催发了真理标准大讨论，恢复和确立了解放思想、实事求是的正确路线。中国特色社会主义进入新时代，经济的发展水平、人民的生活状况、社会的进步程度等都发生了深刻而广泛的变化，这些变化必然会反映到人们的思想观念之中、反映到社会的意识形态之中。意识形态工作是围绕着人们的思想观念和社会的意识形态开展工作的，旧的思想理论无法适应新的工作实际，就必然会随着社会实践的变化而不断丰富和发展,从而形成符合新情况的新理论。习近平总书记正是站在历史与时代的战略高度,坚持以马克思主义理论为指导,紧密结合当代中国社会的发展实际和主流意识形态建设的实际,深刻审视和考量党的意识形态工作。他所得出的结论和判断、所形成的思想和理论,充分符合马克思主义的立场、观点和方法,也充分适应社会主义意识形态发展建设实际。这样的新思想和新理论蕴含着高度的科学性与真理性。比如,强调社会存在决定社会意识,思想文化反作用于经济基础,意识形态工作与经济建设辩证统一;强调意识形态工作的极端重要,以及意识形态领域斗争的长期性、尖锐性和复杂性等,都是在准确把握当代中国意识形态运作生成原理和发展变化规律的基础上,所形成的对新时代意识形态领域的科学认识。

意识形态工作的理论创新也具有满足实践要求的价值性。理论的最大价值就在于能够正确指导实践、推动实践。任何具有计划性、组织性以及目的性的实践活动都有一定的思想理论为指导,新时代意识形态工作的新思想新理论毫无疑问指导着当代中国意识形态领域的实践活动。当代中国的意识形态领域,正处在一个动态跳跃而又亟须整合凝聚的阶段,新的思想理论为意识形态工作提出了现实任务、明确了实践要求、提供了思路方法,时时处处指导着意识形态工作的实施开展。党的意识形态工作的创新理论,其主要目的和基本价值就在于推动新时代社会主义意识形态的建设发展。十八大以来,习近平总书记着眼加强意识形态工作,主持召开了一系列重要会议、作出了一系列重大决策、进行了一系列重大部署、实施了一系列重大举措,比如中国梦深入人心、凝聚共识,社会主义核心价值观形成价值导向、引领社会风气,中华优秀文化增强民族自信、提升国家影响,等等。新的理论成果与实践成果有效促进了意识形态领域一度被动的局面得到根本扭转,方向道路更加坚定、文化自信更加深厚、人民精神更加振奋、主流舆论更加壮大,全党全社会在政治上思想上的团结统一更加坚实稳固。意识形态领域这一系列重大的发展和变化,高度符合新时代的新要求,高度符合党和国家的建设需要,也高度符合人民群众的普遍愿望,自然也就充分体现出了新思想新理论的重大实践价值。

五 具备国际视野,实现世界性与民族性相统一

列宁曾指出:"一切民族都将走向社会主义,这是不可避免的,但是一切民族的走法却不会完全一样。"[①] 这说明人类社会的进步与发展脱离不了本民族的实际情况。一个国家、一个民族的进步与发展同样如此,中国共产党领导中国革命早期遭遇的困难挫折,很大程度上由于陷入教条主义、本本主义的泥淖,脱离了本国实际;而后来能够战胜一切艰难险阻,从胜利走向胜利,很重要的也源自于善于将马克思主义基本原理同中国具体实际相结合。毛泽东同志带领中国共产党人提出了马克思主义中国化的伟大命题,邓小平同志带领中国共产党人开创了中国特色社会主义的伟大道路,这都是立足中国国情、扎根中国实际,从本国、本民族实际出发的光辉典范和宝贵经验。与此同时,民族立于世界之中,也绝不可能超脱于世界之外,任何国家和民族置身于时代与世界发展的潮流之中,就不可避免地要增添国际性与世界性的元素。俄国十月革命的一声炮响,给中国送来了马克思列宁主义;"二战"与冷战的深刻影响催生了"三个世界"的战略思想;资本主义的商品交换又为社会主义市场经济提供了一定借鉴,等等,这些都是国际局势和时代潮流对中国革命、建设以及改革开放产生的影响与作用。中国离不开世界,世界也离不开中国,只有坚持民族性与世界性的有机统一,才能推动事业发展更加符合中国国情和世界潮流。

社会意识形态的建设与发展也同样如此。一方面,中华民族厚重的文化传统,流淌着国家和民族的延绵不绝的精神血脉,也沉淀了无比深厚的历史底蕴,在薪火相传、代代守护中凝结成本国、本

[①] 《列宁全集》第28卷,人民出版社2017年版,第163页。

民族最为基本的文化基因与精神特质。这是中华民族在历史洪流中屹立不倒的精神支柱,也是国家和民族坚定文化自信的重要源泉。因而,建设和发展社会主义意识形态离不开民族性这方丰厚的沃土,让中华文明展现生机与活力,让中国智慧、中国理念、中国方案在世界舞台上绽放精彩,充分展现中华文化的精深与璀璨。另一方面,随着中国自身发展以及全球化的迅猛发展,中国正在加快步伐走向世界。从连续多年的快速增长到全球第二的经济体量,中国的发展成就让世界为之瞩目;从提出"构建人类命运共同体"到推进"一带一路"倡议,中国的大国担当让世界刮目相看;从坚持对外开放的基本国策到推动形成全面开放的新格局,中国对外开放的大门也向世界越开越大。中国的国际影响力正在日益提升,中国也逐步向世界舞台中央走近并成为引领全球的重要力量。但同时,国际舆论"西强中弱"的格局依然没有改变,国家形象"他塑"而非"自塑"的情形仍在存在,文化交流和信息传播还存在很大"逆差",国家硬实力和文化软实力也存在一定"落差",这些都造成了国际社会对中国的了解认识不深入、不客观、不全面,依然存在着一定的误读和偏见,世界也急需真实而全面地了解中国。

　　正是基于对这方面情况的深刻认识,习近平总书记站在国际大局和战略全局的高度认真审视意识形态工作,为党的意识形态工作确立了"讲好中国故事、传播好中国声音"的重要使命,提出了"以我为主、融通中外"的传播理念,提出了向世界展示真实、立体、全面中国的要求,保持对自身文化的自信、耐力和定力,以开放包容的心态加强对外交流沟通,在找准中外利益共同点、观念交汇点和情感共鸣点中让中国表达更易与国际接受;提出了构建对外话语体系的传播渠道,创新对外宣传方式、提升国家传播能力,提高对外宣传的阐释技巧和传播力度,不断增强对外传播、对外表达的创造力、感召力和公信力;提出了以讲故事的最佳传播方式表达中国、展示中国,从中国人的故事到中国梦的故事,从中国特色社会主义的故事到中国和平发展的故事，以道理事实说服人、以形象情感打动人，把中国精神、中国价值、中国力量阐释好、解读好；提出了以中华文化的传播载体促进文化交流，把中华优秀传统文化的精神特质、当代价值、世界意义提炼展示出来，把当代中国的价值观念、中国人民的精神风貌、中国和平发展的理念主张提炼展示出来，将中华文化的独特性转化成中国走向世界的"最好名片"。总之，用"中国故事"和"中国声音"的方式向世界表达中国、让世界了解中国，这既是意识形态工作不忘本来、立足本土。

这正是我们党的意识形态工作从未有过的世界高度、国际格局和全球视野，无疑是新时代党的意识形态工作理论的一个十分鲜明而显著的特色。

第二节 意识形态工作的理论创新体现重大价值

新时代意识形态工作的新思想新观点新论断，内涵丰富、思想深刻、视野宽广，科学阐释并回答了一系列重大的理论问题与现实问题，为新的历史条件下加强党的意识形态工作提供了重要指导，彰显了十分重大的理论价值与实践价值。

一 意识形态工作的理论创新闪烁着马克思主义的真理光辉

新时代意识形态工作的理论创新，在总结历史经验、把握科学规律、洞察形势任务的基础上，进一步深化了对意识形态工作的科学认识于内涵把握，闪烁着马克思主义的真理光辉，具有很强的政治意义、思想意义和理论意义。

（一）构成了习近平新时代中国特色社会主义思想的重要组成

习近平新时代中国特色社会主义思想，既是对十八大以来我们党坚持和发展中国特色社会主义实践经验的系统总结，也是对习近平同志担任总书记以来一系列新理论、新思想、新战略的高度概括；既是党的理论发展的重大创新成果，也是马克思主义中国化时代化大众化的最新原创性贡献。其"八个明确"和"十四个坚持"的核心要义，囊括了党和国家经济建设、政治建设、文化建设、社会建设和生态文明建设的方方面面，而习近平总书记关于意识形态工作的思想理论，正是作为整个思想体系的子思想和分支理论分散贯穿其中。

意识形态工作的思想理论构成新时代新思想的重要组成至少包含以下三方面内涵。首先，构成了政治建设理论的组成部分。意识形态作为观念上层建筑是处于政治上层建筑之上而又对政治上层建筑有直接影响作用的，无论是意识形态所包含的科学理论，还是指导意识形态工作的重要思想，都与构筑上层建筑的政治建设有着密切联系。比如，习近平新时代中国特色社会主义思想既是政治理论建设的最新成果，也是意识形态工作的指导思想和任务内容。

其次，构成了文化建设理论的组成部分。文化的内涵大于意识形态，但意识形态却是文化的核心部分，规定着文化的性质和方向。因而，意识形态工作的思想理论也可以看作是文化建设的核心理论。这一点，从中央文献出版社出版的习近平总书记系列论述摘编中便可以看出。十八大以来，习近平总书记关于意识形态工作所有重要的新思想新观点新论述，全部编入《习近平关于社会主义文化建设论述摘编》一书，形成了指导意识形态工作的理论集萃，也构成了新时代中国特色社会主义文化建设理论的核心部分。

最后，构成了社会建设理论的组成部分。意识形态的内在性质是由政治和政权所决定的，而意识形态的外在表现却是一种社会思想和社会意识，是与社会生活和社会运转息息相关的。因而，意识形态工作的思想理论也自然可以成为社会建设的思想理论。比如，社会主义核心价值观的培育和践行，既具有引导社会风气的作用，也具有改善社会治理的功能；再比如中国梦在人民群众心中的根植和深入，既为有效的社会动员提供了思想基础，又为推动社会建设提供了精神力量。可以说，意识形态工作的大部分思想理论都可以在社会建设中找到作用和归属。

（二）形成了马克思主义意识形态理论在当代中国的最新发展

马克思主义的科学理论是意识形态工作的指导思想，也是党的意识形态工作的理论源头。我们党是将马克思主义意识形态理论的思想实质与理论精髓运用于新时代意识形态工作的实践探索中，从而创造形成了新时代的新思想和新理论，同时也推动了经典思想理论在当代中国的新进步和新发展。

马克思主义的伟大发现之一便是唯物史观，揭示了社会实践决定社会思想、社会思想反作用于社会实践的客观规律。这既是马克思主义的基本原理，也是其意识形态理论的核心观点。习近平总书记科学运用辩证唯物主义的眼光审视考察意识形态工作，论述了意识形态工作的极端重要性以及与经济工作作为中心工作的辩证关系，认为经济建设是硬实力，为做好意识形态工作提供了坚实的物质基础，意识形态工作是与之相适应的软实力，为中心工作提供有力的思想政治保障；认为不能只顾中心工作而忽视了意识形态工作，更不能让意识形态工作游离于中心之外，并将意识形态工作的基本职责定位为围绕中心、服务大局，充分体现了经济基础与上层建筑之间的辩证互动关系，也充分体现出马克思主义的科学理论在当代中国的实践运用和时代升华。

马克思和恩格斯的意识形态理论主要形成于对资产阶级意识形态的揭露和批判，认为资本主义的意识形态是具有虚伪性和欺骗性的意识形态，是对广大民众进行迷惑和麻醉的反动观念体系。这既是马克思和恩格斯对资本主义意识形态的本质认识，也是他们从思想观念上进行阶级斗争的开端。这些观点认识同样反映在习近平总书记关于意识形态工作的思想理论之中，并依据当代中国的实际进行了丰富和发展。习近平总书记将意识形态领域的斗争，看作是当今世界社会主义和资本主义两条道路、两种制度在思想文化层面的较量与对抗，充分认识到了这种斗争的长期性、尖锐性和复杂性，并强调深刻批判和揭露当今资本主义所谓"普世价值"和"民主自由"等思想观念的虚伪性和欺骗性，准确表达出了对当今世界两大阶级意识形态矛盾冲突的本质认识。

列宁在领导俄国无产阶级的革命斗争中，将马克思主义视为具有科学性和真理性的无产阶级意识形态，并为教育引导无产阶级工人群众所创立的"外部灌输理论"，都是对马克思主义意识形态理论体系的创造性贡献。这些思想理论虽然历经时代变迁但仍然具有真理光辉。比如，习近平总书记将社会主义意识形态看作是具有鲜明党性和人民性的意识形态，将以科学理论和先进思想为指导的意识形态看作是凝聚民心、激发力量的进步观念，并通过理论教育、价值引领、文化感召、社会熏陶等，在多方面、多角度、多层次不断提升社会主义意识形态的凝聚力和引领力。这些也都体现出了习近平总书记对释放好、发挥好先进意识形态功能作用的深刻认识。

（三）深化了党对意识形态工作的科学认识和全面把握

做好意识形态工作，必须对意识形态工作的本质和内涵有一个清晰认识和准确把握，具体说就是对意识形态"是什么、为什么、干什么"等这些问题有一个清晰的认识与理解。这既是有关意识形态工作的关键性、根本性问题，也是做好意识形态工作首先要解决的认识问题。长期以来，我们党在革命、建设、改革的各个时期，将马克思主义意识形态理论同中国具体实际相结合，领导和开展意识形态工作，完成了不同时期的使命任务、总结了一系列的工作思想，积累形成了一座内容丰富的理论宝库，其中的重点便是对意识形态工作本质内涵的理解认识。这些理解认识是随着历史变迁和时代进步不断丰富和发展的，但总体上仍是一脉相承和接力延续的。新时代意识形态工作理论创新的突出贡献，正是沿着这一路径进一步深化了对这些基本问题的认识和把握。

关于意识形态工作"是什么"的问题，主要集中在对其地位作用的深刻认识。在新民主主义革命时期，毛泽东同志便认为意识形态工作是革命总战线中必不可少的重要战线，后来更是将其看作是经济工作的"生命线"。到改革开放后，邓小平同志同样指出要把意识形态工作"放在非常重要的地位"。后来江泽民同志依然强调了占领意识形态阵地的重要性和紧迫性；胡锦涛同志也发出了意识形态工作搞不好要出大问题的告诫。由此可见，一直以来我们党始终将意识形态工作摆在重要地位。新时代以来，我们党对意识形态工作的理论创新，突出了对地位作用的新认识、新定位，集中体现在"极端重要""三个事关""四个关乎"等观点论述上。这既是紧密结合新时代的新实践、新情况而得出的新的认识判断，也是对党的意识形态工作认识论的新的深化与发展。

关于意识形态工作"为什么"的问题，主要集中在对其根本立场的深刻认识。在延安文艺座谈会上，毛泽东同志就指出，"为什么人的问题，是一个根本的问题"[①]，并强调文艺工作要始终站在无产阶级的立场上为广大的人民大众服务。邓小平同志为"双百"方针拓展了"二为"方向，同样聚焦于为人民服务的立场上。江泽民同志的"三个代表"重要思想，也将先进文化和人民群众根本利益并列，为意识形态工作的人民属性提供了理论依据。胡锦涛同志科学发展观的"以人为本"，同样也是对意识形态工作为了人民、服务人民的进一步深化。党的十八大以来，习近平总书记论述意识形态工作时，鲜明强调了"以人民为中心"的工作导向，并有机统一了党性和人民性，将党的领导和服务人民共同统一于意识形态工作的本质属性之中，再次为新时代的社会主义意识形态标定了根本立场。

关于意识形态工作"干什么"的问题，主要集中在对其使命任务的深刻认识。不同时期，党的意识形态工作聚焦着不同的使命任务。革命战争年代主要是传播革命思想、发动广大群众；社会主义建设时期，主要是确立马克思主义指导地位，肃清旧社会的思想流毒；改革开放初期，主要是坚持四项基本原则、清除精神污染。之后，随着形势任务的发展又转换为应对复杂局面、抵制渗透干

---

① 《毛泽东选集》第 3 卷，人民出版社 1991 年版，第 857 页。

扰、凝聚精神力量上来。不同时期的使命任务，反映了不同时期的社会背景和现实需求。同样，进入新时代、站在新方位，党的意识形态的使命任务仍然面临着新的目标和指向。对此，习近平总书记提出了"两个巩固"的根本任务、一项长远的战略任务和五项新时代的使命任务，这无疑是与时俱进地对意识形态工作的使命任务进行了丰富与拓展。

二 意识形态工作的理论创新有力促进了形势任务的全局性、根本性转变

科学理论的最大价值在于反映现实规律并指导社会实践。新时代意识形态工作的理论创新能够把握时代特征、立足中国实际、精准谋篇布局，有力促进了意识形态领域形势的全局性、根本性转变，彰显出了重大的实践价值。

（一）从根本上扭转了意识形态领域一度出现的被动局面

长期以来，我国改革开放不断深入、社会物质财富不断积累，但由于"两个文明"建设不相协调、软实力与硬实力不相匹配，党的工作在意识形态领域一度处于较为被动的局面。十八大以来，以习近平同志为核心的党中央励精图治、固本开新，着眼加强意识形态工作提出了一系列新思想和新理论，正是在这些思想理论的指导下，意识形态领域的局面出现了翻天覆地的变化。

在党管意识形态方面，十八大结束伊始党中央便召开全国宣传思想工作会议，习近平总书记特别强调了意识形态工作的极端重要性，向全党宣示了狠抓意识形态工作的鲜明态度；提出了"大宣传"的工作理念，动员各个领域、各条战线、各个部门齐抓共管意识形态工作；强调了"守土有责、守土尽责、守土负责"的职责操守，要求意识形态工作部门和人员更加尽忠职守、尽职负责。此后，又制定出台了加强意识形态工作责任制的规章制度，进一步压紧压实了各级组织和领导的政治责任。这一系列指示要求和制度举措有效扭转了党管意识形态原则在个别领域和个别部门一度被淡

化和忽视的状况。

在巩固主流意识形态方面，创立了习近平新时代中国特色社会主义思想，形成了武装头脑、引领思想的最新理论武器；提出了中国梦的美好愿景和社会主义核心价值观的鲜明导向，广泛凝聚共识、引导社会风气；明确了正面宣传为主、团结稳定鼓劲的基本方针和统一思想、凝聚力量的中心环节，通过新闻宣传强力引导社会舆论、网上网下共同发出时代强音、内宣外宣高举马克思主义和中国特色社会主义伟大旗帜等，正能量得到传播、主旋律得到高扬，社会主义意识形态主导地位遭受侵蚀的情况被有效扭转。

在坚守意识形态阵地方面，鲜明强调举旗亮剑，坚决揭露批驳各类错误观点、负面言论，积极辨析、引导各种错误思潮、错误倾向，有效遏制了正面言论、正面声音一度被"淹没"、被"围攻"的现象，广大意识形态工作者们普遍增强了勇于亮剑、敢于斗争的战斗精神；不断强化阵地意识，以坚持马克思主义筑牢思想理论阵地，以坚持守正创新筑牢新闻舆论阵地，以坚持固本培元筑牢青年思想教育阵地，以弘扬中国精神筑牢文化文艺阵地等，意识形态各条战线、各个部门共同守好主阵地、打好主动仗，有效扭转了曾经一度松懈疲软、被动应付的局面。

在网络意识形态工作方面，强调正能量是总要求、管得住是硬道理的基本原则，清醒认识网络空间已经成为意识形态斗争的主战场，抵制"三俗"病态、倡导健康向上，精心培育网络文化；把握激浊扬清，坚持抑恶扬善，正确引导网络舆论。同时，连续出台相关制度法规，大力惩治网络不法行为、清扫网上不良信息，形成了重拳出击、刚性治理的严厉态势。经过一系列管网治网的有效举措，不断营造风清气正、健康向上的网络环境，有效扭转了网络空间曾经乱象丛生、乌烟瘴气的情况。

（二）促进全党全社会在思想上的团结统一更加稳固

意识形态的重要功能之一就在于整合社会意识、凝聚思想共识。在整个社会庞大而复杂的系统之中，要想把众多的、分散的社会成员动员起来、整合起来，能够依靠的主要是两方面力量。一方面，是社会组织结构的力量，即特定的组织机构，为组织内的成员制定共同的组织目标，建立制度化的组织结构，形成普遍的行为规范，从而使所属成员达到有序化、统一化的状态。比如，作为武装力量的军队所表现出的超强的组织性和纪律性，就是通过组织机构进行整合和动员的典型代表。另一方面，就是依靠思想文化的力量，也就是意识形态的力量。通过共同的信仰信念、共同的价值观念、共同的理想追求等，将人们思想和精神整合起来、凝聚起来，从而形成一定的凝聚力和向心力。一般情况下，组织机构的整合动员，组织效率更高、效果体现更直接；而意识形态的整合凝聚，整合周期更长、效果显现也更慢。但思想观念的整合更能实现一种无形而自觉的、稳固而持久的凝聚状态。这便是意识形态凝聚力量在稳定性、持久性方面强于组织机构凝聚力量的优势所在。特别是在社会成员数量庞大、组织行动目标长远情况下，更加需要意识形态提供这种更加稳固、更加持久凝聚力量。

当前，中国特色社会主义进入新时代，比历史上任何时期都更接近中华民族伟大复兴的中国梦，全党全国人民都在为追梦圆梦而努力奋斗，因而也更加需要精神上和思想上的团结统一和凝聚向心，更加需要社会主义意识形态发挥整合凝聚、动员激发的强大功能。新时代意识形态工作的理论创新正是基于这一出发点和落脚点，将巩固全党全国人民团结奋斗的共同思想基础作为当前意识形态工作的根本任务之一。一方面，通过积极推进党的理论创新，形成了新时代新的指导思想，为全党上下提供了政治上、思想上和行动上的根本遵循和科学指导，有效凝聚和巩固了广大党员干部在政治上同心、思想上同理、行动上同步的团结力量，使中国特色社会主义事业的领导核心更加坚强、更有战斗力。另一方面，在科学思想的正确引领下全国人民坚持走中国道路的步伐更加坚定，在先进文化的熏陶教化下全国人民弘扬中国精神的信心更加厚实，在宣传舆论的鼓舞推动下全国人民参与伟大事业、实现伟大梦想的热情更加高涨,在核心价值的定位导向下整个社会的风貌风气更加团结和谐,全体人民万众一心、众志成城,整个社会生机勃发、欣欣向荣,不断积累着、汇聚着同心筑梦的强大力量。可以说,这些都是十八大以来党的意识形态工作所取得的累累硕果,也是意识形态工作的理论创新所体现出的巨大现实价值。

(三)有效提升了中华文化的国际影响力

中华文化博大精深、源远流长,自古便有"远人不服,则修文德以来之"的自信与自强。改革开放以来,随着经济持续高速发展、人民生活显著改善、综合国力大幅提升,中国的国际地位和国际影响力也在不断提高。国际影响力既包括政治经济的影响力,也包括思想文化的影响力,而思想文化的影响力更是一个国家拥有强大软实力的集中体现。因此,新时代党的意识形态工作提出了"展形象"的使命任务,着眼当今中国的国际形象和国际地位,将中华文化的国家软实力彰显转化为深远广泛的国际影响力。

首先,把"讲好中国故事"作为提高中华文化影响力的基本途径。领导人亲力亲为,在外出访的各种国际场合,通过会见、交流、演讲、撰文的各种形式,努力讲述中国故事。讲述历史和人民选择中国道路的故事,讲述中国共产党治国理政的故事,讲述中国特色社会主义制度发挥优越性的故事,讲述中国梦与世界各国人民的美好梦想相连相通的故事等等。一句句生动的描述、一个个鲜活的事例让国际社会更好地了解中国、读懂中国。同时,还积极配合"构建人类命运共同体"、推动"一带一路"倡议等重点外事工作,讲述中华民族爱好和平、以和为贵,与世界民族休戚与共、相互依存的故事;讲述中国人民追求发展、谋求合作,愿意与友好国家互利共赢的故事;讲述中国共产党引领推动中国同世界各国深入交流、互学互鉴的故事等,中国的国际形象得到明显提升,中华文化的国际影响力也在不断增强。

其次,把传播优秀文化作为提高中华文化影响力的重要举措。在国家汉办的主导下,孔子学院作为中华文化对外传播的一面重要窗口，近年来得到了迅速发展。据相关数据统计，从2013年底至2018年底，孔子学院在世界各个国家和地区的分布由120个增至154个，学院建立由440所增至548所、课堂设置由646个增至1193个。孔子学院在世界各地纷纷建立，不仅有效扩大了汉语的对外传播交流，还在全球掀起了一股"汉语热"。林肯高中学生合唱《在希望的田野上》、特朗普孙女阿贝拉背诵《三字经》等，都展示出了中华语言文化的世界性魅力。尽管近几年，一些西方反华势力故意给孔子学院贴上"政治标签"，并进行打压抵制，但仍无法抹杀孔子学院对传播中华文化做出的贡献。同时，中华医药、中华功夫、中华美食等最具品牌特色和价值内涵的文化瑰宝，也持续在海外扩大着传播的规模和效应。专题纪录片《舌尖上的中国》一经播出，很快在国外引起广泛关注和热议，外国观众们通过活色生香的精品美食和烹饪故事，加深了对中国人饮食文化和生活状态的了解，也增加了对当代中国的更多认知和良好印象，可以说是对外文化传播的一个成功案例。包括《习近平谈治国理政》被多种语言翻译、风靡全球，《媳妇的美好时代》等国产电视剧在非洲热播等，都形成了中华文化"走出去"的强劲态势，也都是意识形态工作在对外宣传的整体布局下所取得的丰硕成果。

结　　语

　　意识形态工作是我们党始终高度重视的一项工作。自从党诞生之日起，意识形态工作便跟着党的建设而建设、随着党的发展而发展，在革命、建设、改革的各个阶段，取得了重大成就、发挥了重要作用。十八大以来，习近平总书记站在全党全国的战略高度、立足当代中国社会主义建设实际、着眼新时代的时代特征和使命任务，围绕加强和改进意识形态工作，提出了一系列新思想新观点新论断，在积极开展实践探索的同时极大地推动了意识形态工作的创新发展，为新时代党的意识形态工作提供了最为根本的指导方针和行动指南。

　　新时代意识形态工作的理论创新，源自于马克思主义意识形态的基本理论，继承和丰富了我们党长期以来意识形态工作的宝贵经验与理论积累，吸收和汲取了中华优秀传统文化的人文智慧和精神养料，从而在最为深厚的思想沃土上生根发芽；新时代意识形态工作的理论创新，立足于时代发展的新方位和民族梦想的新坐标，立足于当今世界政治经济态势的新变化和思想文化格局的新动向，着眼于在意识形态领域解决新的情况问题、应对新的风险挑战，从而与最为实际的客观情况贴切符合。

　　新时代意识形态工作的理论创新，进行了关于规律原理的新阐发，提出了关于地位作用的新定位，明确了关于方针原则的新概括，作出了关于目标任务的新判断，深化了关于组织领导的新要求，开展了关于战略格局的新谋划，推进了关于重点领域的新部署，形成了从认识观念创新到思路理念创新、再到实践方略创新的科学理论体系和完整逻辑路径。其中，最具核心性的观点和最富规律性的认识便是："坚持党对意识形态工作的领导权；坚持思想工作'两个巩固'的根本任务；坚持用新时代中国特色社会主义思想武装全党、教育人民；坚持培育和践行社会主义核心价值观；坚持文化自信是更基础、更广泛、更深厚的自信，是更基本、更深沉、更持久的力量；坚持提高新闻舆论传播力、引导力、影响力、公信力；坚持以人民为中心的创作导向；坚持营造风清气正的网络空间；坚持讲好中国故事、传播好中国声音"①，这"九个坚持"的重要思想。

新时代意识形态工作的理论创新，注重强基固本、突出举旗亮剑、把握守正创新、强化实事求是、具备国际视野，彰显出特色鲜明的理论品格，同时也形成了一个系统完成、逻辑严密的科学理论体系；既是习近平新时代中国特色社会主义思想的重要组成，也是马克思主义意识形态理论在当代中国的最新发展，进一步促进了党对新时代意识形态工作的深刻理解和科学认识。在这些新思想新理论的指导下，十八大以来党的意识形态工作革故鼎新、蓬勃向上，从根本上扭转了意识形态领域一度出现的被动局面，也顺利开启了意识形态工作的新篇章和新格局。

实践创新催生理论创新，理论创新指导实践创新，理论创新与实践创新正是在双向互动中不断发展前进。新时代党的意识形态工作的理论创新，已经深刻推动我国的意识形态领域发生了全局性和根本性的转变，随着意识形态工作时代背景、社会条件、形势任务等方面的变化，意识形态工作思想理论的创新步伐依旧会继续向前发展。可以预见的是，随着形势和任务的不断变化，运用马克思主义的世界观和方法论观察、分析意识形态领域的情况动向，进一步深化对新时代意识形态工作的规律性认识和前瞻性探索；运用辩证唯物主义的思想方法和工作方法解决意识形态领域的新情况、新问

---

① 习近平：《举旗帜聚民心育新人兴文化展形象　更好完成新形势下宣传思想工作使命任务》，《人民日报》2018年8月23日第1版。

题等，提出更加富有科学性和针对性的新观点新论断，新时代意识形态工作的思想理论体系会进一步丰富和完善。随着时代和实践不断发展，意识形态对政治上层建筑的反作用，有利于促进形成针对新情况、新问题的一系列法规制度，比如网络意识形态管控方面的法规制度；有利于促进形成坚强有力的组织人员保证，比如打造专业化、高层次的人才队伍等，从而更加强化和巩固党的政治领导、思想领导和组织领导，新时代意识形态工作的功能作用也会发挥得更加突出、更加充分。随着工作任务的深入开展，从意识形态工作的"基本职责"到"中心环节"，从"两个巩固"的根本任务到五个方面的使命任务，从意识形态领域正本清源到主流思想舆论不断巩固壮大，新时代意识形态工作的成果效应也会进一步积累和转化。全党上下对马克思主义的信仰、对社会主义和共产主义的信念更加坚定，全国人民同心同德、自强自信的思想基础更加稳固，势必凝聚转化成推动生产力发展和经济建设的巨大动能、凝聚转化成推动时代进步和社会发展的磅礴力量，从而实现意识形态工作从凝聚精神力量到转化物质力量的飞跃。总的看来，在马克思主义的指导下、在党的坚强统一领导下，我们党关于意识形态工作的理论创新势必沿着科学正确的、实事求是的道路向前发展，也势必形成把握客观规律、指导工作实践更加有力的理论武器。

新时代意识形态工作的理论创新是篇大文章，用新思想新理论指导发展着的意识形态工作实践也是个大课题。本书力图从思想基础、现实条件、主要内容、鲜明特点和重大价值等几个方面着手，对这一题目进行分析、研究和阐述，但囿于理论水平有限、思考深度有限、研究能力有限，仍感觉不少观点没有解释透彻、不少内容没有论述全面。比如中国梦、社会主义核心价值观和文化自信等，本身就可以选取某一角度作为一本学术著作展开研究，本书置于意识形态工作的整体框架内考虑到各个论点的均衡，没有作过大、过多的扩展与延展，研究论述难免欠缺透彻。在沿着这一课题进行治学研究的过程中，这些都是今后需要予以弥补和完善的重要方面。围绕新时代意识形态工作的理论创新，本书也只完成了一个阶段性的梳理分析和总体性的论述阐释，有待于今后更多地跟踪学习、跟进研究。

参考文献

一 经典著作和重要著作

《马克思恩格斯全集》第 1 卷，人民出版社 1956 年版。
《马克思恩格斯全集》第 1 卷，人民出版社 1995 年版。
《马克思恩格斯全集》第 2 卷，人民出版社 1957 年版。
《马克思恩格斯全集》第 3 卷，人民出版社 1960 年版。
《马克思恩格斯全集》第 3 卷，人民出版社 2002 年版。
《马克思恩格斯全集》第 3 卷，人民出版社 2012 年版。
《马克思恩格斯全集》第 20 卷，人民出版社 1979 年版。
《马克思恩格斯全集》第 28 卷，人民出版社 1973 年版。
《马克思恩格斯全集》第 36 卷，人民出版社 1974 年版。
《马克思恩格斯全集》第 46 卷，人民出版社 1995 年版。
《马克思恩格斯文集》第 1 卷，人民出版社 1995 年版。
《马克思恩格斯文集》第 1 卷，人民出版社 2009 年版。
《马克思恩格斯选集》第 2 卷，人民出版社 1995 年版。
《马克思恩格斯选集》第 4 卷，人民出版社 1995 年版。
《马克思恩格斯选集》第 9 卷，人民出版社 2009 年版。
《列宁全集》第 26 卷，人民出版社 1990 年版。
《列宁选集》第 1 卷，人民出版社 1972 年版。
《列宁选集》第 1 卷，人民出版社 1995 年版。
《列宁选集》第 4 卷，人民出版社 1995 年版。
《列宁选集》第 4 卷，人民出版社 1972 年版。
《列宁选集》第 13 卷，人民出版社 1987 年版。

《列宁选集》第21卷，人民出版社1991年版。
《列宁选集》第41卷，人民出版社1986年版。
《列宁专题文集·论无产阶级政党》，人民出版社2009年版。
《列宁论文学与艺术》，人民文学出版社1983年版。
《毛泽东选集》第1卷，人民出版社1991年版。
《毛泽东选集》第2卷，人民出版社1991年版。
《毛泽东选集》第3卷，人民出版社1991年版。
《毛泽东选集》第4卷，人民出版社1991年版。
《毛泽东文集》第2卷，人民出版社1996年版。
《毛泽东文集》第6卷，人民出版社1999年版。
《毛泽东文集》第7卷，人民出版社1999年版。
《毛泽东文集》第8卷，人民出版社1999年版。
《毛泽东年谱（1949—1976）》第2卷，中央文献出版社2002年版。
《毛泽东哲学批注集》，中央文献出版社1988年版。
《建国以来毛泽东文稿》第10册，人民出版社1996年版。
《毛泽东新闻工作文选》，新华出版社1983年版。
《邓小平文选》第1卷，人民出版社1994年版。
《邓小平文选》第2卷，人民出版社1994年版。
《邓小平文选》第3卷，人民出版社1994年版。
《江泽民文选》第1卷，人民出版社2006年版。
《江泽民文选》第3卷，人民出版社2006年版。
《十五大以来重要文献选编》（上），人民出版社2000年版。
《论党的建设》，中央文献出版社2001年版。
《江泽民论有中国特色社会主义（专题摘编）》，中央文献出版社2002年版。
《社会主义精神文明建设文献选编》，中央文献出版社1996年版。
《胡锦涛文选》第2卷，人民出版社2016年版。
《十七大以来重要文献选编》（上），中央文献出版社2009年版。

《十六大以来重要文献选编》（下），中央文献出版社2008年版。

《论文化建设——重要论述摘编》，学习出版社2012年版。

《高举中国特色社会主义伟大旗帜　为夺取全面建设小康社会新胜利而奋斗》，人民出版社2007年版。

《决胜全面建成小康社会夺取新时代中国特色社会主义伟大胜利——在中国共产党第十九次全国代表大会上的报告》，人民出版社2017年版。

《习近平总书记系列重要讲话读本》，学习出版社、人民出版社2016年版。

《习近平关于社会主义文化建设论述摘编》，中央文献出版社2017年版。

《习近平关于青少年和共青团工作论述摘编》，中央文献出版社2017年版。

《习近平关于全面深化改革论述摘编》，中央文献出版社2017年版。

《习近平谈治国理政》，外文出版社2014年版。

《习近平谈治国理政》第2卷，外文出版社2017年版。

《习近平用典》，人民日报出版社2015年版。

《中国共产党章程》，人民出版社2017年版。

二　译著

［德］卡尔·曼海姆：《意识形态与乌托邦》，李步楼、尚伟、祁阿红、朱泱译，商务印书馆2014年版。

［美］弗雷德里克·詹姆逊：《后现代主义与文化理论》，唐小兵译，北京大学出版社1997年版。

［美］弗雷德里克·詹姆逊：《政治无意识：作为社会象征行为的叙事》，王逢振、陈永国译，中国社会科学出版社1999年版。

［苏］肖·阿·纳奇拉什维里：《宣传心理学》，金初高译，新华出版社1984年版。

［意］葛兰西：《狱中札记》，曹雷雨、姜丽、张跃译，中国社会科学出版社 2000 年版。

［英］柏兰特·罗素：《中国问题》，秦悦译，学林出版社 1996 年版。

［英］大卫·麦克里兰：《意识形态》，孔兆政、蒋龙翔译，人民出版社 2005 年版。

［英］雷蒙·盖斯：《一种批判理论的理念：哈贝马斯与法兰克福学派》，汤云、杨顺译，商务印书馆 2018 年版。

三 学术著作和论文

包毅、徐海波：《十八大以来党的意识形态理论的创新与发展》，《学校党建与思想教育》2016 年第 1 期。

陈锡喜：《马克思主义：意识形态和话语体系》，华东师范大学出版社 2011 年版。

戴木才：《十八大以来党的意识形态创新发展》，《理论导报》2017 年第 9 期。

高新民：《略论党的意识形态对国家意识形态的引导方式》，《中共中央党校学报》2006 年第 5 期。

郭大方：《执政党政治整合的基石》，军事科学出版社 2011 年版。

郭云、张泽一：《十八大以来党优化马克思主义意识形态宣传环境的战略举措》，《学术探索》2016 年第 11 期。

韩震：《我国意识形态工作困难的成因及其破解办法》，《中国高校社会科学》2015 年第 4 期。

何怀远：《中国共产党对意识形态工作的新认识》，《扬州大学学报》2015 年第 1 期。

侯惠勤等：《马克思主义意识形态论》，南京大学出版社 2011 年版。

侯惠勤、姜迎春、吴波：《新中国意识形态史论》，时代出版传媒股份有限公司、安徽人民出版社 2011 年版。

侯惠勤：《意识形态的历史转型及其当代挑战》，《马克思主义研究》2013 年第 12 期。

黄传新：《社会主义意识形态的吸引力和凝聚力研究》，学习出版社 2012 年版。

黄力之：《兴国之魂：社会主义核心价值观培育》，上海人民出版社 2014 年版。

姜安：《意识形态与外交博弈》，中共中央党校出版社 2007 年版。

金海斌：《新形势下社会主义意识形态工作原则思考》，《人民论坛》2014 年第 35 期。

金一南：《心胜》，长江文艺出版社 2013 年版。

李合亮、高庆涛：《十八大以来共产党对意识形态认识的创新与深化》，《马克思主义研究》2016 年第 7 期。

李辉、叶鑫：《十八大以来党的意识形态工作的整体性思考》，《贵州社会科学》2017 年第 9 期。

李辽宁：《当代中国思想政治教育意识形态功能研究》，博士学位论文，华中师范大学，2006 年。

李慎明：《从国际金融危机看新自由主义的危害》，《前线》2010 年第 4 期。

李慎明等：《领导权与话语权："颜色革命"与文化霸权》，社科文献出版社 2015 年版。

李慎明：《对时代和时代主题的辨析》，《党史文汇》2016 年第 2 期。

李慎明、侯惠勤：《引导中国梦成为坚持和发展中国特色社会主义的精神动力》，《马克思主义研究》2013 年。

李慎明：《居安思危》，社会科学文献出版社 2013 年版。

李慎明：《培育践行社会主义核心价值观》，《中国高等教育》2015 年第 5 期。

李慎明：《世界格局与我国安全战略》，社会科学文献出版社 2014 年版。

李慎明:《苏联意识形态工作的教训》,《红旗文稿》2012 年第 1 期。

李慎明:《提高我国文化软实力的机遇与挑战》,社会科学文献出版社 2011 年版。

李慎明:《我国面临"五大安全"问题》,《中国领导科学》2014 年第 2 期。

李慎明:《新自由主义的危害》,《人民论坛》2013 年第 3 期。

李慎明:《执政党的经验教训》,社会科学文献出版社 2008 年版。

李艳艳:《如何看待当前网络意识形态安全的形势》,《红旗文稿》2015 年第 14 期。

梁周敏:《当前我国意识形态新特点和面临的主要任务》,《马克思主义研究》2004 年第 6 期。

林少雄:《意识形态的形象展示》,上海人民出版社 2009 年版。

刘明合:《论党的意识形态的利益整合功能》,《理论与改革》2005 年第 3 期。

上海市中国特色社会主义理论体系研究中心:《马克思主义研究告:2014—2015》,人民出版社 2015 年版。

申文杰:《马克思主义意识形态政治功能及实现形式研究》,河北师范大学,2012 年。

宋惠昌:《当代意识形态研究》,中共中央党校出版社 1993 年版。

唐洲雁:《实现中国梦的重大战略部署:学习习近平总书记系列重要讲话》,中央文献出版社 2013 年版。

田海舰:《习近平互联网意识形态建设思想研究》,《社会科学家》2017 年第 10 期。

童世骏:《意识形态新论》,上海人民出版社 2006 年版。

王凡:《党的十八大以来习近平意识形态工作新思想探索》,《邓小平理论研究》2017 年第 2 期。

王绍臣:《意识形态与社会主义市场经济研究》,天津人民出版社 2002 年版。

王淑芳：《国家软实力竞争与我国主流意识形态构建》，《山东社会科学》2012年第2期。

王伟光：《当代马克思主义的最新理论成果——习近平新时代中国特色社会主义思想学习体会》，《中国社会科学》2017年第12期。

王伟光：《当代中国马克思主义的最新理论成果——学习习近平新时代中国特色社会主义思想》，中国社会科学出版社2018年版。

王伟光：《马克思主义中国化的最新成果——习近平治国理政思想研究》，中国社会科学出版社2015年版。

王伟光：《学习贯彻落实习近平总书记关于哲学社会科学重要讲话精神，加快构建中国特色哲学社会科学》，《中国社会科学》2016年第12期。

王伟光：《纵论意识形态问题（大字本）》，社会科学文献出版社2014年版。

王岩：《新时期我国意识形态安全的若干思考》，《唯实》2014年第9期。

王永贵：《关于当前我国意识形态重大问题研究的进展与思考》，《思想政治教育研究》2014年第4期。

王永贵：《意识形态领域新变化与坚持马克思主义指导地位研究》，人民出版社2015年版。

吴冷西：《忆毛主席——我亲身经历的若干重大历史事件片断》，新华出版社1995年版。

吴琦：《意识形态与国家安全》，华中师范大学出版社2011年版。

谢超林、李少军：《党的十八大以来我国意识形态话语权研究评析》，《高校马克思主义理论研究》2017年第1期。

叶启绩等：《当代中国经济与社会主义意识形态互动发展研究》，人民出版社2010年版。

俞吾金：《意识形态论》，人民出版社2009年版。

岳杰勇：《实现中国梦进程中的意识形态教育研究》，中央文献出版社2015年版。

张国祚:《怎样看待意识形态问题》,《红旗文稿》2015年第8期。

张秀琴:《论意识形态的功能》,《教学与研究》2004年第5期。

张秀琴:《马克思意识形态理论的当代阐释》,中国社会科学出版社2005年版。

张衍前:《网络时代执政党意识形态建设研究》,中共中央党校出版社2008年版。

张治库:《社会主义意识形态的整合功能》,《社会主义研究》2004年第5期。

赵勇:《社会主义意识形态功能研究》,博士学位论文,华东师范大学,2007年。

郑永廷等:《社会主义意识形态发展研究》,人民出版社2002年版。

郑永廷:《论社会主义意识形态的功能发展》,《中山大学学报》(社会科学版)2002年第6期。

钟明华、刘小龙:《论"中国梦"的意识形态话语创新意蕴》,《青海社会科学》2015年第5期。

周三胜:《提高网络条件下党领导意识形态工作的能力》,《党建研究》2005年第7期。

朱继东:《新时期领导干部意识形态能力建设》,人民出版社2014年版。

朱兆中:《中国社会主义意识建设纵论》,上海人民出版社2003年版。

庄虔友:《党的十八大以来习近平关于意识形态理论的新论述》,《理论研究》2017年第2期。

后　　记

　　这是我人生中的第一本学术专著，是在博士论文基础上做了进一步的修改、完善和补充之后所形成的这本拙作。回想当年读博撰写论文期间，不知熬过了多少不眠之夜，也不知掉了多少头发，才写完了学位论文。虽自知初涉学术、能力有限，但看着连篇累牍的十几万字，创造了平生单篇写作的极限，还真算得上是尽心尽力的心血之作，也不免产生了珍视之情。2019年7月博士毕业后，我便有心将学位论文修改成一本学术著作。列出计划很容易，真正实施起来就遇到了不少困难：一是从完成论文到启动专著的这段时间，我们党关于意识形态和宣传思想工作的新思想新理论不断丰富创新，比如《在学校思想政治理论课教师座谈会上的讲话》《在庆祝中国共产党成立100周年大会上的讲话》，等等，需要补充和完善的内容很多；二是学位论文与学术专著之间，从体例格式到谋篇布局、从文字表述到语言风格等都存在很大差别，需要调整和修改的部分也很多。加之中间遇到新冠肺炎疫情的诸多影响（无法到图书馆查阅资料、不方便与老师和同事当面请教等），也给这篇书稿的完成增加了些许困难。

　　2019年3月至6月，经过思考和准备，我先从提纲入手启动了论文大修暨书稿撰写工作，重新考虑了第一章导论的设置，合并原论文最后两章为新的第六章，拟定了全新的一级、二级标题，修改了大部分的三级标题，形成了整本书稿的基本骨架。2020年6月至2021年10月上旬，主要进行了正文的修改和撰写，采取逐节逐段的形式，每一部分内容都对照着是否符合专著表述、是否补充新的内容进行撰写修订，同时也在语言表述、遣词造句方面对全文进行了完善与提升，断断续续用了近一年半的时间，完成了全部的正文内容。2021年10月的大半个月，又集中时间对书稿进行了两次整体的梳理，终于形成了能够提交出版社的书稿。

总的感觉，完成这篇书稿从花费的时间、消耗的精力、克服的困难等方面看，不比当初写论文时轻松多少。写作中，遇到难以跨越的坎儿时经常会冒出这样的念头：已经有基本的论文了，随便修改一下就行了。但随即又被另一个想法否定：这可是我的第一本专著，一定要全力以赴、精益求精，拿出自己的最高水平来。正是在这样断断续续、磕磕绊绊的推进中完成了这部书稿，虽未精确测算，但大致估计整理后的书稿与之前的论文相比，修订率不低于35%，总字数也从原来的17.8万字扩展到了23.3万字。在篇章方面，努力做到逻辑层次清晰、章节安排合理；在文字方面，努力做到简洁明了、精练顺畅；在内容方面，也力求尽量涵盖理论创新的思想成果、充分体现理论动态的最新内容。

尽管花了不少功夫、付出不少努力，但本人深知自身学术水平和理论水平有限，无法全面分析好、阐释好研究对象丰富的思想内涵和深刻的理论精髓，权将本书当作学术道路上的一本拙作、一次启航。一方面，在宏大的学术殿堂中投下这么一颗小石子，供大家批评指正，帮助我进步提高；另一方面，也促进自己以此为开端继续潜心研究、砥砺前行，争取早日奉出更有品质、更有分量的学术成果。在此，衷心感谢王伟光老师、李慎明老师对我的悉心教导，衷心感谢孙兆阳老师、王茵老师对我倾情帮助，没有他们的支持帮助就没有这本书的问世。

最后，再次向关心、爱护、支持、帮助我的所有亲友、老师以及同事们致以最诚挚的谢意和最美好的祝福。

张　博
2021年10月30日于北京